Kerry-U. Brauer

Wohnen, Wohnformen, Wohnbedürfnisse.

1. Auflage Januar 2008

Lektorat: Thomas Hilsheimer
Umschlagsgestaltung: Epiphan, Mainz
Satz: Sibylle Tietze, Simone Scheurer
Druck: Druckerei C.H. Beck, Nördlingen

ISBN 978-3-940219-01-5

Kerry-U. Brauer

Wohnen, Wohnformen, Wohnbedürfnisse.

Soziologische und psychologische Aspekte in der Planung und Vermarktung von Wohnimmobilien

Mit einem Exkurs:
Gebaute Umwelt und
soziales Verhalten
von Ulrike Hausmann

IMMOBILIEN ZEITUNG edition

Inhaltsverzeichnis

Abbildungsverzeichnis

Abbildungen zu Kapitel 1

Abbildungen zu Kapitel 2

Abbildungen zu Kapitel 3

Abbildungen zum Exkurs: Gebaute Umwelt und soziales Verhalten

Fotoverzeichnis

Vorwort

Über Jahrhunderte hinweg dominierte die Nachfrage nach Wohnungen gegenüber dem Angebot. Nur in vergleichsweise kurzen Zeiträumen infolge von Pestepidemien im Mittelalter oder von spekulativem Vorratsbau im Zeitalter der Industrialisierung wurde dieser Nachfrageüberhang kurzfristig unterbrochen. Sofern die Nachfrage das Angebot übersteigt, lässt sich jeglicher Wohnraum vermarkten.

In jüngster Vergangenheit zeichnet sich jedoch in einigen Teilmärkten eine andere Entwicklung ab. Diese kann aufgrund der demographischen Prognosen unmittelbar rückläufiger Bevölkerungszahlen und mittelfristig rückläufiger Zahlen privater Haushalte durchaus als nachhaltig eingeschätzt werden. Das Angebot an Wohnraum wird, bei aller regionalen Differenziertheit, tendenziell dauerhaft die Nachfrage übersteigen. Damit erhöhen sich die Optionen für die Nachfrager. Sie werden in ihrem Konsumverhalten wählerischer. Qualitative Indikatoren gewinnen bei der Wohnentscheidung an Bedeutung. Die Immobilienwirtschaft im Allgemeinen und die Wohnungswirtschaft im Besonderen sind damit schließlich in der gleichen Situation, in der sich andere Branchen in gesättigten Märkten bereits seit Jahrzehnten befinden. Der Wettbewerbsdruck ist hoch. Für die erfolgreiche Vermarktung von Wohnraum ist es erforderlich zu wissen, wo und wie Menschen wohnen wollen und wie die Entscheidungsprozesse für den Kauf oder für die Anmietung positiv beeinflusst werden können. Das erfordert gleichermaßen soziologische Kenntnisse, insbesondere in Bezug auf die Varianten der Zielgruppenbildung und deren Wohnvorstellungen, und psychologisches Wissen, vor allem in Bezug auf die Wahrnehmung von Wohnumfeld und Wohnung und das daraus resultierende Verhalten.

Mit diesem Buch werden Kenntnisse aus der Soziologie und aus der Psychologie in Bezug auf das Wohnen erarbeitet und systematisiert, und es wird versucht, dieses Wissen den Akteuren auf dem Wohnungsmarkt zu vermitteln.

Im ersten Kapitel des Buches werden die definitorischen Grundlagen zu wohnsoziologischen und wohnpsychologischen Fragestellungen gelegt und die Struktur des Buches aufgezeigt.

Gegenstand des zweiten Kapitels sind soziologische Aspekte des Wohnens. Hier steht die Analyse des Forschungsstandes zur Zielgruppenbildung im Allgemeinen und zur Nutzung dieser Erkenntnisse für Wohnraumanbieter im Besonderen im Mittelpunkt.

Das dritte Kapitel widmet sich psychologischen Fragestellungen. Primär geht es hier um die Wahrnehmung von Wohnung und Wohnumfeld und die daraus resultierenden Entscheidungsprozesse.

Das Buch wird durch einen Exkurs zum Thema: „Gebaute Umwelt und soziales Verhalten" von Ulrike Hausmann abgerundet. Mit diesem Exkurs wird das vergleichsweise neue und breit gefächerte Themengebiet um eine weitere Facette bereichert. Fragen der Entwicklung von Kommunen und Gemeinden im Rahmen sich vollziehender gesellschaftlicher Veränderungen und die sich daraus ergebenden Anforderungen an die Stadt- und Dorfentwicklung werden hier aufgezeigt.

Wir hoffen, mit dem vorliegenden Buch deutlich machen zu können, welche Bedeutung soziologische und psychologische Kenntnisse für ein erfolgreiches Agieren auf dem Wohnimmobilienmarkt haben, und möchten damit eine Orientierungshilfe für die Marktteilnehmer geben.

Leipzig, November 2007

Kerry-U. Brauer

Häuser sollen nicht höher sein als Bäume,
Höfe zwischen den Wohnungen nicht größer,
als die menschliche Stimme trägt, und die Straßen nicht länger,
als man einen Mensch erkennen kann.

Arabische Weisheit

1 Einführung in die Themenstellung – Wohnsoziologie und Wohnpsychologie

1.1 Problem- und Zielstellung

Wohnen als nicht substituierbares Grundbedürfnis tangiert jeden Menschen über seine gesamte Lebenszeit. Die Entwicklungen im Bezug auf das Wohnen sind gleichermaßen Ausdruck des technischen, des ökonomischen und des kulturellen Entwicklungsstandes einer Gesellschaft. Somit kann dieses facettenreiche Thema wissenschaftlich und praktisch aus ganz verschiedenen Sichtweisen analysiert werden.

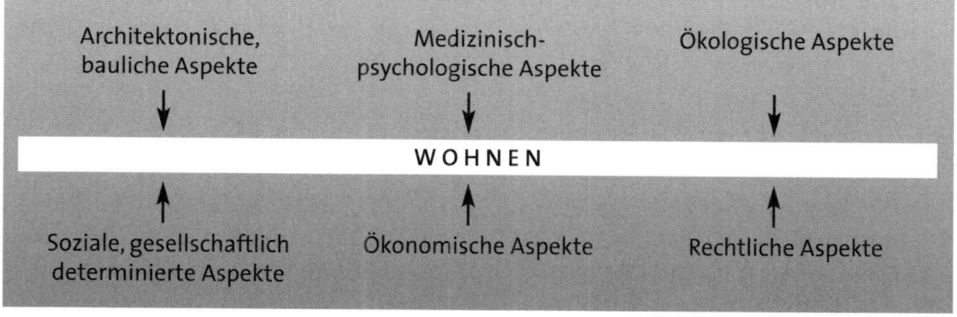

Abbildung 1–1: Untersuchungsaspekte des Wohnens

Ausführungen zum Wohnen widmen sich in der Regel ausgewählten Einzelfragen.

Aus architektonischer Sicht stehen Baustile, die äußere und innere Gestaltung der Wohnobjekte und die technische Ausführung im Mittelpunkt. Medizinische und auch psychologische Aspekte beschäftigen sich primär mit der Frage, inwieweit bestimmte Wohnformen die Entwicklung des Individuums negativ beeinflussen, z.B. durch Verwendung gesundheitsschädigender Materialen oder durch nicht optimale Wohnverhältnisse bezüglich Besonnung, Belüftung etc. Aus ökologischer Sicht wird Wohnen im Einklang mit der Natur gesehen. Das betrifft die Einbettung von Wohnsiedlungen in die natürliche Umwelt, die Verwendung von Materialien, die ein gesundes Raumklima erzeugen, aber auch das Thema energiesparender Bauweisen. Soziale, gesellschaftlich determinierte Untersuchungen sind primär historisch oder sozialpolitisch ausgerichtet[1]. Die ökonomischen Analysen zielen

1 vgl. Häußermann, Hartmut; Siebel, Walter

auf die Liquidität (Ertragserzielung) und auf die Rendite von Immobilieninvestitionen einschließlich steuerlicher Aspekte ab. Aus rechtlicher Sicht stehen gleichermaßen Fragen des Grundstücksrechts, des öffentlichen Baurechts und des privaten Rechts (Rechtsbeziehungen der am Bau Beteiligten und Rechtsbeziehungen zwischen Eigentümer und Nutzer) im Mittelpunkt der Betrachtung.

Die bisher vorherrschende Eindimensionalität der Betrachtungen soll mit dem vorliegenden Buch überwunden werden. Soziologische, psychologische und ökonomische Aspekte des Wohnens werden im Kontext miteinander betrachtet. Konkrete Zielstellung ist, qualitative Faktoren des Wohnens in ihrer Wirkung auf Zielgruppen und Individuen zu analysieren. Damit soll eine Brücke zwischen der soziologischen und psychologischen Sichtweise und der ökonomischen Betrachtung hergestellt werden. Auf dieser Grundlage sollen Anregungen für die Teilnehmer am Wohnungsmarkt und deren unternehmerische Entscheidungen gegeben werden.

Für die Bearbeitung dieses Forschungsthemas spricht neben der noch zu erläuternden veränderten Angebots-Nachfrage-Situation auf immobilienwirtschaftlichen Teilmärkten der sich seit einigen Jahren vollziehende Paradigmenwechsel in der Wirtschaftswissenschaft. Wirtschaftswissenschaftliche Theorien unterstellen regelmäßig rationales Entscheidungsverhalten der Marktteilnehmer. Rationales Entscheidungsverhalten setzt jedoch vollständige Information voraus. Vollständige Information in einer hochkomplexen Wirtschaftsstruktur in einer globalisierten Welt mit einer Vielzahl von Anbietern und Nachfragern ist objektiv nicht möglich. Damit wird jede Entscheidung zwangsläufig unter Unsicherheit getroffen. Hinzu kommen psychologische Aspekte, die ein vollkommen rationales Verhalten verhindern. Vollständig rationales Entscheidungsverhalten ist beispielsweise schon daher nicht möglich, weil Ereignissen aus jüngster Vergangenheit immer ein höherer Stellenwert bei der Entscheidungsfindung beigemessen wird als solchen, die länger zurückliegen. Der damit einhergehende systematische Fehler wird deutlich, wenn Prognoseerstellungen ex post analysiert werden. Entwicklungstrends der jüngsten Vergangenheit beeinflussen überdurchschnittlich die Prognosewerte. Hinzu kommt die Tatsache, dass Entscheidungen nicht nur unter ökonomischen Aspekten, sondern auch unter sozialen oder zwischenmenschlichen Aspekten getroffen werden, sei es aus Gründen der Fairness oder aus Gründen der Freundschaft. Insofern ist es nicht verwunderlich, dass rein rationale ökonomische Modelle in der Praxis nur begrenzt tauglich sind. Nach der Entwicklung liberalistischer und neoliberalistischer Theorien gewinnen diese psychologisch determinierten Einflussfaktoren auch in der Wirtschaftswissenschaft an Bedeutung. Offensichtlicher Ausdruck dieser Entwicklung ist die Verleihung des Nobelpreises für Wirtschaftswissenschaften im Jahr 2002 an Daniel Kahneman, einen israelischen Psychologen (lehrt in Israel und in den USA), für seine „Prospect Theory“, in der er Einsichten der psychologischen Forschung bezüglich Beurteilungen und Entscheidungen unter Unsicherheit in die Wirtschaftswissenschaft einführt. Damit wurde erstmals der Nobelpreis für Wirtschaftswissenschaften für verhaltensökonomische Forschungen verliehen.

1.2 Qualität versus Quantität

Über Jahrhunderte hinweg, von einigen, durch Epidemien bedingten Bevölkerungsverlusten oder von regionalen wirtschaftlichen Niedergängen abgesehen, war der Wohnraum für die Masse der deutschen Bevölkerung ein knappes Gut. Der Schutz zunächst primär vor der natürlichen Umwelt und nachgelagert vor der gesellschaftlichen Umwelt war Ziel und Zweck des Wohnens. Erst in jüngster Vergangenheit vollzieht sich infolge der wirtschaftlichen und demographischen Entwicklung ein Wandel in den Wohnraumanforderungen breiter Bevölkerungskreise. Steigende Einkommen, insbesondere seit dem Zweiten Weltkrieg bis in die Gegenwart, führten zu einem steigenden Wohnkonsum bezüglich Quantität und Qualität.

Quantitative Aspekte

Betrug die Wohnfläche pro Kopf der Bevölkerung in Deutschland 1950 noch 15 Quadratmeter, sind es heute im bundesdeutschen Durchschnitt 42 Quadratmeter[2]. Parallel zum quantitativen Wachstum veränderte sich die Qualität des Wohnens. Innentoiletten und Bäder, ein zentrales Heizungssystem sowie Anschlüsse zu den Kommunikationsmedien gehören mittlerweile zu den Selbstverständlichkeiten. Hinzu kommen die Möglichkeiten des Wohnens im Freien durch Loggien, Balkone oder Terrassen.

Wird das Verhältnis der Anzahl privater Haushalte zur Anzahl der Wohnungen betrachtet, kann in Deutschland von einem tendenziell ausgeglichenen Markt gesprochen werden. Gemäß Angaben des Statistischen Bundesamtes standen im Jahre 2005 in Deutschland 39,122 Millionen privaten

2 Statistisches Jahrbuch der BRD 2005, S. 286

Haushalten 39,141 Wohnungen (in Wohn- und in Nichtwohngebäuden)[3] zur Verfügung. Damit entspricht, rein statistisch gesehen, die Anzahl der Wohnungen der Anzahl privater Haushalte. Diese hoch aggregierte Zahl verschweigt jedoch die regionalen Disparitäten. So besteht nach wie vor in ausgewählten Ballungsräumen ein Nachfrageüberhang vor allem an bezahlbarem Wohnraum. Demgegenüber ist in anderen Regionen ein Überangebot zu verzeichnen. Wird das Verhältnis zwischen Wohnraumangebot und privaten Haushalten auf einer niedrigeren Aggregationsebene analysiert, ergeben sich erhebliche Unterschiede[4].

Abbildung 1–2: Wohnungen und private Haushalte in Deutschland

Bundesland	Anzahl der Wohnungen in Tausend (Dezember 2003)	Anzahl privater Haushalte in Tausend (März 2004)	Anzahl der Wohnungen pro Haushalt
Baden-Württemberg	4.810	4.891	0,98
Bayern	5.736	5.732	1,00
Berlin	1.876	1.890	0,99
Brandenburg	1.265	1.218	1,04
Bremen	351	358	0,98
Hamburg	870	930	0,93
Hessen	2.792	2.849	0,98
Mecklenburg-Vorpommern	874	815	1,07
Niedersachsen	3.668	3.764	0,97
Nordrhein-Westfalen	8.319	8.460	0,98
Rheinland-Pfalz	1.869	1.872	1,00
Saarland	502	517	0,97
Sachsen	2.346	2.156	1,09
Sachsen-Anhalt	1.332	1.201	1,11
Schleswig-Holstein	1.352	1.351	1,00
Thüringen	1.177	1.118	1,05

3 vgl. ebenda, S. 282
4 vgl. ebenda, S. 46 und S. 282

Abbildung 1–3: Anzahl Wohnung pro private Haushalte

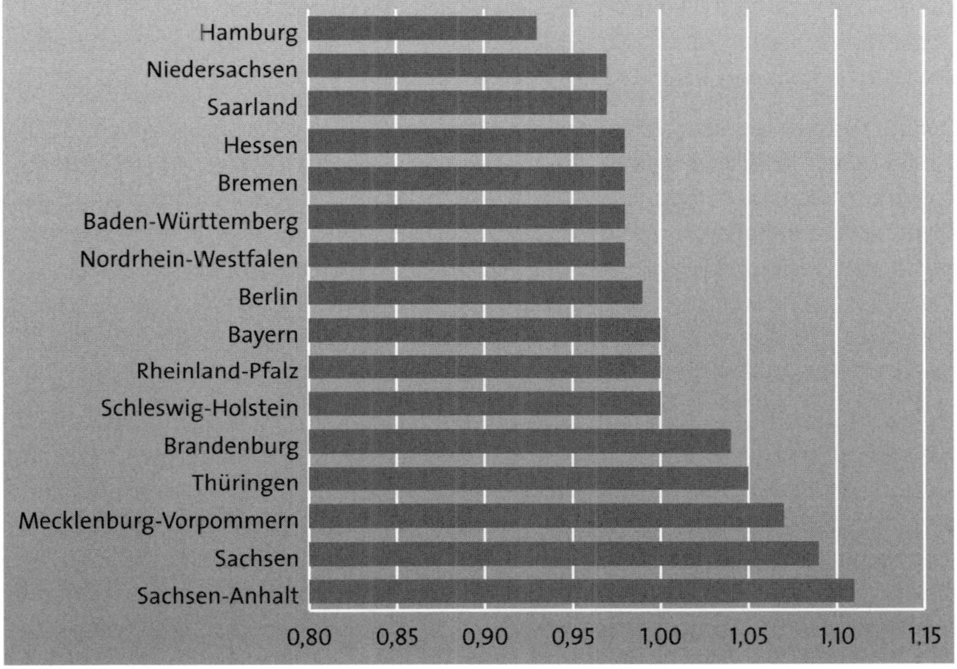

Die Unterschiede zwischen den einzelnen kommunalen Teilmärkten in den oben aufgeführten Bundesländern dürften noch größer sein. Außerdem ist bei dieser einfachen Gegenüberstellung zu berücksichtigen, dass in der Erfassung der Anzahl privater Haushalte und der Wohnungen Erhebungsfehler bestehen können. Die privaten Haushalte werden nur über einen Mikrozensus und damit über eine begrenzte Stichprobe erhoben. Die Anzahl der ausgewiesenen Wohnungen beruht auf der Fortschreibung der Wohnraum- und Gebäudezählung des Jahres 1995.

Das quantitative Wachstum in der Nachfrage nach Wohnfläche und nach Wohnungen wird sich in den nächsten Jahren vermutlich verlangsamen, dann stagnieren und sich in ca. 25 Jahren rückläufig entwickeln. Eine steigende Nachfrage resultiert in den nächsten 15 Jahren aus weiterhin steigenden Haushaltszahlen in Deutschland. Trotz rückläufig prognostizierter Bevölkerungszahlen gemäß der 11. Koordinierten Bevölkerungsvorausberechung des Statistischen Bundesamtes wird die Anzahl privater Haushalte in den nächsten 15 Jahren weiterhin ansteigen. Die Ursache liegt in der Verkleinerung der privaten Haushalte. Lebten im Jahr 1991 noch 2,27 Personen im Durchschnitt in einem privaten Haushalt in Deutschland, reduzierte sich diese Zahl auf 2,12 Personen im Jahr 2004. Prognostiziert wird eine weiter rückläufige durchschnittliche Haushaltsgröße aufgrund der steigenden Anzahl von Single- und Zwei-Personen-Haushalten.

Auch die Inanspruchnahme von Wohnfläche pro Kopf wird sich vermutlich nicht mehr in dem Umfang ausweiten wie in den vergangenen 50 Jahren. Ursachen werden in den steigenden Wohnnebenkosten sowie im begrenzten Einkommenswachstum gesehen. Hinzu kommt die ungeklärte Frage nach der künftigen Einkommensverwendungsstruktur. Wohnen als nicht substituierbares Grundbedürfnis wird immer einen hohen Stellenwert einnehmen. Dennoch werden sich die Präferenzen der Einkommensverwendung individuell stärker ausdifferenzieren.

In Anbetracht dieser Entwicklungen werden sich künftig Wohnraumanbieter in weitgehend gesättigten Märkten bewegen. Wohnraumanbieter befinden sich damit in einer analogen Situation wie andere Anbieter von Konsumgütern. Auch sie müssen Nachfragepotenziale erkennen, zielgruppenspezifische Angebote unterbreiten und aktiv auf die Wohnungsnachfrage einwirken. Dieser Paradigmenwechsel in der Wohnungswirtschaft steckt noch in den Anfängen, wird sich aber zu einem nachhaltigen Entwicklungstrend nach sich ziehen.

Aufgrund des quantitativ hohen Wohnraumangebots gewinnen qualitative Faktoren der Nachfrage an Bedeutung.

Qualitative Aspekte

Qualität im philosophischen Sinne beinhaltet die Beschaffenheit, Bestimmtheit, Eigenschaft von Dingen und ist Gegenstand der Sinneswahrnehmung. Die Erkenntnistheorie geht von der Einwirkung der Qualitäten auf die Sinnesorgane in der Wahrnehmung aus.[5]

Qualität im ökonomischen Sinne „beinhaltet die Güte eines Produkts (Sach- oder Dienstleistung) im Hinblick auf seine Eignung für den Verwender. Qualität ist ein Gesamteindruck aus Teilqualitäten ..., die sich bei jeder differenzierbaren Eigenschaft eines Produkts bilden lassen. Der Qualitätsbegriff kann subjektiv (subjektive Q.) und objektiv (objektive Q.) interpretiert werden."[6]

5 vgl. Metzler Philosophie Lexikon, S. 483
6 Gabler Wirtschaftslexikon: Stichwort Qualität

Sowohl die philosophische als auch die ökonomische Definition des Qualitätsbegriffs lassen sich auf die Wohnqualität anwenden. Das Produkt „Wohnen" resultiert aus einer Vielzahl von Einzeleigenschaften und besteht damit aus Teilqualitäten. Es wirkt über alle Organe der Sinneswahrnehmung auf den Menschen.

Dieses Produkt setzt sich zunächst aus zwei Teilqualitäten zusammen:

1. Teilqualität Wohnung,
2. Teilqualität Wohnumfeld.

Die beiden Teilqualitäten lassen sich wiederum in eine Vielzahl von Einzelmerkmalen zerlegen.

Einzelmerkmale der Teilqualität Wohnung sind: Architektur des Gebäudes, Größe, Grundriss, Belichtung und Besonnung sowie Ausstattungsmerkmale.

Einzelmerkmale der Teilqualität Wohnumfeld sind: Verkehrsinfrastruktur (Anbindung an öffentliche Verkehrsmittel, Lärmbelästigung), kulturelle Infrastruktur (Kinder- und Bildungseinrichtungen, Grünflächen, Parks, Naherholungsmöglichkeiten), Einkaufsmöglichkeiten, gastronomische Versorgung, Image der Wohnlage und weitere.

Diesen objektiv messbaren Teilqualitäten wird subjektiv ein unterschiedlicher Stellenwert beigemessen. Aus dieser subjektiven Wahrnehmung der Teilqualitäten resultieren die Herausforderungen an Anbieter auf relativ gesättigten Wohnungsmärkten. Genügte es bei einer dominierenden Nachfrage gegenüber dem Angebot die Qualitätsmerkmale zu verbessern, um erfolgreich am Markt zu agieren, besteht heute die Aufgabe zu erkennen, welche Zielgruppe welchen Qualitätsmerkmalen der Wohnung und des Wohnumfeldes besondere Bedeutung beimisst. Genau an dieser Stelle reichen ausschließlich ökonomische Nachfrageanalysen nicht mehr aus. Vielmehr müssen soziologische und psychologische Erkenntnisse einbezogen werden.

1.3 Dimension des Forschungsthemas

Ein Angebot von Wohnraum ist keine Garantie für dessen Vermarktung. Je größer die Auswahl, umso wählerischer die Nachfrager. Das bedeutet, dass Mieter und Käufer gesucht und gefunden werden müssen. Damit verbunden ist die Notwendigkeit, auf gesellschaftliche Veränderungen mit dem Wohnraumangebot zu reagieren. Allein ein quantitatives Wachstum (z.B. größere Wohnfläche) und eine Erhöhung der Qualität (verbesserte Ausstattung der

Wohnung) führen nicht automatisch zum Erfolg. Vielmehr ist es erforderlich, den unterschiedlichen ökonomischen und kulturellen Ansprüchen der Nachfrager zu entsprechen. Erst dann lässt sich Wohnraum nachhaltig und ertragreich vermarkten. Parallel gilt es, passfähige Vermarktungsstrategien zu entwickeln. Mit solchen Herausforderungen wurde die Wohnungswirtschaft in der Vergangenheit nur begrenzt konfrontiert.

Konkret wird das Thema „Wohnqualität“ folgendermaßen systematisiert:

Abbildung 1–4: Dimension des Forschungsthemas

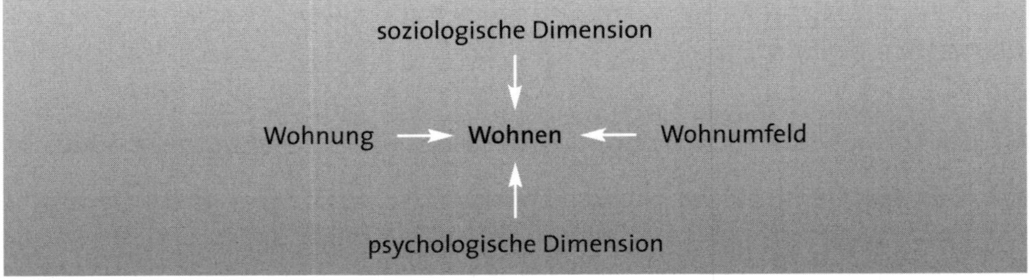

Um Wohnen sowohl aus psychologischer als auch aus soziologischer Sicht definieren zu können, setzt das zunächst die Definition bzw. die inhaltliche Abgrenzung dieser beiden Wissenschaften voraus.

Soziologische Dimension des Forschungsthemas:

In einschlägigen Lexika und Wörterbüchern finden sich unterschiedliche Ansätze zur Beschreibung des Gegenstandes der jeweiligen Wissenschaft.

Den Begriff der Soziologie begründete August Comte (1798–1857), ein Schüler des Philosophen Saint-Simon, der in seinen Theorien naturwissenschaftliche Ansätze mit gesellschaftswissenschaftlichen Überlegungen zu verbinden versuchte. Im Ergebnis davon entwickelte er eine so genannte soziale Physik, die er später Soziologie nannte.

Der Begriff Soziologie setzt sich aus „socius“ (lat.) – „Gefährte“ und „logos“ (griech.) – „sinnvolle Rede, Vernunft, Wort“ zusammen. Trotz unterschiedlicher Definitionen besteht Übereinstimmung dahingehend, dass der Gegenstand der Soziologie die Analyse der Bedingungen menschlichen Zusammenlebens ist. „Ihr Gegenstandsbereich umfasst das gesamte soziale Handeln des Menschen, darin eingeschlossen die Beschäftigung mit sozialen Normen, Rollen und Handlungsmustern, Einstellungen,Werteorientierungen ...“[7].

Unterschiede bestehen in der konkreten Einordnung der Wissenschaft. Während im „Brockhaus Lexikon Psychologie“ die Soziologie als eine Gesellschaftswissenschaft bezeichnet wird, wird im Wörterbuch der Soziologie weder von einer Gesellschafts- noch von einer Geisteswissenschaft, sondern von einer so genannten Wirklichkeitswissenschaft ausgegangen. Die Soziologie wird hiernach als eine empirische Wissenschaft definiert. Das heißt, dass über empirische Erhebungen gesellschaftliche Phänomene analysiert werden. „Die Soziologie ist daher weder Natur- noch Geisteswissenschaft, sondern sie muss von ihrem Gegenstand und von den davon abhängigen Methoden her mit ähnlichen Wissenschaften zusammen zur eigenständigen Kategorie der Sozialwissenschaften gezählt werden.“[8] Sozialwissenschaften wiederum, abgeleitet von „sozial“ – die Gesellschaft, die Gemeinschaft betreffend – beschäftigen sich mit der Gesellschaft im Allgemeinen und im Konkreten.

Aus diesen Ansätzen heraus wird die Soziologie folgendermaßen definiert:

Die Soziologie ist eine Wissenschaft, die sich mit dem menschlichen Zusammenleben in der Gesellschaft beschäftigt. Einbezogen werden sowohl Organisationsstrukturen für das menschliche Zusammenleben als auch die konkrete Ausprägung auf der Ebene von menschlichen Gemeinschaften. Die Einteilung in menschliche Gemeinschaften kann in Abhängigkeit vom Blickwinkel sehr unterschiedlich sein. Das können Gemeinschaften nach Nationalitäten, nach der Altersstruktur, nach der Bildungsstruktur, nach der Vermögenssituation, nach Organisationszugehörigkeit, nach Werteorientierungen etc. sein.

Auf dieser Definition aufbauend umfasst das Wohnen aus soziologischer Sicht die Analyse der Gesellschaft in Bezug auf das Wohnen. Gegenstand sind hier menschliche Gemeinschaften in ihrer Kohäsion und Interaktion in Bezug auf das Wohnen. Analysiert wird, wie sich Wohnen im Zuge gesellschaftlicher Veränderungen (veränderte arbeitsteilige Prozesse, ökonomische Rahmenbedingungen, kulturelle Einflüsse) entwickelt. Es werden die ökonomischen Voraussetzungen und kulturellen Rahmenbedingungen untersucht, die das Wohnen in der Gesellschaft bestimmen. Darin enthalten sind Fragestellungen zu den Zusammenhängen von gebauter Umwelt und Verhalten der Bewohner und zu den Anforderungen an die Stadtentwicklung bei sich vollziehenden demographischen und ökonomischen Veränderungen.

7 vgl. Brockhaus Lexikon Psychologie, Stichwort Soziologie
8 Endruweit/Trommsdorf, S.541

Psychologische Dimension des Forschungsthemas:

Psychologie beinhaltet die Worte „psyche“ (Seele) und „logos“ (Wort, Lehre, Vernunft) und bedeutet damit wörtlich „Lehre von der Seele“. Psychologie ist die Lehre von den seelischen Erscheinungen, vom Erleben und Verhalten der Menschen. Mit einem höheren ökonomischen Entwicklungsstand einer Gesellschaft steigen tendenziell die Verhaltensalternativen von Menschen. Damit gewinnen psychologische Aspekte in hoch entwickelten ökonomischen Gesellschaften an Bedeutung[9]. Für die Herausbildung pluralistischer Lebensstile war die Entwicklung einer adäquaten ökonomischen Basis entscheidende Voraussetzung. Erst auf dieser Grundlage konnten sich differenzierte und individualisierte Lebens- und damit auch Konsumstrukturen entwickeln. Parallel dazu gilt es, in gesättigten Märkten mit entsprechenden Angeboten an Gütern und Dienstleistungen diesen Entwicklungsprozessen Rechnung zu tragen. Das Konsumgut „Wohnen“ bildet dabei eine wichtige Ausdrucksform des Lebensstils.

In der Psychologie wird das Erleben, d.h. alle Prozesse der Gefühls- und Gedankenwelt und die daraus resultierende Wahrnehmung, das Denken und das Verhalten, d.h. die Motivation für eine bestimmte Handlung oder Nichthandlung, analysiert. Hierin besteht der Gegenstand der Allgemeinen Psychologie, der auf alle Lebensbereiche und damit auch auf das Wohnen angewendet werden kann.

Wohnen aus psychologischer Sicht

Wohnen aus psychologischer Sicht beinhaltet ganz Allgemein das Erleben der gebauten (Wohn-) Umwelt und das Verhalten in der gebauten (Wohn-) Umwelt.

Zur Einordnung und zur inhaltlichen Bestimmung des Wohnens aus psychologischer Sicht wird von folgender Gedankenkette ausgegangen:

9 vgl. Abschnitt 1.2 Qualität versus Quantität

Abbildung 1–5:
Einordnung des Wohnens aus psychologischer Sicht in die Psychologie

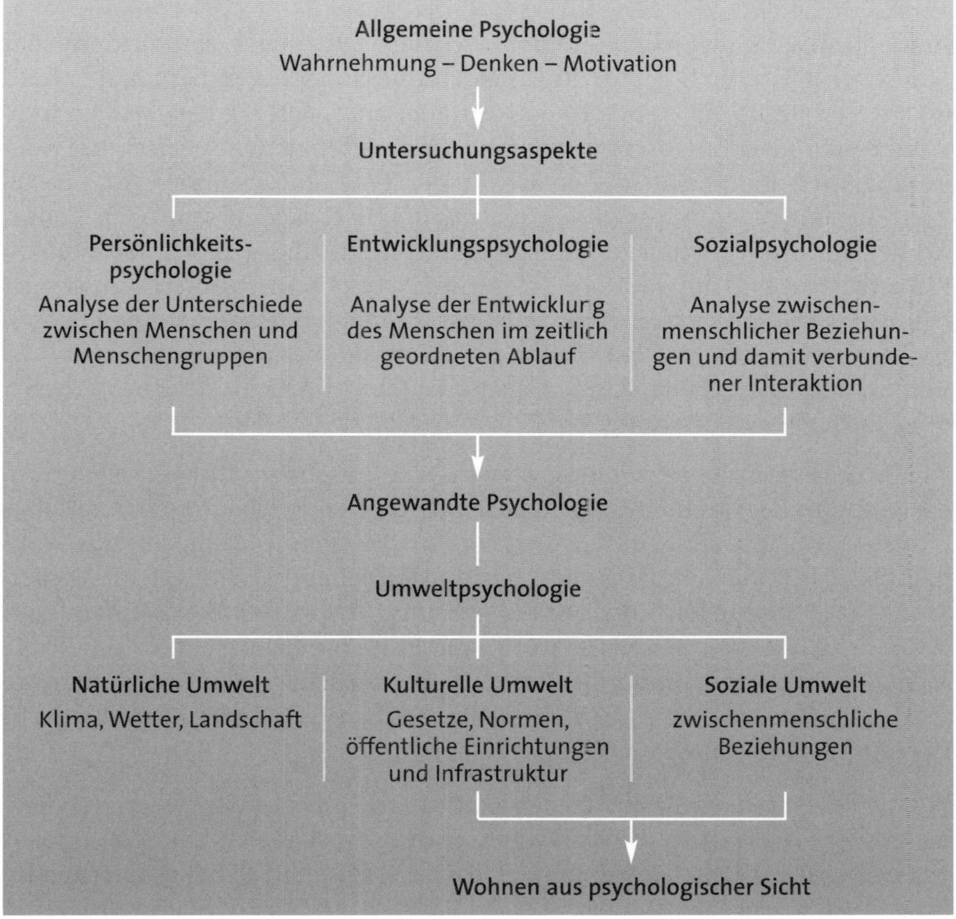

Das Erleben der und das Verhalten in der Wohnumwelt lässt sich nach den **Untersuchungsaspekten der Psychologie** konkretisieren. Gegenstand der **Persönlichkeitspsychologie** ist die umfassende Darstellung von Persönlichkeiten anhand von Merkmalen bzw. Faktoren. Das Fünffaktorenmodell der Persönlichkeit beschreibt Persönlichkeiten anhand der Faktoren: Neurotizismus, Extraversion, Offenheit für Erfahrungen, Unabhängigkeit im Urteil, Interesse an privaten und öffentlichen Ereignissen, Verträglichkeit und Gewissenhaftigkeit[10]. In Bezug auf das Wohnen stellt sich die Frage, inwieweit

10 vgl. Brockhaus Lexikon Psychologie, S. 436

nachweisbare Zusammenhänge zwischen der Persönlichkeitsstruktur und dem Stellenwert des Wohnens bzw. den konkreten Anforderungen an das Wohnen empirisch erfassbar sind.

In der **Entwicklungspsychologie** wird die individuelle Entwicklung des Menschen als zeitlich geordnete Folge von Veränderungen beschrieben und erklärt[11]. In Bezug auf das Wohnen kann hier analysiert werden, welche individuellen Wohnraumanforderungen im Kindesalter, in der Pubertät und Adoleszenz, im frühen Erwachsenenalter, in der Reife und im hohen Alter bestehen. Aus entwicklungspsychologischer Sicht beschränken sich nach Kenntnis der Autorin die Untersuchungen auf das Kindesalter (z.B. Gestaltung von Kindergärten) und auf das hohe Alter in Form von Wohnraumanforderungen bei altersbedingten physischen oder psychischen Einschränkungen. Empirische Erhebungen zu den konkreten Wohnraumanforderungen von der Adoleszenz bis zur Reife standen bisher kaum im Mittelpunkt theoretischer oder empirischer Forschung.

Die **Sozialpsychologie** untersucht zwischenmenschliche Beziehungen, d.h. das Verhalten des Individuums in Gruppen und seine Reaktionen auf soziale Einflüsse wie Sprache Normen, Werteorientierungen. In Bezug auf das Wohnen steht hier die soziale Interaktion in der gebauten Umwelt im Vordergrund. Fragestellungen sind, wie die gebaute Umwelt die soziale Interaktion beeinflusst, wie beispielsweise Wohnraumgrößen die Interaktion durch die Möglichkeiten zur Kommunikation und zum Rückzug beeinflussen oder wie die Anordnung von Gebäuden und die Gestaltung von Freiflächen die nachbarschaftlichen Kontakte befördern oder behindern.

Wird in der Systematik der Psychologie einen Schritt weiter zu den Teilgebieten der **angewandten Psychologie** gegangen, lässt sich das Wohnen aus psychologischer Sicht als ein unmittelbarer Bestandteil der **Umweltpsychologie** definieren. Willy Hellpach (1877–1955), Begründer der Umweltpsychologie in Deutschland, beschäftigte sich als einer der ersten Wissenschaftler in Deutschland mit den Einflüssen der Großstadt auf die Psyche des Menschen sowie mit den Eindrücken und Einflüssen, welche Wetter und Klima, Boden und Landschaft auf die Menschenseele haben. Sie sind in seinem Buch „Geopsyche“, das 1911 erschien und in mehreren Auflagen publiziert wurde, dargestellt[12].

Nach Hellpach lässt sich die Umwelt in drei Teilbereiche einteilen:

11 Fröhlich: Wörterbuch der Psychologie, S. 156
12 vgl. Hellbrück/Fischer: Umweltpsychologie, S. 68

1. die natürliche Umwelt: Luft, Licht, Wetter;
2. die soziale Umwelt: zwischenmenschliche Beziehungen;
3. die kulturelle Umwelt: Normen, Gesetze, Kulturen, gebaute Umwelt.

Gegenstand der Umweltpsychologie ist die Analyse der Interaktion des Menschen in diesen drei Umweltbereichen.

Werden Wohnung und Wohnumgebung als eine abgrenzbare Umweltkategorie definiert, kann logischerweise die Wohnpsychologie als Bestandteil der Umweltpsychologie definiert werden. Dabei kann Wohnen als Umwelteinheit wiederum in drei regionale Bereiche eingeteilt werden:

Makroumwelt: Bundesland/Kommune/Gemeinde;
Mesoumwelt: Stadtbezirk/Ortsteil;
Mikroumwelt: Gebäude/Wohnung.

Eine solche Einteilung wird üblicherweise bei Standort- und Marktanalysen vorgenommen, kann aber ebenso auf Analysen aus psychologischer Perspektive angewendet werden.

So ist die konkrete Ausprägung von Wohnung und Wohnumfeld von den konkreten klimatischen Bedingungen abhängig. Unterschiedliche Architekturen sind wesentliche Resultante des Klimas (Iglu, Spitzdächer in schneereichen Gebieten, Flachdächer in heißen Klimazonen, Verwendung von Materialien, die den Naturgegebenheiten angepasst oder vor Ort verfügbar sind).

Parallel dazu beeinflusst die Wohnung und die Wohnumgebung ganz maßgeblich die zwischenmenschlichen Beziehungen und bildet damit den Rahmen für die soziale Umwelt. Mit der Anordnung von Wohngebäuden und mit der Gestaltung von Wohnungsgrundrissen können gleichermaßen kommunikationsfördernde wie auch hemmende Rahmenbedingungen geschaffen werden.

Die kulturelle Umwelt in Bezug auf das Wohnen kommt, neben der bereits erwähnten Architektur, in Gesetzen (z.B. Baugesetzbuch, Landesbauordnungen) und Normen (Normen des menschlichen Zusammenlebens, gegenseitige nachbarliche Rücksichtnahme) zum Ausdruck. Darüber hinaus ist die Ausprägung verschiedener Wohnformen ebenfalls Ausdruck der kulturellen Entwicklung einer Gesellschaft. Ausdrucksformen der kulturellen Prägung des Wohnens sind einerseits die Formen des menschlichen Zusammenlebens (Mehr-Generationen-Wohnen, Familie, Single-Haushalt, Wohngemeinschaft, „Living apart/together") und andererseits historisch gewachsene Stadtentwicklungen. Unter diesem Aspekt besteht ein ganz enger Zusammenhang zur

Sozialpsychologie und auch zur Soziologie. Die Sozialpsychologie hat sich in der Nachkriegszeit sprunghaft entwickelt und das Feld zwischen der individualistischen Psychologie und einer strukturell orientierten Soziologie besetzt[13].

Wohnen aus psychologischer Sicht umfasst das Erleben der gebauten (Wohn-) Umwelt und das Verhalten in der gebauten (Wohn-) Umwelt. Das heißt, dass hier die Wahrnehmung von Wohnung und Wohnumfeld, die Verarbeitung dieser Wahrnehmung (Denken, kognitive Bewertung der Wohnumfeldkriterien) und die Motivation (z.B. Sesshaftigkeit, Wegzug) von Individuen und Kleingruppen analysiert werden. Wohnen aus psychologischer Sicht ist als Bestandteil der Umweltpsychologie oder im Schnittpunkt von Umwelt- und Sozialpsychologie einzuordnen.

Zwischen dem Wohnen aus psychologischer und aus soziologischer Sicht bestehen sehr enge Zusammenhänge. Insofern sind auch die Grenzen bei der Betrachtung des Wohnens aus soziologischer und aus psychologischer Sicht fließend. Während aus psychologischer Sicht das Individuum in seiner individuellen Wahrnehmung des Wohnens analysiert wird, befinden sich aus soziologischer Sicht diese Individuen in Gruppen, deren Verhalten vordergründig im gesellschaftlichen, kultur-historisch und ökonomisch geprägten Kontext untersucht wird.

Schematisch lassen sich die Zusammenhänge zum Wohnen aus soziologischer und aus psychologischer Sicht gemäß Abbildung 1–5 darstellen, mit der gleichzeitig die Struktur des vorliegenden Buches aufgezeigt wird.

Abbildung 1–6: Struktur des Buches

Systematisierung des Wohnens aus soziologischer und aus psychologischer Sicht (1. Kapitel)	
Wohnen aus soziologischer Sicht Einfluss gesellschaftlicher Entwicklungen auf das Wohnen und zielgruppenspezifische Wohnraumanforderungen (2. Kapitel)	Wohnen aus psychologischer Sicht Wahrnehmungsprozess und Motivation in Bezug auf das Wohnen, Wohnzufriedenheit und Wohnbedürfnisse (3. Kapitel)

13 vgl. Brockhaus Lexikon Psychologie, Stichwort Sozialpsychologie, S. 568f.

Das Buch wird durch einen Exkurs „Gebaute Umwelt und soziales Verhalten“ ergänzt. In diesem Abschnitt werden die sich vollziehenden gesellschaftlichen Veränderungen mit den daraus resultierenden Anforderungen an die Entwicklung von Städten und ihren Quartieren sowie Dörfern und Siedlungen behandelt.

2 Wohnen aus soziologischer Sicht

2.1 Einfluss gesellschaftlicher Entwicklungen auf das Wohnen

2.1.1 Entwicklung der Anforderungen an das Wohnen

Der Ursprung des Wortes „Wohnen“ geht zurück auf „sich wohl fühlen“, „Behagen empfinden“, „Gewohnheit“. Aus dieser Wortherkunft lassen sich die allgemeinen Vorstellungen zum Wohnen bzw. Anforderungen an das Wohnen ableiten. **Mit dem Wohnen wird demnach die Erwartung verbunden, dass es ein Ort der Entspannung ist, d.h. dass die Möglichkeit einer physischen und psychischen Reproduktion gegeben ist.**

Die **physische Reproduktion** erfordert primär die Möglichkeit des Rückzuges zum Ruhen und zum Schlafen. Mit dem Wohnen wird der Schutz vor äußeren Störungen verbunden, um sich körperlich generieren zu können.

Die psychische Reproduktion beinhaltet gleichermaßen die Rückzugsmöglichkeit, um geistig zur Ruhe kommen zu können, als auch die Kommunikationsmöglichkeit. Eine gesunde Reproduktion der Psyche des Menschen ist ohne soziale Kontakte nicht möglich. Jeder Mensch benötigt als soziales Wesen die Möglichkeit, sowohl Sorgen und Nöte als auch positive Erlebnisse mitteilen zu können. Mit dem Wohnen wird somit auch die Möglichkeit zur Kommunikation verbunden.

Ein dritter Aspekt lässt sich aus der Herkunft des Wortes „Wohnen“ ableiten. Es ist das **Bedürfnis nach Kontinuität**, das heißt das Bedürfnis nach Bindung an einen Ort. Dieses Bedürfnis kann sprichwörtlich mit „Wurzeln schlagen“ bezeichnet werden. Diese Bindung führt zur Identifikation mit dem jeweiligen Ort, d.h. zu einem Gefühl der Zugehörigkeit. Auch dieser Aspekt ist für die Gesunderhaltung des Menschen, physisch und psychisch, ganz wesentlich. Wie sehr gerade dieser Aspekt des Wohnens ausgeprägt ist, wird deutlich, wenn man das Umzugsverhalten innerhalb einer Stadt analysiert. In der Regel wird die neue Wohnung im Ortsteil gesucht, in dem man bereits wohnt.

Aus der Herkunft des Wortes Wohnen lassen sich demnach drei ganz allgemeine Funktionen des Wohnens ableiten.

- Schutzfunktion – Schutz vor äußeren Umwelteinflüssen,
- Soziale Funktion – Möglichkeit der Kommunikation und
- Identifikationsfunktion – Kontinuität durch Wohnen, im Sinne von Bindung an und individuelle Gestaltung von einem Ort und somit Identifikation mit diesem.

Diese hier genannten allgemeinen Funktionen des Wohnens sind damit auch Ausdruck grundlegender menschlicher Bedürfnisse. Die allgemeinen Bedürfnisse, die mit dem Wohnen befriedigt werden sollen, lassen sich in die Bedürfnispyramide von Maslow (vgl. Abbildung 3.13, S. 194) einordnen.

Abbildung 2–1: Bedürfnispyramide von Maslow in Bezug auf das Wohnen

5. **Bedürfnis nach Selbstverwirklichung** – Erfüllung individueller Zielvorstellungen
4. **Ich-Bedürfnisse** = Wohnen als nonverbaler Ausdruck des „Ich“ (zweite Hülle des Menschen)
3. **Soziale Bedürfnisse** – Kommunikationsmöglichkeiten in der Wohnung und in der Wohnumgebung, Rückzugsmöglichkeit
2. **Sicherheitsbedürfnisse** – Sicherheit vor der sozialen Umwelt,
1. **Schutzbedürfnisse** – Schutz vor der natürlichen Umwelt – Witterung, Kälte, Sonne, Regen, Schnee

Inwieweit diesen allgemeinen Funktionen mit dem Wohnen entsprochen werden kann, hängt maßgeblich vom kulturell-historischen Entwicklungsstand der Gesellschaft und von den individuellen ökonomischen Voraussetzungen ab. Auch in dieser Hinsicht lässt sich die Bedürfnispyramide von Maslow anwenden, um die sich ändernden gesellschaftlichen und damit auch individuellen Ansprüche an das Wohnen zu systematisieren.

Wird Wohnen unter dem Aspekt gesellschaftlicher Veränderungen analysiert, besteht auch hier – wie in der historischen Entwicklung insgesamt – keine Linearität. Wohnen bzw. die Wohnformen, mit denen die oben genannten Bedürfnisse mehr oder weniger befriedigt werden können, sind Resultante und Spiegelbild des erreichten ökonomischen und kulturellen Entwicklungsstandes einer Gesellschaft.

Abbildung 2–2: Historische Einordnung von Wohnbedürfnissen

Bedürfnis-pyramide	Bezugnahme auf Wohnen	Wohnformen[14]	Historische Einordnung
Bedürfnis nach Selbstverwirklichung ↑	Verwirklichung eigener Zielvorstellungen mit dem Wohnen	Ausdifferenzierung der Wohnformen: • EFH – Wohnen im Grünen • Stadtnahes Wohnen • Lofts • Maisonette-Wohnungen • Studenten-WGs • Senioren-WGs • Alternativprojekte als Abkehr vom Kommerz	**Beginnend mit den 68ern bis in die Gegenwart** Die aufgeführten Wohnformen können systematisiert werden nach: **Kommunikation** z.B. stadtnahes Wohnen, große Wohnungen für Treffen mit Freunden, Wohngemeinschaften **Rückzug:** Einfamilienhaus im Grünen „My home is my castle"
Ich-Bedürfnisse ↑	Wohnen als nonverbaler Ausdrucks des „Ich" – zweite Hülle	• Wohnen als Synonym für Erfolg • Steigende Wohnungsgrößen • Steigende Anforderungen an Mindestgrößen der Räume • Steigende Anforderungen an die Ausstattung	**Entwicklung nach dem Zweiten Weltkrieg ab den 50er Jahren mit steigendem wirtschaftlichem Aufschwung**
Soziale Bedürfnisse ↑	Kommunikations- und Rückzugsmöglichkeiten	• Aufteilung der Räume nach unterschiedlichen Funktionen	**Historisch sehr differenzierte Entwicklung** Zunächst in Europa im „Römischen Reich" ca. 700 v.Chr. bis 395, später im so genannten „Bürgerhaus" – „Grenzziehung" nach außen und nach innen
Sicherheitsbedürfnis ↑	Sicherheit und Schutz vor der sozialen Umwelt	• Hausbau aus Stein – höhere Sicherheit vor natürlicher und vor sozialer Umwelt	**Beginnend mit der Antike bis in das ausgehende Mittelalter** Nutzung von Stein, Trennung der Räumlichkeiten zwischen Herrenhaushalt und Bediensteten
Schutzbedürfnis	Schutz vor der natürlichen Umwelt	„Dach über dem Kopf" • Höhle • Hütte	**Wohnen in der Stein-, Bronze- und Eisenzeit** 5.500 vor Chr. bis 10 Jh. nach Chr. Geb.

14 Wohnformen lassen sich nach unterschiedlichen gegenständlichen und nicht gegenständlichen Strukturmerkmalen differenzieren. Zur Definition von Wohnformen vgl. Abschnitt „2.2.3.1 Systematisierung der Wohnformen".

2.1.2 Wohnen als Ausdruck gesellschaftlicher Veränderungen – Historischer Abriss

Die folgenden Ausführungen zum Wohnen beziehen sich auf nachstehende Epochen in Europa, wobei der Schwerpunkt auf Deutschland gelegt wird:

A) Wohnen in der Stein-, Bronze- und Eisenzeit (ca. 5500 v. Chr. bis ca. 700 v. Chr.)
B) Wohnen im Römischen Reich (ca. 500 v. Chr. bis 500)
C) Wohnen im Mittelalter (ca. 6 Jh. bis 15. Jh., ausgehendes Mittelalter bis 18. Jh.)
D) Wohnen im Zeitalter der Industrialisierung (19. Jh. bis 1918)
E) Wohnen im Zeitraum vom Ende des Ersten Weltkrieges bis Ende des Zweiten Weltkrieges (1918–1945)
F) Wohnen in jüngster Vergangenheit bis in die Gegenwart (ab 1945 bis in die heutige Zeit)

A) Wohnen in der Stein-, Bronze- und Eisenzeit (ca. 5 500 v. Chr. bis ca. 700 v. Chr.)

Die ersten Wohnformen der Menschheit in der älteren Jungsteinzeit (ca. 5500 v. Chr.) waren Höhlen und überdachte Wohngruben. In der mittleren Jungsteinzeit entstanden dann Reisig- und Schilfhütten, und in der jüngeren Steinzeit (ca. 2200 v. Chr.) wurden erste rechteckige Langhäuser mit Satteldach aus Holz oder aus örtlich vorkommenden Materialien errichtet. Für alle Wohnformen galt, dass sie einen Mindestschutz vor der natürlichen Umwelt gewährten. Die räumliche Dichte erforderte zwangsläufig sehr enge soziale Beziehungen und prägte das Wohnverhalten. Die Kochstelle befand sich in der Mitte der Hütte, um die sich das gesamte Leben der Bewohner abspielte. Sie bildete die Quelle für Licht und Wärme.

Charakteristisch für die Bronzezeit war die Entstehung neuer Siedlungsstrukturen. Neben großflächig angelegten offenen Dörfern entwickelten sich Dörfer mit hoher Bebauungsdichte. Diese unterschiedlichen Siedlungsstrukturen können durchaus als Ausdruck unterschiedlicher sozialer Beziehungen in dieser Zeit bewertet werden. Eine höhere Bebauungsdichte führte zu engeren sozialen Beziehungen und bildete somit auch eine höhere Schutzfunktion. Die Beständigkeit der Siedlungen hing maßgeblich von der wirtschaftlichen Stabilität ab, die wiederum entscheidend durch die naturräumlichen Verhältnisse geprägt war. Siedlungsräume in Flussnähe mit reichlicher Flora und

Fauna ermöglichte eine nachhaltige Entwicklung der sozialen Gemeinschaft. Die Wohnformen entwickelten sich in der Bronzezeit dahingehend weiter, dass neben den Wohnstallhäusern, in denen Mensch und Tier auf engstem Raum zusammen lebten, erstmals separate Speicherbauten errichtet wurden.

Mit der Nutzung von Eisenwerkzeugen war die Erweiterung des Lebensraums der Menschen verbunden. Die Siedlungsgebiete, die sich bisher ausschließlich in der Nähe von Flussläufen befanden, wurden auf weiter davon entfernte Gebiete ausgedehnt. Gewohnt wurde weiterhin in Wohnstallhäusern, die jedoch in ihrer Größe variierten. Zur Lagerung von Lebensmittelvorräten wurden darüber hinaus separate Speicher errichtet.

Charakteristisch für diese Wohnformen war:

- keine Trennung in unterschiedliche Funktionsbereiche, wie Kochen, Essen, Arbeiten und Schlafen;
- Mensch und Tier lebten zwar getrennt voneinander, aber gemeinsam auf engstem Raum;
- Mittelpunkt des Hauses bildete die Feuerstelle, um die sich das gesamte soziale Leben abspielte;
- der Rauch der Feuerstelle wirkte konservierend auf die Holzbauten und verhinderte das Eindringen von Feuchtigkeit;
- handwerkliche Tätigkeiten wurden im Freien verrichtet.

Dem Grundbedürfnis nach Schutz und Sicherheit vor der natürlichen und vor der sozialen Umwelt konnte mit diesen Wohnformen ansatzweise entsprochen werden. Höhere Bedürfnisse gemäß der Bedürfnispyramide nach Maslow ließen sich mit diesen Wohnformen nicht befriedigen. Das betraf vor allem die Möglichkeit zum individuellen Rückzug. Die Enge der Häuser und die fehlende funktionale Trennung der Räume ließ hierfür keine Möglichkeit.

Die hier beschriebene Wohnform existierte über den gesamten genannten Zeitraum hinweg. Auch im 10. Jahrhundert sind die beschriebenen Siedlungen mit Wohnstallhäusern nachweisbar. Beispielhaft sei hierfür der altslawische Tempelort Groß Raden[15] genannt. Die Weiterentwicklung gegenüber den Besiedlungen in der Stein-, Bronze- und Eisenzeit beziehen sich vor allem auf die Siedlungsstrukturen. Charakteristisch für Groß Raden sind die Zuordnung von Funktionen zu einzelnen Gebäuden und die Abschirmung nach außen. So existierten in dieser Siedlung neben den Wohnstallhäusern als Blockhäuser ein Mahlhaus, ein gemeinsam nutzbarer Backofen und ein

15 vgl. Archäologisches Landesmuseum Mecklenburg-Vorpommern, www.archaelogie-mv.de/raden

Tempel. Die gesamte Siedlung, die sich de facto auf einer Halbinsel befindet, wurde durch einen Wassergraben vor Eindringlingen von außen geschützt. Der Zugang zur Siedlung war nur über eine Brücke mit Eingangstor möglich.

B) Wohnen im Römischen Reich (ca. 500 v. Chr. bis 500)

Der hohe gesellschaftliche Entwicklungsstand im Römischen Reich spiegelt sich unter anderem auch in der Stadtstruktur und in den Wohnformen wider.

Die Städte waren durch eine klare Gliederung und funktionale Anordnung der Gebäude gekennzeichnet. Um die Städte herum, als Schutz vor der sozialen Umwelt, wurde ein Mauerring gezogen. Der Marktplatz bildete das Stadtzentrum. Öffentliche Gebäude mit administrativer, religiöser und kultureller Funktion prägten wesentlich die Kultur der Römer. Eine besondere Bedeutung hatten öffentliche Thermen. Sie waren wesentlicher Bestandteil des römischen Lebens und erfüllten neben der Körperpflege vor allem soziale und kommunikative Bedürfnisse der Bewohner. „Die Wasserversorgung des kaiserlichen Roms war vorzüglich. Elf Aquädukte mit einer Gesamtlänge von 500 km brachten täglich zwischen 600.000 und 800.000 m^3 frisches Quellwasser in die Hauptstadt. Nur wohlhabende Römer hatten aufgrund eines vom Kaiser verliehenen Privilegs einen direkten Hausanschluss. Die Masse der Bevölkerung holte sich ihr Wasser aus großen Bassins mit ständiger Frischwasserzufuhr oder von einem Laufbrunnen. Der Weg dahin war selten weiter als 200 Meter ... Viel Wasser bedeutete in normalen Zeiten auch stabile hygienische Verhältnisse. Die öffentlichen Latrinen waren ebenso an das Wassernetz angeschlossen wie die kommerziell betriebenen Badehäuser (Balnea), die die Römer für die Körperreinigung nutzten[16]. In den Thermen wurde diskutiert, gegessen, Sport getrieben. Gemischtes Baden von Männern und Frauen war üblich. Zu den großen Thermen hatten alle Schichten der Bevölkerung Zugang.

Kulturelle Bedürfnisse wurden darüber hinaus in den Theatern und Amphitheatern befriedigt. Neben Theateraufführungen fanden hier Sport- und Gladiatorenwettkämpfe statt. Die Tempel dienten der Götterverehrung.

Bereits im Römischen Reich waren die Wohnformen wesentlicher Ausdruck für die soziale Stellung ihrer Bewohner.

16 vgl. Asisi, Yagedar: Rom CCCXII, S. 108

„Domus" war das charakteristische römische Haus der Mittel- und Oberschicht. Es handelte sich hierbei um ein einstöckiges Hofhaus mit völliger Abgeschlossenheit nach außen. Das Atrium bildete das Zentrum des Hauses. Die Öffnung des Hofhauses nach oben wurde durch pultartige Dächer begrenzt, die in den Innenbereich ragten. Fenster und Türen waren ausschließlich in den Innenbereich ausgerichtet. Diese Art der Privatheit war ein Privileg reicher Römer. Sie wohnten in großzügigen rechteckig angeordneten Gebäuden mit funktionaler Aufteilung der Räume. Der Reichtum der Römer gehobener Schichten spiegelte sich nicht nur in der Größe der Anwesen, sondern auch in der Ausstattung und in der Funktionsteilung der Räume wider. Die Domi verfügten über mehrere Wohn- und Schlafzimmer, Bediensteten- und Gästezimmer, Küchen, Empfangshallen und Bibliotheken. Außerdem gehörten private Badeanlagen zur Ausstattung der Häuser. Getafelt wurde in luxuriösem Ambiente im Liegen auf so genannten Klinen (Liegesofas). Die Speisezimmer hatten meistens drei Klinen (Triclinia). Restaurants für die gehobene Gesellschaft existierten zur damaligen Zeit noch nicht, so dass individuelle Einladungen zum Essen bei der wohlhabenden Gesellschaft Roms üblich waren und als Anlass genutzt wurden, den Reichtum zu präsentieren.

Mit zunehmender Einwohnerzahl wurde die Bebauung zwangsläufig dichter. Es entstanden mehrstöckige Gebäude, bei denen Fenster auch zur Straßenseite ausgerichtet waren. Diese Wohnblöcke wurden als Insulae bezeichnet. In diesen waren sozial schwächere Schichten untergebracht, die zur Miete wohnten. Ungefähr 90 Prozent der römischen Bevölkerung gehörten den sozial schwächeren Schichten an. Infrastrukturelle Errungenschaften wie Straßen, Abwasser- und Wasserversorgung waren primär auf die städtischen Gebiete begrenzt. Aus diesen Gründen war das Wohnen in den Städten und in der Nähe der Arbeitsplätze sehr begehrt. Wohnsiedlungen am Stadtrand entstanden daher kaum. Vielmehr wuchsen die Wohngebäude in die Höhe. Es entstanden bereits im Römischen Reich um 100 vor und nach Chr. bis zu siebenstöckige Häuser. Allerdings war die Bauweise sehr einfach, so dass Hauseinstürze nicht selten waren. Noch mehr wurden Brände gefürchtet, die sich aufgrund der sehr dichten Bauweise schnell ausbreiten konnten. Der Hausrat der Bewohner in den Insulae beschränkte sich auf ein Minimum von Tisch, Stühlen, Bett und Truhen für Bekleidung und Geschirr. Problematisch für ärmere Bevölkerungsschichten war außerdem die Lärmbelästigung im alten Rom. Wegen des Fahrverbots am Tag verlagerte sich der Verkehrslärm in die Nacht[17]. Das Bedürfnis nach Ruhe zur physischen Reproduktion konnte nur eingeschränkt befriedigt werden.

Mit der römischen Stadtstruktur und den Wohnformen für die reicheren Römer konnte maßgeblich den sozialen Bedürfnissen sowohl nach Rückzugsmöglichkeit als auch nach Kommunikation entsprochen werden.

Bemerkenswert ist, dass dieser sehr hohe kulturelle Entwicklungsstand in Bezug auf das Wohnen erst nahezu 1500 Jahre später wieder erreicht wurde.

Mit dem Zerfall des Römischen Reiches gingen auch wohnkulturelle Errungenschaften verloren. Der damit verbundene Rückschritt wird deutlich, wenn man sich die Wohnkultur Mitteleuropas außerhalb des Römischen Reiches vergegenwärtigt. Der Römer Tacitus beschreibt im ersten Jahrhundert nach Chr. das Bauen und Wohnen jenseits der römischen Grenzen. „Die Germanen wohnen nicht in Städten; in ihren Dörfern haben sie keine geschlossenen Hausreihen; sie kennen weder Steinhäuser noch Ziegeldächer, sondern verwenden zum Bauen nur rohe Baumstämme; im Winter verkriechen sie sich in Erdgruben, über die sie zum Warmhalten Mist häufen" (Tacitus, Germania 16, 1–3).[18]

C) Wohnen im Mittelalter (ca. 5. Jh. bis 15. Jh., ausgehendes Mittelalter bis 18. Jh.)

Das Mittelalter umfasst die Epoche zwischen Altertum und Neuzeit. Eine eindeutige zeitliche Abgrenzung besteht nicht. Der Anfang des Mittelalters wird im Zeitraum zwischen 4. und 8. Jahrhundert datiert. Das Ende des Mittelalters wird in das 15. bis 18. Jahrhundert gelegt.

Wohnen im Frühmittelalter (5.–9. Jahrhundert)

„In Mitteleuropa war das Wohnstallhaus mehr als zwei Jahrtausende lang, von der Bronzezeit bis in die Neuzeit, der Mittelpunkt bäuerlichen Wirtschaftens und Lebens. Auch wenn sich die Bauweise geändert hat, von mehrschiffigen zu einschiffigen Grundrissen und vom Pfosten- über den Ständer- zum Stein- oder Ziegelbau, blieb dennoch die Konzeption von Mensch und Vieh unter einem Dach erhalten."[19] Allerdings lassen sich wesentliche Abstufungen in den Wohnformen in Abhängigkeit von der gesellschaftlichen Stellung und des ökonomischen Wohlstandes finden.

17 vgl. Asisi, Yagedar: Rom CCCXII, S. 104
18 Kilian, Imma: Wohnen im frühen Mittelalter in: Dirlmeier, Ulf (Hrsg.), Band 2, S. 13
19 ebenda, S. 35

Während einfache Bauern in den bereits beschriebenen Wohnstallhäusern auf engstem Raum mit dem Vieh lebten, hatte der Adel Möglichkeiten zur größeren räumlichen Trennung von Mensch und Tier. Hierin bestand ein wesentlicher Unterschied in der Wohnqualität. Dennoch gab es auch unter den Angehörigen des Adels große Unterschiede im Reichtum und damit auch in der Wohnqualität. Der niedere Adel lebte in ebenerdigen, in Pfostenkonstruktion geschaffenen Gebäuden aus Holz. Außer der räumlichen Trennung von Mensch und Tier und der damit verbundenen wesentlich größeren Hoffläche gab es keine weitere Trennung der Wohnbereiche nach unterschiedlichen Wohnfunktionen. Im Wohnbereich wurde gleichermaßen gewohnt und wurden Gäste empfangen.

Fränkische Könige und der höher gestellte Adel (Merowinger im 7.Jh.) dagegen lebten bereits im frühen Mittelalter in mehrstöckigen Gebäuden aus Stein. Es gab, getrennt von den Repräsentationsräumen, einen Wohntrakt mit eigenen Zimmern für Aufenthalt, Schlafen, Essen, Kochen und für andere Tätigkeiten[20].

Wohnen im Hochmittelalter (10.–13. Jahrhundert)

Der weitaus größte Teil der Bevölkerung, schätzungsweise achtzig Prozent, lebte auf dem Land und arbeitete in der Landwirtschaft. Damit dominierten auch in dieser Zeit ländliche Siedlungen, die jedoch noch nicht die typischen Dorfstrukturen aufwiesen. „Während sich Stein- und Ständerbauten im Umfeld von Herrensitzen und in Städten schon in frühmittelalterlichen Zeiten nachweisen lassen und dort die Bebauung im hohen Mittelalter prägten, blieb die Pfostenbauweise in den bäuerlichen Siedlungen klar vorherrschend“.[21]

Unterschiedliche Wohnformen prägten sich in dieser Zeit im Zusammenhang mit der Stellung der Personen in der Gesellschaft aus. Die gesellschaftliche Stellung wiederum resultierte aus der Tätigkeit. Unterschieden wurde zwischen Bauern, Handwerkern und dem Ritterstand. Für diese Berufsgruppen prägten sich verschiedene Wohnformen aus.

Zum Ritterstand gehörten so genannte „Unfreie“, „Freie“ und „Adlige“ unterschiedlichen Ranges. Die so genannten Unfreien standen in besonderen Diensten Dritter. Zu den Adligen gehörten gleichermaßen Adlige niederer

20 vgl. ebenda, S. 82
21 Kluge-Pinsker, Antje: Wohnen im hohen Mittelalter in: Dirlmeier, Ulf (Hrsg.), Band 2, S. 88

Stellung bis hin zu Königen. Gemeinsam war die Wohnform dieser „Berufskrieger". Diese entwickelten einen auf Abgrenzung, insbesondere gegen die bäuerliche Bevölkerung, gerichteten Verhaltenskodex. Ein Merkmal dieses Kodex war der Wohnsitz, der sich von der Ebene des bäuerlichen Alltags abheben sollte. Diese Abgrenzung wurde mit dem Leben auf einer Burg ermöglicht.[22]

Die Wohnverhältnisse der Bauern veränderten sich gegenüber dem Frühmittelalter kaum. Auf den bäuerlichen Gehöften befanden sich ein Haupthaus in Form eines Wohn-Stall-Hauses, weitere Ställe, Werkräume und Speicher. Hinzu kam ein Brunnen zur Wasserversorgung. Im Zeitverlauf wurden größere Speicherflächen und wetterunabhängige Dreschplätze durch Überdachung geschaffen. Die Wohnqualität insgesamt blieb jedoch prinzipiell unverändert. Es dominierten weiterhin die in Eigenregie errichteten einfachen, fäulnisanfälligen Pfostenbauten.

Die Handwerker wohnten in der Regel in ausgedehnten Vorburgen und verrichteten ihre handwerklichen Tätigkeiten in Grubenhäusern. Diese waren durch ihre Bauweise im Erdreich charakterisiert. Der Vorteil dieser Hausform bestand im gleichmäßigen Raumklima, was diese Häuser für Lagerzwecke besonders geeignet machte.

Erste Stadtstrukturen entwickelten sich im Zeitraum zwischen dem 10. und dem 13. Jahrhundert. Bis ca. 1320 gab es in Deutschland ca. 4.000 Städte, wovon allerdings nur etwa 250 eine Einwohnerzahl von 2.000 Personen oder mehr aufwiesen.[23]

Die Entstehung der Städte im Mittelalter prägte ganz maßgeblich die Wohnkultur. Ausdruck dieser Entwicklung war die funktionale Raumaufteilung zwischen Küche bzw. Wirtschaftsraum und Wohn-/Schlafraum sowie dem vorzugsweise mit Hilfe eines Kamins beheizten Repräsentationsraum. In dieser Zeit wurden für die besser gestellten Schichten erstmals die Gebäude in arbeitsteiligen Prozessen errichtet. Professionelle Baumeister und Werkleute bauten Ständer- und Steinhäusern. Die Hauskonstruktion und auch die Ausstattung (Ziegeleindeckung, geflieste Fußböden, verputzte Wände und Kamine) spiegelten die veränderten Ansprüche an das Wohnen wider.[24]

Charakteristisch für die Entwicklung des Wohnens im Hochmittelalter war die zunehmende Differenzierung der Wohnformen in Abhängigkeit von der

22 vgl. ebenda, S. 93
23 vgl. ebenda, S. 107
24 vgl. ebenda, S. 225f.

gesellschaftlichen Stellung und den damit verbundenen ökonomischen Ressourcen der Bewohner. Trotz aller Differenziertheit konnte auch mit diesem Wohnformen primär nur Schutz vor der natürlichen und vor der sozialen Umwelt erreicht werden. Eine weitergehende Bedürfnisbefriedung war nur bei höher gestellten Adligen möglich.

Wohnen im Spätmittelalter (13.–15. Jahrhundert)

Das Spätmittelalter ist in Deutschland durch recht widersprüchliche Prozesse gekennzeichnet. Zum einen ist dieser Zeitraum von schweren Hungersnöte und Pestepidemien mit massiven Auswirkungen auf die demographische Entwicklung geprägt. „Die Pestzüge nach 1348/49 und spätere Agrarkrisen verursachten am Ende des Mittelalters starke Bevölkerungsrückgänge.“[25] Erst nach Mitte des 15. Jahrhundert setzte wieder ein wirtschaftlicher Aufschwung parallel zu einer positiven demographischen Entwicklung ein. Demographische Schrumpfungsprozesse mit adäquaten Auswirkungen auf Angebot und Nachfrage von Wohnraum sind demnach keine neuen Erfahrungen der jüngsten Vergangenheit, sondern waren auch schon damals bekannt. Gleichzeitig ist aber das Spätmittelalter durch die wachsende Bedeutung des städtischen Bürgertums gegenüber Adel und Kirche gekennzeichnet. Das Bildungsniveau der städtischen Bevölkerung stieg an. Ausdruck dieser Entwicklung war die Gründung einer Reihe von Universitäten im deutschen Raum. Zu den damals gegründeten Bildungseinrichtungen gehören die Universitäten Heidelberg (1386), Erfurt (1392) und Leipzig (1409).

Aufgrund technischer Errungenschaften gelang es, mit dem Wohnen zunehmend einen größeren Schutz vor der natürlichen Umwelt zu schaffen. Ausdruck dieser Entwicklung ist die zunehmende Nutzung von Stein mit besserer Wärmedämmung sowie die Beheizung der Räumlichkeiten mit Kaminen und die Entwicklung des Kachelofens. Hinzu kam die Nutzung von Glas, was die Schaffung von hellen Räumen ermöglichte. Eine gewisse Unabhängigkeit von den Tageszeiten konnte darüber hinaus erreicht werden, als an Stelle von Kienspänen und Fackeln die Kerze als Leuchtmittel trat.

Der wertmäßig größte Teil des Immobilienbesitzes war auch noch im Spätmittelalter im Eigentum von Kirche und Adel. Zunehmende Bedeutung als Immobilieneigentümer erlangte jedoch auch die kaufmännische Ober-

25 Benke, Carsten: Historische Schrumpfungsprozesse: Urbane Krisen und städtische Selbstbehauptung in der Geschichte in: Gestring, Norbert (Hrsg.), S. 50

schicht. Aufgrund der Konzentration des Immobilieneigentums war das Wohnen zur Miete zwangsläufig weit verbreitet. Die meisten Mieter lebten jedoch in dieser Zeit in einzelnen Häusern. Mehrfamilienhäuser entstanden erst im Zuge des Industrialisierungsprozesses.

Erwähnenswert ist, dass sich bereits im Spätmittelalter die regionalen Teilmärkte außerordentlich differenziert entwickelten. Neben expandierenden Städten waren gleichzeitig andere Städte mit Schrumpfungsprozessen konfrontiert. So stieg die Bevölkerung in der Bergstadt Freiberg in Sachsen von 1474 bis 1540 von ca. 5.000 Einwohnern auf 14.000 an. Das heißt, dass sich in nur 66 Jahren die Bevölkerung fast verdreifachte. Andere Regionen erlebten gleichzeitig einen wirtschaftlichen Niedergang mit Bevölkerungsrückgang und schließlich leer stehenden Häusern. Ende des 14. Jahrhunderts standen in Freiburg im Breisgau ca. 240 Häuser leer, in Frankfurt/Main ca. 400 Häuser. „Eine wesentliche Ursache für die Vielzahl der unbewohnten Häuser war in Freiburg im Breisgau wie in Frankfurt/Main die Überlastung des Haus- und Grundbesitzes mit Gülten und zusätzlichen Abgaben. Resultat dieser Probleme waren zahlreiche Zwangsversteigerungen".[26] Hinzu kam die Belastung von Immobilien mit Rentenschulden als Kreditsicherheit und als Grundlage für die Erhebung von Steuern.

Dennoch war Haus- und Grundbesitz für die Stellung in der Gesellschaft ganz wesentlich. An das Eigentum an Immobilien oder an die Beziehung eines Renteneinkommens in bestimmter Höhe waren der Erwerb des Bürgerrechts und die Zulassung zur Zunft gebunden. Immobilieneigentum war damit bereits im Spätmittelalter ein Indikator für die Stellung des Einzelnen innerhalb der Gesellschaft. Außerdem waren Immobilien schon damals ein wichtiges Anlageobjekt, um ein regelmäßiges Einkommen zu beziehen.[27]

Was das Wohnen im Spätmittelalter betrifft, so vollzogen sich hier Veränderungen vor allem hinsichtlich der Erfüllung sozialer Bedürfnisse. Mit fortschreitender Privatisierung wurden schrittweise die Raumfunktionen differenziert. Was bereits aus dem Römischen Reich bekannt war, nämlich die Funktionsteilung zwischen den Räumen, wurde nach ca. 1.500 Jahren wieder „neu entdeckt". Dominierten im Hochmittelalter noch Ein-Raum-Häuser, so wurden im Spätmittelalter die Bewohnergruppen – Eltern, Kinder, Dienstboten, sonstige Verwandte – stärker voneinander separiert. Es wurde unterschieden zwischen dem Raum zum Kochen (Küche), den Räumen zum Schla-

26 Schmidt, Fritz; Dirlmeier, Ulf: Geschichte des Wohnens im Spätmittelter in: Dirlmeier, Ulf (Hrsg.), Band 2, S. 244
27 vgl. ebenda, S. 244

fen (Kammern) und dem Raum für Geselligkeit und für Festlichkeiten (Stuben). Aus Platzgründen blieb bei aller Differenzierung eine gewisse Multifunktionalität der Räume erhalten. Dennoch konnte mit der funktionalen Raumaufteilung den sozialen Bedürfnissen nach Rückzug einerseits und nach Kommunikation andererseits besser entsprochen werden.

Wohnen im ausgehenden Mittelalter (16.–18. Jahrhundert)

„Die Folgen des Dreißigjährigen Krieges beschleunigten die Differenzierungsprozesse im frühneuzeitlichen Städtesystem erheblich. Obwohl die städtische Bevölkerung zwischen 1618 und 1648 im Schnitt um etwa ein Drittel abnahm, kam es nur zu sehr wenigen Stadtuntergängen. Die Städte behielten ihre reduzierte Funktion als zentrale Orte und wurden bald wieder zu Sammelpunkten der ländlichen Bevölkerung, wenn auch viele Städte mehrere Jahrhunderte brauchten, um den alten Bevölkerungsstand wieder zu erreichen. In vielen Städten prägten zerstörte und verlassene Häuser und ‚wüste Stellen' über Jahrzehnte das Stadtbild."[28]

Die Wohnverhältnisse auf dem Lande waren auch noch zu diesem Zeitpunkt gemäß Schilderungen von Reisenden außerordentlich dürftig. Die Häuser waren häufig in notdürftigem baufälligem Zustand. Geschlafen wurde im Heu oder im Stroh. „Noch Ende des 18. Jahrhunderts lebten durchschnittlich 80 Prozent der Bevölkerung des Reichs auf dem Land. Innerhalb der ständerechtlichen Ordnung nahmen die Bauern, ungeachtet ihrer strategischen Position für das Wirtschaftsleben und das öffentliche Finanzaufkommen, in allen Regionen den untersten Rang ein."[29]

Neben diesen sehr einfachen Wohnverhältnissen waren im ländlichen Bereich Adelssitze und Herrenhäuser anzutreffen. Diese bestanden in der Regel aus einem Haupthaus und mehreren Wirtschaftsgebäuden, die vor dem Haupt- oder Herrenhaus hofartig angeordnet waren. Es handelte sich bei den Haupt- oder Herrenhäusern um mehrstöckige Gebäude. Die Treppenhäuser, die zunächst rein funktional gestaltet waren, gewannen als Repräsentationsflächen an Bedeutung. Es bestand eine strikte Trennung in der Raumnutzung durch die adlige Herrschaft und durch das Gesinde.

28 Benke, Carsten: Historische Schrumpfungsprozesse: Urbane Krisen und städtische Selbstbehauptung in der Geschichte in: Gestring, Norbert (Hrsg.), S. 52

29 Friedhoff, Jens: „Magnificence" und „Utilité". Bauen und Wohnen 1600 – 1800 in: Dirlmeier, Ulf (Hrsg.), Band 2, S. 506

Die Wohnqualität in einer Stadt des ausgehenden Mittelalters war unmittelbar von der sozialen Stellung der Bewohner abhängig und konnte kaum unterschiedlicher sein. Die soziale Ungleichheit wird deutlich, wenn man beispielhaft die Situation in der Stadt Trier im 17. Jahrhundert heranzieht. „Im 17. Jahrhundert verfügten in Trier die Armen, die rund ein Viertel der Stadtbevölkerung ausmachten, über 1,3 Prozent aller Vermögenswerte, während die Oberschicht der Wohlhabenden und Reichen, die ein Siebtel der Einwohnerschaft stellten, über annähernd 70 Prozent der städtischen mobilen und immobilen Werte verfügte.“[30]

Der Anstieg der städtischen Bevölkerung Ende des 18. Jahrhunderts und zu Beginn des 19. Jahrhunderts führte sowohl zu einer zunehmend verdichteten Bauweise als auch zur Verdrängung sozial schwacher Schichten in die Randgebiete der Stadt mit teilweise hygienisch völlig unzureichender Infrastruktur. Aufgrund der sehr hohen Nachfrage nach städtischem Wohnraum durch die arme Bevölkerung bestand von Seiten der Besitzer die Möglichkeit, ihre Mieter auszuwählen und diese außerdem zur Instandhaltung und Instandsetzung der Mietwohnungen zu verpflichten. Mit den Wohnverhältnissen wurde die soziale Differenzierung der Gesellschaft im ausgehenden Mittelalter weiter gefestigt. Die damit verbundene massive Segregation war von Seiten der Mittel- und Oberschichten, die über ein ausgeprägtes ständisches Denken verfügten, durchaus gewünscht.

Die Mittel- und Oberschicht konnte mit den Wohnformen im ausgehenden Mittelalter bereits teilweise den sozialen Bedürfnissen nach Rückzug und Individualität sowie nach Kommunikation und Repräsentation mehr oder weniger Rechnung tragen. In dieser Zeit entstanden so genannte traufständige Flurhäuser mit einem Längsflur in der Mitte, von dem beidseitig Zimmer abgingen.[31] Anstelle des mittelalterlichen Großwohnraums trat der neuzeitliche Kleinwohnraum. Die Zimmer waren für unterschiedliche Nutzungen und für verschiedene Personen bestimmt. Der Wohnraumbedarf stieg an, so dass bisherige Speicherräume für Wohnzwecke umgenutzt wurden. Dem Bedürfnis nach räumlicher Separierung wurde mit der Gestaltung der Häuser entsprochen. Zunächst fand eine zunehmende räumliche Trennung zwischen der Familie des Hausherren und der Hausangestellten statt, später auch innerhalb der Familien. Ausdruck dieser Entwicklung ist das Entstehen getrennter Schlafbereiche innerhalb der Familie. Diese Entwicklung vollzog sich zunächst in der Oberschicht, zeitverzögert jedoch auch in den Mittelschichtenhaushalten.

30 ebenda, S. 617
31 vgl. ebenda, S. 620

D) Wohnen im Zeitalter der Industrialisierung (19. Jahrhundert bis 1918)

Die Disparitäten in Bezug auf das Wohnen setzten sich weiterhin fort. Diese Unterschiede betrafen zum einen die Wohnqualität und zum anderen die Angebots-Nachfrage-Situation.

Im Zuge der Industrialisierung vollzog sich ein nachhaltiger Urbanisierungsprozess. Mit der Schaffung von Arbeitsplätzen in der Industrie setzte die so genannte Landflucht ein. Um 1800 lebten etwa nur drei Prozent der deutschen Bevölkerung in Großstädten, ca. 22 Prozent in kleineren Städten und ca. 75 Prozent auf dem Lande. Ein Großteil der vormals ländlichen Bevölkerung zog in der Hoffnung auf bessere Lebensverhältnisse in die Städte. Im Jahre 1871 lebten bereits ca. 36 Prozent der Bevölkerung in der Stadt. Nur 40 Jahre später im Jahre 1910 betrug dieser Anteil 60 Prozent. Im gleichen Zeitraum stieg die Anzahl der Großstädte von 8 auf 48 an[32]. „Innerhalb von nur gut einer Generation war in Deutschland eine urbane Industriegesellschaft entstanden."[33] Parallel zu den genannten Urbanisierungsprozessen waren aus heutiger Sicht kaum vorstellbare Schwankungen zwischen extremer Wohnungsnot einerseits und hohem Leerstand an Wohnraum mit entsprechendem Preisverfall andererseits charakteristisch. „Hatten sich die Menschen zuvor an Zyklen und Krisen der alles dominierenden Landwirtschaft orientiert und einige in den Städten an diejenigen des Handelsverkehrs, so wurden die langfristigen wirtschaftlichen Wechsellagen nun bald von neuen industriewirtschaftlichen Einflüssen geprägt. Sie beeinflussten das An- und Abschwellen der Menschenströme zwischen Land und Stadt, Stadt und Stadt, die den Bedarf an neuem Wohnraum nun in heftigen Ausschlägen mal in neue Höhen trieben, mal, wenn andere Arbeitsplatzstandorte lockten, zusammenbrechen ließen."[34]

Akute Wohnungsnot bestand in den deutschen Großstädten mit dem einsetzenden Industrialisierungsprozess (frühe siebziger Jahren) in der zweiten Hälfte der achtziger Jahre des 19. Jahrhunderts bis zur Jahrhundertwende.

Bis zum ersten Weltkrieg blieb von Seiten staatlicher oder städtischer Behörden der Wohnungsmarkt prinzipiell unbeeinflusst. Am Wohnungsmarkt agierten zu diesem Zeitpunkt Terraingesellschaften, Bauunternehmen und private Hauseigentümer. Das Aufgabengebiet der Terraingesellschaften um-

32 Murfeld, Egon (Hrsg.), S. 5
33 Reulecke, Jürgen: Die Mobilisierung der „Kräfte und Kapitale" in: Reulecke, Jürgen (Hrsg.), Band 3, S. 17
34 Wischermann, Clemens: Mythen, Macht und Mängel: Der deutsche Wohnungsmarkt im Urbanisierungsprozess in: Reulecke, Jürgen (Hrsg.), Band 3, S. 336

fasste den Aufkauf zersplitterter Flurstücke sowie die Neuordnung und Erschließung, um eine sinnvolle Bebauung zu ermöglichen. Die so neu geschaffenen Parzellen wurden dann an Bauunternehmen oder an private Bauherren weiterverkauft. Der Wohnungsbau lag im Wesentlichen in den Händen von privaten Bauunternehmen. Das Geschäftsfeld dieser Unternehmen wandelte sich im Verlaufe der Zeit. Zunächst wurden diese erst nach Auftragserteilung durch einen privaten Bauherrn tätig. Später entwickelte sich der Wohnungsbau auf Vorrat. Aufgrund der langen Produktionsdauer von Immobilien und damit auch von Wohnungen, der Langlebigkeit dieses Wirtschaftsgutes verbunden mit einer sehr hohen Kapitalbindung, konnte auf konjunkturelle Schwankungen in der Nachfrage nicht reagiert werden. Die Nachfrage nach Wohnraum wechselte jedoch in den verschiedenen Regionen in unmittelbarer Abhängigkeit von der wirtschaftlichen Entwicklung. Eine Anpassung an kurzfristige Marktschwankungen war objektiv nicht möglich. Das führte bereits im 19. Jahrhundert zu gravierenden Veränderungen in der Angebot-Nachfrage-Situation von Wohnraum. So waren ab 1900 in Berlin erste Sättigungstendenzen auf dem Wohnungsmarkt zu verzeichnen. „Bei der Wohnungszählung von 1910 in Berlin, die 41 Vororte und damit den gesamten Berliner Agglomerationsraum erfasste, standen über 65.000 Wohnungen leer. Die Handelskammer Berlin notierte 1912, dass unter den Hauswirten ein starker Wettbewerb stattfindet, der sich mitunter bis auf den Nachlass mehrerer Monate Miete und die Gestellung des Möbelwagens und der Hilfskräfte für den Umzug erstreckte. Das Berliner Tageblatt sprach 1911 davon, dass Wohnungen zu wahren Schleuderpreisen angeboten werden würden ...“[35]. Hinzu kamen steigende Kapitalmarktzinsen, was die Situation der Hauseigentümer noch verschärfte. Der spekulative Bodenerwerb durch die Terraingesellschaften und der Vorratsbau durch die Bauunternehmen führten in Zeiten des Wohnraumüberhangs zum Konkurs einer Vielzahl dieser Unternehmen.

Die hier beschriebene Entwicklung überrascht insofern, als doch in der Beschreibung der Geschichte der Wohnungswirtschaft die Darstellung von Knappheit und Wohnungsnot dominiert.

Im Zuge der Industrialisierung veränderten sich die Stadtstrukturen. Die Veränderungen betrafen gleichermaßen quantitative und qualitative Prozesse. Die Stadtgrenzen dehnten sich weiter aus. Neben den häuslichen Produktionsstätten des Handwerks entstanden Industrieansiedlungen in den Städten. Nur bei kleineren Handels-, Handwerks- und Dienstleistungsbetrieben blieb die räumliche Verbindung von Wohnen und Arbeiten noch beste-

35 ebenda, S. 400

hen. In weiten Teilen begann die räumliche Trennung von Wohnen und Arbeiten. Diese räumliche Trennung ist ein charakteristisches Merkmal einer industriellen Großstadt. Aufgrund des Wachstums von Produktionsstandorten in den Innenstädten, die in heutiger Zeit wieder als Industriebrachen augenscheinlich werden, wurden am Stadtrand Flächen für die Wohnbebauung benötigt.

Der Industrialisierungsprozess hatte unmittelbare Auswirkungen auf die Lebens- und Wohnverhältnisse der Menschen. Mit steigenden Einkommen, die in der Gesellschaft unterschiedlich verteilt waren, stiegen auch die Anforderungen an das Wohnen. Das betraf vor allem die Rückzugsmöglichkeit. In bürgerlichen Haushalten waren die Wohnungen teilweise bereits in unterschiedliche Bereiche der Bewohner getrennt. Neben dem Wohnbereich des Mannes verfügten auch Frauen aus gut bürgerlichem Haus über eine eigene Stube. In diese Zeit fällt auch die „Erfindung" des Kinderzimmers. So wurde erstmals in finanziell besser gestellten Familien für Kinder ein separater Wohnbereich geschaffen.

In den wachsenden Großstädten etablierte sich schnell eine neue Raumstruktur. In den mehrstöckigen Mietwohnungshäusern befanden sich auf einer Etage räumlich voneinander getrennte Wohnungen. An Stelle der Diele entstand der Flur, von dem die Zimmer abgingen. Der Küchenherd wurde unmittelbar an den Schornstein angeschlossen, so dass eine Rauchentwicklung vermieden wurde. Damit entstand die Küche als abgeschlossener Raum. Im Ergebnis entwickelte sich die abgeschlossene Etagenwohnung. Im Wesentlichen wurde damit die Wohnform begründet, wie sie in ihrer Raumstruktur bis in die Gegenwart hinein existiert. Mit der Entstehung einer in sich abgeschlossenen Wohnform änderten sich zwangsläufig die sozialen Beziehungen. Öffentlicher, gemeinschaftlicher und privater Raum wurden voneinander getrennt. Die Wohnung entwickelte sich zur Privatsphäre.

Gleichzeitig lebte in der frühindustriellen Phase die soziale Unterschicht in engsten Behausungen. Viele Familien hatten nur einen Raum zur Verfügung. Enge und überfüllte Wohnungen mussten ertragen werden. „Die Sehnsucht nach Stille in der Natur, die aus Arbeiterkreisen, insbesondere aus der Zeit um die Wende vom 19. zum 20. Jahrhundert, überliefert ist, mag nicht nur dem lebensreformerischen Zeitgeist geschuldet sein, sondern war sicher auch eine urwüchsige Sehnsucht nach der Stille des Raums und dem ‚Für mich sein'."[36]

36 Von Saldern, Adelheid: Im Hause, zu Hause, Wohnen im Spannungsfeld von Gegebenheiten und Aneignungen in: Reulecke, Jürgen (Hrsg.), Band 3, S. 199

In dieser Zeit entstand die „Deutsche Wohnungsreformbewegung". Ihre Zielstellung bestand in der Durchsetzung von Mindestnormen an das Wohnen. Die letzte Fassung für eine deutsche Wohnungsgesetzgebung wurde auf der Wohnungskonferenz 1912 in Frankfurt am Main aufgestellt. Folgende Mindestanforderungen an ein familiengerechtes Wohnen wurden darin postuliert:

1. Jede Wohnung für eine Familie mit mehr als zwei Kindern soll aus mindestens zwei Räumen und einer Küche bestehen.
2. Die Schlafräume müssen für jede Person über 10 Jahre mindestens 10 m^3 Luftraum und 4 m^2 Grundfläche enthalten.
3. Weitere Personen dürfen nur zum Wohnen aufgenommen werden, wenn die oben genannten Mindestanforderungen für die Familie gesichert sind.
4. Der Zugang zu den Schlafräumen nicht zur Familie gehörender Personen darf nicht durch die Schlafräume der Familie führen.[37]

Noch im 19. Jahrhundert wurden erste gemeinnützige Wohnungsunternehmen und Wohnungsgenossenschaften gegründet. Industrieunternehmen traten ebenfalls als Investoren und als Anbieter von Wohnungen auf dem Wohnungsmarkt auf. Letztere schufen vor allem Wohnraum für ihre Arbeiter und Angestellten. Diese so genannten „Werkswohnungen" waren noch bis zum Ende des 20. Jahrhunderts in Deutschland im Eigentum von Industrie- und Dienstleistungsunternehmen. Ihre Veräußerung an institutionelle Anleger oder die Privatisierung der Bestände durch den Verkauf der Wohnungen an die Mieter vollzog sich im großen Maßstab erst zu Beginn des 21. Jahrhunderts.

Die erste gemeinnützige Baugesellschaft war der „Bauverein Elberfeld", der 1825 gegründet wurde. Im Jahre 1847 gründete der Sozialreformer Prof. Victor Aime Huber die „Berliner gemeinnützige Baugesellschaft".

Die Entstehung der unternehmerischen Wohnungswirtschaft vollzieht sich parallel zum Industrialisierungsprozess. Die Versorgung mit Wohnraum für untere und für mittlere Einkommensschichten bildete die Voraussetzung für die Ansiedlung von Lohnarbeitern in den Städten. Parallel dazu veränderten sich die sozialen Beziehungen. Gegenseitige Hilfe und Unterstützung innerhalb der (Groß-) Familie und zwischen den Nachbarn war in der Landwirtschaft mit witterungsbedingten Stoßzeiten zur Einbringung der Ernte

37 vgl. Wischermann, Clemens: Mythen, Macht und Mängel: Der deutsche Wohnungsmarkt im Urbansierungsprozess in Reulecke, Jürgen (Hrsg.), Band 3, S. 360

unerlässlich. Damit bestand eine Verbindung zwischen Privatsphäre, gemeinschaftlichem und öffentlichem Raum. Die industrielle Produktion war auf diese sozialen Strukturen aus diesen Gründen nicht mehr angewiesen.

Insofern ist es nicht verwunderlich, dass mit den veränderten ökonomischen Prozessen eine neue Wohnform, die nach außen abgeschlossene Mietwohnung, entstand. Sie ist bis heute die dominierende Wohnform geblieben. Die Trennung zwischen Privatsphäre und Öffentlichkeit wurde verfestigt und bildete einen ersten Schritt für den sich bis heute vollziehenden Prozess in der Individualisierung. Dennoch entwickelten sich aus dem gemeinsamen ökonomischen Schicksal heraus in dieser Zeit in den Wohnquartieren soziale Beziehungen, die vor allem durch die Frauen und Kinder getragen wurden.

E) Wohnen im Zeitraum vom Ende des Ersten Weltkrieges bis Ende des Zweiten Weltkrieges

Obwohl dieser Zeitraum nicht einmal 30 Jahre umfasst, ist er doch durch gravierende politische Entwicklungen und wirtschaftliche Schwankungen gekennzeichnet. In keiner Zeit davor vollzogen sich in Deutschland in einem solch kurzen Zeitraum so unterschiedliche wirtschaftliche, kulturelle und politische Veränderungen. Nachstehende Übersicht dokumentiert diese Entwicklungslinien:

Abbildung 2–3: Übersicht zur politischen, wirtschaftlichen und baukulturellen Entwicklung

Zeit	Politische und wirtschaftliche Entwicklung	Baukulturelle Entwicklung
18.10.1918	Deutschland wird parlamentarische Demokratie.	
1919	Hungersnöte und Aufstände	Walter Gropius gründet das Bauhaus in Weimar. Er entwickelt eine neue Ästhetik, die dem industriellen Zeitalter entspricht.

Abbildung 2–3: Übersicht zur politischen, wirtschaftlichen und baukulturellen Entwicklung

Zeit	Politische und wirtschaftliche Entwicklung	Baukulturelle Entwicklung
28.06.1919	Friedensvertrag von Versaille: Abtretung großer Gebiete von Deutschland und Festlegung von Reparationszahlungen in Höhe von 132 Mrd. Goldmark, die zu schwerer wirtschaftlicher Belastung führten	
11.08.1919	Inkrafttreten der Weimarer Reichsverfassung	
10.05.1920		Reichsheimstättengesetz
1919–1924	Wirtschaftskrise und Hyperinflation	
15.11.1923	Einführung der Rentenmark, um die Inflation zu stoppen	
1923	Dawes-Plan (Regelung der Reparationsfrage)	
1924–1929	Wirtschaftlicher Aufschwung; u.a.: • 1923 erster deutsche Radiosender • 1925 Gründung der IG Farben AG • 1926 Gründung der Deutschen Lufthansa • 1926 Fusion von Benz & Cie. mit Daimler Motoren Gesellschaft zu Daimler – Benz • 1928 Entwicklung des ersten Flugzeugs mit Raketenantrieb • 1931 Gründung der Porsche-Werke	„Goldene Zwanziger" – Berlin entwickelt sich zu *der* europäischen Kulturmetropole; die frei stehenden Häuser von Gropius sind die ersten Beispiele von Fertigbauten. Reichsrichtlinie für die Förderung des Wohnungsbaus
25.10.1929	„Schwarzer Freitag" an der New Yorker Börse (Börsenkrach) – löst eine Weltwirtschaftskrise aus, von der Deutschland ganz besonders betroffen ist	
31.07.1932	NSDAP wird bei den Reichstagswahlen stärkste Partei	
Herbst 1932	Höhepunkt der Wirtschaftskrise mit mehr als 6 Millionen Arbeitslosen	
30.01.1933	Hitler wird Reichskanzler und sichert sich durch ein Ermächtigungsgesetz unbegrenzte Befugnisse (Zerschlagung der Gewerkschaften, Aufhebung der Pressefreiheit), de facto Aufhebung der Weimarer Verfassung.	
27.02.1933	Reichstagsbrand	

Abbildung 2–3: Übersicht zur politischen, wirtschaftlichen und baukulturellen Entwicklung

Zeit	Politische und wirtschaftliche Entwicklung	Baukulturelle Entwicklung
10.05.1933	Bücherverbrennung	
1934		Albert Speer wird zum Stararchitekten von Hitler
15.09.1935	Nürnberger Gesetze: Beschluss auf dem Reichsparteitag, die jüdische Bevölkerung per Gesetz zu entrechten	
ab ca. 1934	Wirtschaftlicher Aufschwung und Beseitigung der Arbeitslosigkeit durch verdeckte Aufrüstung	Förderung des Wohnungsbaus durch das Reichsheimstättenamt
01.09.1939	Beginn des Zweiten Weltkrieges	
08.05.1945	Bedingungslose Kapitulation Deutschlands	

Nach dem Urbanisierungsprozess im 19. Jahrhundert kam diese Entwicklung im 20. Jahrhundert zum Stoppen. Das Wachstum von Großstädten resultierte weniger aus den Zuzügen vom Land als von Eingemeindungen. Generell war eine geringere Mobilität in den zwanziger und dreißiger Jahren des 20. Jahrhunderts festzustellen als in der Gründerzeit. Auch die Umzüge innerhalb der Stadt wurden weniger. Die Sesshaftigkeit in den Städten und in den Wohnungen nahm zu[38].

Am Ende des ersten Weltkrieges fehlten nach Schätzungen des deutschen Städtetages rund 800.000 Wohnungen. Erstmals wurde von staatlicher Seite auf die Wohnungswirtschaft durch mietrechtliche Regelungen und durch die Gewährung von Subventionen Einfluss genommen. Im Jahre 1920 trat das Reichsheimstättengesetz in Kraft. Mit diesem war ein beschränkter Schutz vor Zwangsvollstreckungen gegeben, was den Eigentümern krisensicheres Wohnen ermöglichen sollte.[39] Die Festsetzung der Miete bzw. die Einflussnahme auf Mietsteigerungen hatte jedoch zur Folge, dass die Hauseigentümer keine ausreichenden Mittel zur Instandsetzung der Gebäude hatten. Das Problem wurde durch die galoppierende Inflation noch verschärft. Trotz Gewährung umfangreicher Fördermittel in Form von Zuschüssen und zinsverbilligten Darlehen reichte die Neubautätigkeit zur Beseitigung des Woh-

38 vgl. von Saldern, Adelheid: Gesellschaft und Lebensgestaltung in: Kähler, Gert (Hrsg.), Band 4, S. 53ff.
39 vgl. Murfeld, Egon (Hrsg.), S. 8

nungsmangels nicht aus und bot wenig Anreiz für privatwirtschaftliche Investitionen. Wesentliche Ursache hierfür war das sehr hohe Kapitalmarktzinsniveau aufgrund der hohen Inflationsrate. Eine Besserung der Situation wurde erst nach der Währungsreform 1923 und nach Inkrafttreten des Dawes-Plans erreicht, mit dem die Reparationszahlungen Deutschlands geregelt wurde.

In der Weimarer Republik wurde der Schwerpunkt zur Lösung des Wohnungsproblems auf gemeinnützige Wohnungsunternehmen und auf Wohnungsbaugenossenschaften gelegt. In der 1926 erlassenen „Reichsrichtlinie für die Förderung des Wohnungsbaus“ wurde fixiert, dass diese Unternehmen bevorzugt staatliche finanzielle Mittel erhalten sollten.[40]

Die Stadtentwicklung der zwanziger Jahre ist durch einen weiter fortschreitenden Funktionswandel der Städte gekennzeichnet. Das Stadtzentrum entwickelte sich zur Handels- und Dienstleistungszone. Die noch heute bestehende hohe Konzentration von Handels- und Büroflächen entstand maßgeblich in den so genannten „Goldenen Zwanzigern“, die durch eine wirtschaftliche Stabilisierung und durch einen kulturellen Aufschwung gekennzeichnet waren. Mit dem Ausbau der Verkehrsinfrastruktur wurde eine solche Entwicklung begünstigt. Es bestand nunmehr gleichermaßen die Möglichkeit, von den Wohnstandorten die Innenstadt mit ihren kulturellen und Konsumangeboten zu erreichen, wie auch ins Grüne am Stadtrand oder auch außerhalb der Stadt zu gelangen. Trotz aller Funktionsteilung befanden sich die Wohnquartiere der Arbeiter in unmittelbarer Nähe zu den Industriestandorten. Die höhere Nachfrage führte zu verdichteter Bauweise. Die sehr einfachen Gründerzeithäuser mit relativ kleinen Wohnungen in der Umgebung von ehemaligen Industriestandorten sind Ausdruck dieser Entwicklung.

Die Rolle der Quartiere für die Erfüllung sozialer Bedürfnisse war trotz aller Mobilität und Privatheit nicht zu unterschätzen. Während die Männer aufgrund ihrer Berufstätigkeit vorwiegend außerhalb des Wohnumfeldes agierten, waren die nicht berufstätigen Frauen auf die sozialen Netzwerke im Quartier angewiesen. Nachbarschaftliche Kontakte einschließlich gegenseitiger Unterstützung lagen im Aufgabenbereich der Frauen. Die Bindung an das gebaute und an das soziale Umfeld konnte besonders durch das Wohnen in Wohnungsbaugenossenschaften gefördert werden. Aufgrund des genossenschaftlichen Handlungsprinzips der Selbstverwaltung wurde die Kommunikation in diesen Wohnanlagen besonders gefördert. Einige Genossenschaften verfügten über Gemeinschaftsräume, zentrale Waschküchen oder eigene

40 vgl. Kähler, Gert: Nicht nur Neues Bauen in: Kähler, Gert (Hrsg.), Band 4, S. 327

Kindereinrichtungen. Prinzipiell wurden bereits zum damaligen Zeitpunkt erste Formen von Wohndienstleistungen entwickelt.

Zeitverzögert zur industriellen Produktion kam es in der Bauwirtschaft ebenfalls zu Rationalisierungsprozessen. Im Jahre 1927 wurde die „Reichsforschungsgesellschaft für Wirtschaftlichkeit im Bau- und Wohnungswesen" gegründet. Türen, Treppen und Fenster wurden standardisiert. Unter der Leitung von Walter Gropius wurde das Baukastenprinzip für den Wohnungsbau einschließlich zugehöriger Typenmöbel erschaffen.

Der auch äußerlich funktionale Baustil und die damit verbundene Einheitlichkeit neuer Gebäude fanden nur begrenzt Anklang. Architekten und Nutzer übten gleichermaßen Kritik an der minimalistischen funktionalen Ausrichtung der Wohngebäude und Wohnungen.[41] Insbesondere in Arbeiterkreisen fand die neue Ästhetik des Wohnens nicht viel Anklang. Dennoch beeinflusste diese avantgardistische Architektur die weitere Entwicklung im Wohnungsbau bis in die heutige Zeit. Die neu gebauten Wohnungen der zwanziger und dreißiger Jahre orientierten sich – trotz Ablehnung – durchaus an der modernen Architektur. Das veränderte Wohnkonzept lässt sich mit folgendem Zitat charakterisieren: „Das Modell des Neuen Wohnens war Rahmen und Bezugspunkt für eine kulturelle Annäherung zwischen diesen Schichten. Allerdings fehlten die oberen und die unteren Schichten der Gesellschaft: Die einen wollten in solchen Siedlungen nicht wohnen, die anderen konnten sich die Miete gar nicht leisten. Wie aus der sozialen Zusammensetzung der Neubauviertel und den schichtenübergreifenden Prinzipien der neuen Wohnkultur erkennbar wird, fehlte diesen Siedlungen der proletarische Milieucharakter der alten Mietskasernen ... Traditionelle Lebensgewohnheiten und proletarische Alltagskultur waren im Konzept des ‚Neuen Wohnens' nicht mehr gefragt. Stattdessen gehörte ein rationeller Umgang mit Zeit, Raum und Kraft dazu, die ‚richtige', das hieß funktionsgerechte Wohnungseinrichtung, eine Professionalisierung der Haushaltsführung und ein sauberes adrettes, nicht abgearbeitetes Aussehen der Hausfrau."[42] Diese Art der Wohnungen und Wohnanlagen zeichnete sich durch eine hohe Funktionalität aus. Sie bestand in der praktischen Grundrissgestaltung mit teilweise geräumigen Küchen. Hierarchische Grundrisse, wie sie für die Gründerzeitwohnungen typisch waren, mit schmalen Bädern, Küchen und Kammern und größeren, teilweise repräsentativen Wohnzimmern, wurden vermieden. Die Raumgrößen wichen nicht

41 vgl. Hartmann, Kristiana: Alltagskultur, Alltagsleben, Wohnkultur in: Kähler, Gert (Hrsg.) Band 4, S. 248
42 von Saldern, Adelheid: Gesellschaft und Lebensgestaltung in: Kähler, Gert (Hrsg.) (Band 4), S. 61

mehr so stark voneinander ab, was eine flexiblere Nutzung zuließ. Außergewöhnlichen Komfort versprachen Wohnungen mit Zentralheizungen, Balkon, in der Wohnung befindlicher Toilette und Badezimmer mit Wanne. Dass solche Wohnungen sehr begehrt waren und eine lange Warteliste bestand, ist nachvollziehbar. Bezahlbar waren solche Wohnungen vor allem für mittlere Angestellte, Lehrer und Beamte.

Die Disparitäten in der Wohnqualität blieben dennoch weiterhin bestehen. Die ökonomischen Verhältnisse der Bewohner bestimmten Größe und Ausstattung der Wohnung. Während Arbeiterfamilien vorwiegend auf kleinstem Raum mit wenig Komfort wohnten, verfügten die so genannten „gut bürgerlichen Familien" über wesentlich mehr Wohnfläche und lebten in großen Etagenwohnungen, in Einfamilienhäusern und Villen unterschiedlicher Größe mit eigenem Garten. Segregationsprozesse spielten in den zwanziger Jahren eine ganz entscheidende Rolle. Die soziale Stellung der Bewohner dokumentierte sich in der Wohnlage.

Mit Machtantritt der Nationalsozialisten wurde das Wohnen gezielt genutzt, um auf die politische und kulturelle Prägung der Bevölkerung Einfluss zu nehmen. Hierfür wurden Pläne zur Schaffung von Wohneigentum und bezahlbarem Wohnraum für einkommensschwächere Bevölkerungsschichten entwickelt. Die entsprechenden propagandistischen Ankündigungen ließen sich aber nur begrenzt umsetzen. Unerwünschte soziale Zusammensetzungen in Wohngebieten wurden nicht selten durch Abbruch von Häusern und damit verbundener Umsiedlung dieser Bevölkerungsschichten erreichen. Begründet wurden solche Maßnahmen mit der Verbesserung der Wohnverhältnisse zur Gesundung der Bewohner. Hinter diesem Vorwand konnte auf die soziale Zusammensetzung der Bevölkerung in den Ortsteilen und Quartieren geschickt Einfluss genommen werden.[43] Architekten erhielten nur dann Aufträge, wenn sie sich mit ihren Entwürfen den kulturästhetischen Vorstellungen der Nationalsozialisten unterwarfen. Die moderne Architektur im Bauhausstil wurde als entartete Kunst aus den zwanziger Jahren verunglimpft.

Als eine „neue" Wohnform begründeten die Nationalsozialisten die so genannten Siedlerstellen, die am Stadtrand gelegen waren. Es handelt sich hierbei um vorwiegend sehr kleine Häuser mit Gartenfläche für den Gemüseanbau und mit Stall für die Kleintierhaltung. Hierfür wurde 1934 ein Sondersiedlungsprogramm nach den Richtlinien des Reichsheimstättenamtes verab-

43 vgl. Kähler, Gert: Nicht nur Neues Bauen in: Kähler, Gert (Hrsg.), Band 4, S. 415

schiedet.[44] Die Zielsetzung dieser Wohnform bestand in der Verbesserung der ökonomischen Situation der Arbeiterhaushalte durch die Selbstversorgung mit Lebensmitteln. Vorteile wurden vermutlich gleichermaßen für Friedens- und für Kriegszeiten gesehen. Der eklatante Nachteil dieser Wohnform bestand in der Randlage, womit lange Arbeitswege verbunden waren. Hinzu kam, dass Zeit zur Bewirtschaftung der Flächen einschließlich Kleintierhaltung vor allem in Arbeiterfamilien, bei denen auch die Frau berufstätig war, nur begrenzt vorhanden war.

Die Planung der Siedlungen einschließlich Grundrissgestaltung, Hausanstrich und landwirtschaftlicher Nutzung der Parzelle wurde aufs Kleinste vom Reichsheimstättenamt vorgegeben. Parallel dazu wurden passfähige Mustermöbel entwickelt.

Eine weitere Wohnform waren die so genannten „Volkswohnungen“. Zielgruppe bildete hier die wirtschaftlich schlechter gestellte Schicht. Der Wohnkomfort dieser Wohnungen blieb hinter dem Standard der zwanziger Jahre zurück. Die Anzahl neu gebauter Volkswohnungen konnte die Nachfrage bei weitem nicht befriedigen. Am 15.11.1939 wurden dann alle nicht kriegswichtigen Bauten verboten. Damit kam im Prinzip der Wohnungsbau zum Erliegen. Einzige Ausnahme bildete die Schaffung von Wohnraum für Arbeiter in der Rüstungsindustrie.[45]

F) Wohnen in jüngster Vergangenheit bis in die Gegenwart (ab 1945 bis in die heutige Zeit)

Ausgangssituation

Im Deutschen Reich in den Grenzen von 1937 gab es 18,3 Millionen Wohnungen. Davon befanden sich 2,3 Millionen Wohnungen in den Ostgebieten, die nach Ende des Zweiten Weltkrieges mit dem veränderten Grenzverlauf entlang von Oder und Neiße nicht mehr auf deutschem Territorium waren. Somit verblieben nur rund 16 Millionen Wohnungen in Deutschland, von denen 5 Millionen total und 4 Millionen Wohnungen teilweise zerstört waren. De facto blieben nur noch ca. 50 Prozent der vormals vorhandenen Wohnungen zur Nutzung.[46] Die hieraus resultierende Wohnungsnot suchte in der Geschichte Deutschlands ihresgleichen. Hinzu kam die Not in der Versorgung

44 vgl. ebenda, S. 419
45 vgl. ebenda, S. 436
46 vgl. Durth, Werner: Vom Überleben: Zwischen Totalem Krieg und Währungsreform, in: Flagge, Ingeborg (Hrsg.), Band 5, S. 20

mit allen sonstigen lebensnotwendigen Gütern, insbesondere mit Lebensmitteln. Große Disparitäten bestanden hier vor allem zwischen der städtischen und der ländlichen Bevölkerung. Letztere verfügte im Wesentlichen noch über ihr Hab und Gut, da sich die Luftangriffe der Alliierten auf die Großstädte konzentrierten. Außerdem war durch die Eigenversorgung mit Lebensmitteln die Lebenssituation der Landbevölkerung entschieden besser als die der Städter.

Trotz der extrem schwierigen Situation wurde für den Wiederaufbau der Städte durch Stadtplaner und Architekten nicht auf die städtebauliche Rekonstruktion, sondern auf eine Neuausrichtung der Städteplanung gesetzt. Zwei Gründe gab es für diesen Denkansatz. Der eine resultierte aus den städtebaulichen Entwicklungslinien der zwanziger Jahre, in denen mehr Grün und eine weniger dichte Bebauung postuliert wurden. Ausdruck dieser Entwicklung war das so genannte Gartenstadtkonzept. Beispielhaft sei hierfür die Gartenstadt Hellerau bei Dresden genannt.

Der andere Grund war auf die jüngsten Kriegserfahrungen zurückzuführen. Die hoch verdichtete Bauweise der Städte ermöglichte weder Schutz noch Flucht vor den Angriffen. Ein Großteil der Opfer des Krieges war in den Ruinen verschüttet oder verbrannt. Aus diesen leidlichen Erfahrungen sollten Städte wesentlich mehr aufgelockert und damit sicherer in Kriegszeiten sein. Diese Überlegungen waren nach dem Zweiten Weltkrieg nicht komplett neu. Umfangreiche Planungen zur Stadtentwicklung für die Zeit nach Kriegsende wurden bereits vor und während des Krieges durch die Nationalsozialisten angestellt. Roland Rainer, Hubert Hoffmann und Johannes Gröditz verfassten das Buch „Die gegliederte und aufgelockerte Stadt", das Anfang 1945 erschien und 1957 nach Überarbeitung neu aufgelegt wurde. Es entwickelte sich zum Standardwerk des Wohnungs- und Städtebaus der fünfziger Jahre[47].

Die Ausgangsbedingungen waren in ganz Deutschland gleichermaßen schlecht. Mit der Einteilung in die westlichen Besatzungszonen und in die sowjetische Besatzungszone wurden unterschiedliche Wege in der Bewältigung der Wohnungsnot beschritten.

Auf der Grundlage des 1950 verabschiedeten Wohnungsbaugesetzes erlebte der Wiederaufbau von Wohnungen in den westlichen Besatzungszonen mit Hilfe umfangreicher finanzieller Mittel aus dem Marshallplan einen entschei-

47 vgl. ebenda, S. 33
48 vgl. ebenda, S. 61

denden Aufschwung. Im Zeitraum von 1950 bis 1956 konnten über 90 Prozent der Flüchtlinge mit Wohnraum versorgt werden.[48]

Die Entwicklung in der sowjetischen Besatzungszone war von Anbeginn schwieriger. Eine wesentliche Ursache hiefür bildeten die hohen Reparationszahlungen, die an die Sowjetunion zu leisten waren. Aufgrund der Mangelsituation war es naheliegend, dass zunächst der Neubau von kleinen Wohnungen im Mittelpunkt stand, um mit sparsamem Materialeinsatz möglichst eine große Anzahl von Wohnungen schaffen zu können.

Entwicklung in der Bundesrepublik Deutschland

Städtebau- und Wohnungspolitik waren durch unterschiedliche Denkansätze, Diskussionen und Versuche geprägt. Dem Postulat der aufgelockerten Stadt wurde die Zentrumsbildung für öffentliche Gebäude, Handels- und Büroobjekte gegenübergestellt. Letztlich siegten aber – bei allen kontrovers diskutierten Varianten einer Stadtentwicklung – die ökonomischen Zwänge. Die hohe quantitative Nachfrage nach Wohnraum bei prinzipieller Knappheit der Ressourcen ließ qualitative Entwicklungsmöglichkeiten in den Hintergrund treten. In den fünfziger und sechziger Jahren schnell gebaute Objekte wurden mitunter in den siebziger Jahren wieder abgerissen. Aber nicht nur neuere Gebäude, sondern auch ein Großteil alter Immobilien, die unter heutigen Bedingungen unter Denkmalschutz gestellt werden würden, musste neuen Entwicklungen weichen.

Weiteren Einfluss auf die Städteplanung hatte die schnell wachsende Zahl von Personenkraftfahrzeugen. Ein Indiz für den schnellen wirtschaftlichen Aufschwung, der seinen Höhepunkt in den sechziger Jahren erreichte, ist die Verachtfachung der Pkw-Anzahl innerhalb von zehn Jahren. Waren 1950 in Deutschland 0,52 Millionen Fahrzeuge registriert, erhöhte sich diese Zahl auf 4,1 Millionen im Jahre 1960. Damit verbunden waren ganz eigene städteplanerische Anforderungen, mit denen zu Beginn der fünfziger Jahre wohl niemand gerechnet hatte. Andererseits wurde damit ein weiterer Grundstein für die Ausdehnung der Städte und für die Entwicklung von Stadtumlandgebieten gelegt. Diese Entwicklung korrespondierte mit der Wohnungsbauförderung, in welcher der Eigentumsbildung der Vorrang eingeräumt wurde. Mit der Entstehung von Einfamilienhäusern konnte sowohl dem Wunsch nach größerer Privatheit (gegenüber dem Wohnen in einer Mietwohnung) als auch dem Wunsch nach Identitätssicherung Rechnung getragen werden. Wohnen erhielt damit erneut, nach Überwindung der Mangelsituation infolge des Krieges, Status verleihende Bedeutung. Ein besonderes Statussymbol war der Bungalow, d.h. das ebenerdige großzügige Einfamilienhaus, das ab Mitte der fünfziger Jahre als besonders attraktiv galt. Die damit verbundene größere Flächeninanspruchnahme und zwangsläufige Zersiedlung der Landschaft wurde von Seiten der Stadtplaner sehr kritisch bewertet.

Neben der Eigentumsbildung wurde der Sozialwohnungsbau gefördert. Mit Hilfe der Gewährung von Zuschüssen und subventionierter Darlehen sollte Wohnraum auch für einkommensschwächere Familien bereitgestellt werden. Anspruchsberechtigt für solche Wohnungen waren nur Mieter, die ein bestimmtes Haushaltseinkommen nicht überschritten. Die in Anspruch genommenen Subventionen mussten mit adäquat niedrigen Mietpreisen an die Mieter der Wohnungen weitergegeben werden. Bedingt durch den schnellen wirtschaftlichen Aufschwung und die Förderung des Wohnungsbaus konnte der Wohnungsmangel in der Bundesrepublik Deutschland trotz Zuwanderungen durch die Flüchtlinge aus den Ostgebieten und aus der sowjetischen Besatzungszone relativ schnell beseitigt werden. Nachstehendes Fazit beschreibt recht anschaulich die Entwicklung des Wohnungsbaus in den fünfziger Jahren. „Der Preis für die beeindruckenden quantitativen Erfolge des Wohnungsbaus der fünfziger Jahre wurde, dies entwickelte sich über Jahrzehnte zum Standardverdikt, in qualitativer Hinsicht durch seine Schlichtheit, Einfachheit, Banalität, ja Schäbigkeit gezahlt."[49]

Im Jahre 1960 wurden das Bundesbaugesetzbuch und im Jahre 1971 das Städtebauförderungsgesetz verabschiedet. Im Bundesbaugesetzbuch waren einheitliche Rahmenbedingungen für die städtebaulichen Entwicklungen fixiert. Mit dem Städtebauförderungsgesetz rückte die Stadterneuerung gegenüber der Stadterweiterung in den Fokus planerischer Aktivitäten. Offensichtlich war die Zeit für eine solche Entwicklung reif. Auf dem Deutschen Städtetag von 1971 übte in seinem Eröffnungsreferat der Münchner Oberbürgermeister Vogel eine vernichtende Kritik an der bisherigen Planungspolitik. „Da ist das uferlose, scheinbar durch nichts zu bremsende breiartige Auseinanderfließen der Stadtstrukturen. Da ist das Absterben der vom Individualverkehr lahmgelegten und erstickten Innenstädte, die ihre Funktionen an die Randzonen, an die Einkaufszentren auf der grünen Wiese abgegeben haben und sich entweder in Slums oder in Ansammlungen von Verwaltungsgebäuden verwandeln ..."[50]

49 Harlander, Tilman: Wohnen und Stadtentwicklung in der Bundesrepublik in: Flagge, Ingeborg (Hrsg.), Band 5, S. 283

50 Vogel, Hans-Jochen: Rettet unsere Städte jetzt, 16. Hauptversammlung des Deutschen Städtetages 1971 in: ebenda, S. 330

Die Suburbanisierungsprozesse schritten auch in den siebziger und achtziger Jahren – trotz erster Forderungen auf die Rückbesinnung städtischer Multifunktionalität – fort. Um die Ballungszentren entwickelten sich die so genannten Speckgürtel. Städtische und vor allem innerstädtische Grundstücke waren für eine gewerbliche Nutzung mit höherer Ertragserzielung gegenüber einer Wohnnutzung attraktiver. Hinzu kam die steigende Mobilität infolge des Ausbaus öffentlicher und privater Nahverkehrsanbindungen. Erste Entwicklungen zur Wiederbelebung der Innenstädte durch Wohnnutzung begannen zwar bereits in den achtziger Jahren. Ein statistisch nachweisbarer und möglicherweise nachhaltiger Prozess lässt sich jedoch erst in jüngster Vergangenheit feststellen. Mit dem Wohnen in der Stadt wird seither ein urbaner Lebensstil ausgedrückt, den nicht nur Single-Haushalte, sondern auch andere Zielgruppen bevorzugen.[51]

Entwicklung in der Deutschen Demokratischen Republik

Die Ausrichtung des Wohnungsbaus in der DDR folgte dem gesellschaftlichen Leitbild und Grundgedanken einer neuen sozialistischen Gesellschaft, in der das Eigentum an Produktionsmitteln nicht im Privat-, sondern im Volkseigentum stand. Grundstücke befanden sich daher im Wesentlichen im Volkseigentum. Das neue Bodenrecht beinhaltete die Möglichkeit der Trennung zwischen volkseigenem Grundstückseigentum und privatem Gebäudeeigentum. Für die bestehenden Eigentumsverhältnisse wurden Übergangsregelungen eingeräumt. Privateigentum an Grund und Boden blieb jedoch dauerhaft in der Epoche der DDR bestehen, wenn auch die Eigentümer nur beschränkt darüber verfügen konnten. „Entsprechende, in den Ländern der Sowjetischen Besatzungszone erlassene Grundstücksverkehrsgesetze, welche die Genehmigungspflicht bei Eigentumsübertragungen, Umlegungsverfahren und das staatliche Vorkaufsrecht regelten, sorgten dafür, dass sich ein freier, durch Angebot und Nachfrage regulierter Grundstücks- und Wohnungsmarkt nicht etablieren konnte."[52] Des Weiteren wurde der Grund und Boden als per se vorhandener Produktionsfaktor gesehen, in dem keine Wert schöpfende Arbeit geronnen ist, was in logischer Konsequenz zur nahezu kostenlosen Überlassung für industrielle und für wohnwirtschaftliche Investitionen führte. Mit diesen Prämissen waren prinzipiell die Voraussetzungen für einen geordneten städtischen Wiederaufbau einschließlich Wohnungsbau geschaffen.

51 vgl. Brühl/Echter/Fröhlich von Bodelschwingh/Jekel
52 vgl. Topfstedt, Thomas: Wohnen und Städtebau in der DDR in: Flagge, Ingeborg (Hrsg.), Band 5, S. 425f.

Der Wohnungsneubau sowie die Sanierung des Wohnungsbestandes in der DDR beruhte auf drei Säulen, denen im Zeitablauf unterschiedliche Bedeutung zukam. Im Jahre 1950 wurden noch 61 Prozent der neuen und ausgebauten Wohnungen durch private Bauherren geschaffen. In den fünfziger Jahren verlagerte sich dann der Schwerpunkt der Wohnungsbautätigkeit auf die neu gegründeten Arbeiterwohnungsbaugenossenschaften (AWG), deren erste im Jahre 1954 gegründet wurden. 1957 gab es bereits 560 solcher Genossenschaften mit 60.000 Mitgliedern, die zu diesem Zeitpunkt einen Anteil von 19 Prozent des Wohnungsneubaus ausmachten. Im Jahre 1961 stieg dieser Anteil auf 66 Prozent an. Der private Eigenheimbau sank bis zum Jahre 1971 auf einen Tiefstand von drei Prozent, wurde aber danach durch zinslose Kredite wieder gefördert.[53] Die Diskussion um den Neubau von Wohnungen bewegte sich im Spannungsfeld zwischen ökonomischen Zwängen und einem gesellschaftlichen Anspruch, mit dem die Überlegenheit der neuen Gesellschaftsordnung demonstriert werden sollte. Einerseits sollten die neu geschaffenen Wohnungen die Baukostenvorgaben nicht überschreiten, andererseits wurden minimalistische Fassadengestaltungen als nicht zeitgemäß abgelehnt. Erste repräsentative Wohnneubauten aus den fünfziger Jahren waren dabei maßgeblich vom Baustil der Sowjetunion geprägt. Beispielhaft hierfür sind die Wohnhäuser in der Karl-Marx-Allee (vormals Stalinallee) in Berlin, die Ringbebauung am Rossplatz in Leipzig und die Altmarktbebauung in Dresden.

Foto 1: Ringbebauung am Rossplatz in Leipzig

53 vgl. ebenda, S. 428

Der erste große Rationalisierungsschub im Wohnungsbau wurde mit der Entwicklung der Großblockbauweise in den fünfziger und sechziger Jahren erreicht. Abgelöst wurde diese Entwicklung durch die Plattenbauweise in den siebziger und achtziger Jahren. Der Neubau von Wohnungen zur Lösung des Wohnungsproblems erwies sich mit diesen Technologien als wesentlich zeit- und kostensparender als die Sanierung von Altbaubeständen, bei denen mittlerweile ein erheblicher Instandhaltungsrückstau angefallen war.

Die Neubauwohnungen erfreuten sich großer Beliebtheit, waren diese doch im Vergleich zur Mehrzahl der Altbauwohnungen mit wesentlich mehr Komfort ausgestattet. Mit dem Einzug in eine Neubauwohnung erhöhte sich die Wohnqualität ganz entscheidend. An Stelle der Ofenheizung trat die Fernwärme in allen Räumen, an Stelle des Badeofens war die ständige Warmwasserversorgung gewährleistet. Außerdem hatten die meisten Neubauwohnungen große Balkone. Hinzu kamen die Infrastruktureinrichtungen in den Neubaugebieten. Kindertagesstätten und Schulen waren fußläufig erreichbar. Kaufhallen und einzelne Läden im Erdgeschoss der Wohnhäuser sicherten die unkomplizierte Versorgung mit Waren des täglichen Bedarfs. Die Anbindung an den öffentlichen Nahverkehr war in der Regel sehr gut. Diese qualitativen Aspekte wurden von den Bewohnern der Neubaugebiete durchaus geschätzt. Die soziale Durchmischung der Bevölkerung war gewollt und ergab sich aus der staatlich gelenkten Wohnraumvergabe. Facharbeiter, Angestellte und Angehörige der Intelligenz wohnten im gleichen Haus. Segregationsprozesse waren in Neubaugebieten unbekannt und existierten in Altbaugebieten historisch gewachsen nur marginal. Die Adresse war nicht Ausdruck der sozialen Stellung der Bewohner. Innerhalb der Quartiere gab es keine sozialen Schranken. Die Kontaktpflege zwischen den Mietern, Hausgemeinschaftsfeste und gegenseitige Unterstützung bei der Kinderbetreuung waren üblich. Dennoch wurden diese Gebiete bereits zu DDR-Zeiten als Schlafstädte bezeichnet. Eine urbane Lebensqualität konnte durch die monofunktionale Ausrichtung auf das Wohnen trotz infrastruktureller Einrichtungen nicht geschaffen werden. Unter diesen Bedingungen entwickelte sich Wohnen nach außen hin noch nicht zum nonverbalen Ausdruck des „Ich", zumal die Gestaltungsmöglichkeiten innerhalb der Wohnung nur begrenzt waren.

Entwicklung seit 1989 bis in die Gegenwart

Die friedliche Revolution im Jahre 1989 und die Wiedervereinigung der beiden deutschen Staaten am 3. Oktober 1990 führten in der ehemaligen

Bundesrepublik Deutschland unmittelbar kaum zu veränderten Lebensverhältnissen. Dafür waren diese Änderungen in den so genannten „neuen Bundesländern" umso größer. Das Wohnen und die Wohnverhältnisse waren davon in einem historisch extrem kurzen Zeitraum betroffen. Die Veränderungen in der Bewertung der bisherigen Wohnverhältnisse resultierten gleichermaßen aus dem ökonomischen wie aus den politischem Wandel.

Ökonomisch eröffneten sich in Abhängigkeit von der Einkommenssituation neue Konsummöglichkeiten und damit auch neue Möglichkeiten für die Verwirklichung individueller Wohnvorstellungen. Neubaugebiete für den Geschosswohnungsbau, die auf Grundlage des Fördergebietsgesetzes massiv steuerlich begünstigt wurden, entstanden genauso wie Wohnsiedlungen für den selbst genutzten individuellen Wohnungsbau. Von dieser Entwicklung profitierten in erster Linie Bauträger und Bauunternehmen. Ein Bauboom vollzog sich aufgrund der hohen Gewinnerzielungsmöglichkeiten einschließlich steuerlicher Vorteile sowohl im gewerblichen als auch im wohnwirtschaftlichen Bereich. Im Ergebnis davon entwickelte sich ein Angebot, das gleichermaßen quantitativ wie auch qualitativ nicht der Nachfrage entsprach. Der für die Immobilienwirtschaft typische Schweinezyklus fand in dieser Entwicklung eine besondere Ausprägung.[54]

Aus politischer Sicht wurden die in Plattenbauweise errichteten Wohnungen als Relikt der sozialistischen Vergangenheit diskreditiert. Wohnungen, die wenige Jahre davor aufgrund von Funktionalität und Komfort sehr begehrt waren, wurden als überholt und unzeitgemäß bewertet. Die Segregationsprozesse, die sich in den Plattenbaugebieten der ehemaligen Bundesrepublik Deutschland vollzogen hatten, wurden in der Diskussion auf die Neubaugebiete in den neuen Bundesländern übertragen. Die damit verbundene Stigmatisierung dieser Gebiete beschleunigte die soziale Entmischung. Die Abwanderung der Bewohner betraf aber nicht nur die Neubaugebiete, sondern zunächst in gleichem Maße Altbaugebiete mit unsaniertem Wohnungsbestand. Sie resultierte zum einen aus der Abwanderung in die alten Bundesländer aufgrund besserer Arbeitsmarktbedingungen, zum Großteil jedoch aus Umlandwanderungen. Der Wohnungsneubau, insbesondere der individuelle Eigenheimbau, konzentrierte sich zunächst auf diese Gebiete. Die Umlandgemeinden profitierten hiervon. Die Investoren, vorwiegend aus den alten Bundesländern stammend, übertrugen ihre Erfahrungen auf die neuen Bundesländer. Das betraf besonders die Annahme, dass sich rund um die Ballungsgebiete eine ähnliche Entwicklung vollziehen würde wie in den

54 vgl. Brauer, Kerry-U. (Hrsg.), S. 28

westdeutschen Großstädten. Wenige Jahre später wurde deutlich, dass die unmittelbare Übertragung der Erfahrungen in sozio-demographischer und in ökonomischer Hinsicht aus den alten auf die neuen Bundesländer zu Fehlinvestitionen und damit zu erheblichen Fehlallokation gesellschaftlicher Ressourcen führte. Bereits Ende der neunziger Jahre des 20. Jahrhunderts ließen sich erste Sättigungstendenzen bei der Wohnraumversorgung feststellen. Die Nachfragesituation wurde völlig falsch eingeschätzt, sofern sie überhaupt im Vorfeld der Investitionen analysiert wurde. Die hohen steuerlichen Anreize reichten für den Investitionsentschluss im Regelfall aus. Die Entwicklung führte in allen ostdeutschen Städten zu einem Überangebot an Wohnraum, was schließlich Kauf- und Mietpreisrückgänge zur Folge hatte. Die Wohnraumanbieter kamen damit in eine seit nahezu 100 Jahren unbekannte Situation. Erst aus dieser Not heraus trat der Nachfrager, d.h. der Nutzer der Wohnung, langsam in den Mittelpunkt von Investitionsentscheidungen. Vermarktungserfolge in gesättigten Märkten erfordern Wohnungsangebote, die den individuellen Wohnvorstellungen der Nachfrager entsprechen. Den Mietern bzw. Käufern auf der anderen Seite eröffneten sich vielfältige Wahlmöglichkeiten für den Wohnraumkonsum. Innerhalb von nur zehn bis 15 Jahren wurden qualitative Aspekte gegenüber dem quantitativen Angebot entscheidend.

Aus dieser Entwicklung heraus, verbunden mit gravierenden wirtschaftlichen Strukturveränderungen, die maßgeblich die demographische und die ökonomische Entwicklung (Bevölkerungsrückgang, Arbeitslosenquote um 18 Prozent) beeinflussten, wurden wirtschaftspolitische Entscheidungen zur Stabilisierung der Wohnungsmärkte zwingend erforderlich. Mit dem Förderprogramm „Stadtumbau Ost“ wurde der Rückbau von ca. 300.000 Wohnungen auf dem Territorium der neuen Bundesländer unterstützt. Infolge der Wirkung dieses Programms, verbunden mit einer sich allmählich stabilisierenden wirtschaftlichen Situation, konsolidieren sich die Wohnungsteilmärkte nunmehr in den neuen Bundesländern schrittweise.

Durchaus vergleichbare Entwicklungsprozesse vollziehen sich in einigen wirtschaftlich schwächeren Gebieten der alten Bundesländer. Auch hier waren mit wirtschaftlichen Strukturveränderungen Abwanderungsprozesse mit Wohnungsleerständen verbunden. Das betraf bisher vor allem Teile des Ruhrgebietes, aber auch Regionen, in denen ein Großteil der Wohnimmobilien durch Familien der alliierten Streitkräfte genutzt wurde. In diesen Regionen sind die Anbieter der Wohnimmobilien vor ähnliche Herausforderungen wie in den neuen Bundesländern gestellt. In Folge davon wurde das Förderprogramm „Stadtumbau West" verabschiedet, in dem ebenfalls der Rückbau von Wohnungen bei paralleler Aufwertung der Gebiete angestrebt wird.

Das hohe ökonomische Entwicklungsniveau, verbunden mit relativ hohem Wohlstand für einen Großteil der Bevölkerung, ermöglichte, dass mit dem Wohnen zunehmend den individuellen Bedürfnissen entsprochen werden kann, d.h. dass Wohnen zu einem wichtigen Bestandteil der Selbstverwirklichung wurde. Nach wie vor dominiert dabei die „klassische Mietwohnung", wie sie im Zeitalter der Industrialisierung entstanden ist. Allerdings existiert sie heute in ganz unterschiedlichen Ausprägungen hinsichtlich der Raumstruktur. Neben hierarchisch gegliederten und nicht hierarchisch gegliederten, aber innerhalb der Wohnung streng getrennten Wohnräumen existieren offene Wohnformen, in denen Eingangsbereich und Wohnraum eine großzügige Einheit bilden oder geräumige Wohnareale mit integrierten Küchen. Die größte Offenheit nach innen bilden Lofts, in denen keine räumlichen Trennungen, mit Ausnahme des Sanitärbereiches, konzipiert sind. Maisonettewohnungen erlauben das Wohnen auf mehreren Ebenen. Im Einfamilienhausbereich reicht das Angebot vom typischen Familienhaus mit Sattelwalmdach, Häusern moderner Architektur, die den Traditionen des Bauhauses entlehnt ist, bis hin zu großzügigen Bungalows oder Winkelbungalows. Darüber hinaus sind so genannte alternative Wohnformen wie das Wohnen in Schlössern und Burgen, in Mühlen oder das Wohnen auf dem Wasser möglich.[55] Prinzipiell ist jeder Wohnwunsch erfüllbar. Die ökonomischen Bedingungen des Nutzers bilden die Grenzen für die Selbstverwirklichungsmöglichkeiten durch das Wohnen.

Fazit zum historischen Abriss

Wie groß der Einfluss gesellschaftlicher Entwicklungen auf das Wohnen ist, wird bei einer historischen Betrachtung deutlich. Die ökonomischen Rahmenbedingungen entscheiden in allen Epochen über die Möglichkeiten und Grenzen des Wohnraumkonsums. So schnell wie sich gesellschaftliche und wirtschaftliche Veränderungen vollziehen, so schnell verändern sich auch die Vorstellungen zum Wohnen. Über Jahrhunderte hinweg änderte sich Wohnen nur marginal und gewährte von der Steinzeit (ca. 5.500 v. Chr.) bis in das Hochmittelalter (ca. 10. Jahrhundert) nur einen geringen Schutz vor

55 vgl. Abschnitt 2.2.3.2 Darstellung ausgewählter Wohnformen in „atypischen baulichen Hüllen"

der natürlichen und der sozialen Umwelt. Eine Ausnahme in diesem sehr langen Zeitraum bildeten die bereits weiter entwickelten Wohnformen im Römischen Reich, die Ausdruck des hohen wirtschaftlichen und gesellschaftlichen Entwicklungsstandes waren.

Mit sich beschleunigenden wirtschaftlichen und gesellschaftlichen Entwicklungsprozessen veränderten sich auch die Wohnformen und damit die Möglichkeiten der Bedürfnisbefriedigung nach Wohnen. Die unten aufgeführte Entwicklungslinie fasst den Veränderungsprozess in Bezug auf das Wohnen stichpunktartig zusammen.

1. Von der Steinzeit bis zum Mittelalter:
- einfachste Wohnformen, bei denen es kaum zu funktionalen Trennungen zwischen den Räumen kam;
- Mensch und Tier lebten auf engstem Raum zusammen.

2. Mittelalterliche Stadt:
- Wohnen und Arbeiten erfolgte auf engstem Raum;
- mehrere Generationen lebten unter einem Dach, was zwangsläufig zu sehr engen sozialen Kontakten führte.

3. Zeitalter der Industrialisierung (Anfänge der Industriegesellschaft):
- Landflucht – massiver Zuzug vom Land in die Stadt;
- verdichtete Bauweise – Leben auf engstem Raum von Arbeiterfamilien;
- Entstehung der nach außen abgeschlossenen Mietwohnung, in der die Räume über einen Flur erschlossen werden – noch heute dominierende Wohnform.

4. Wohnen in der ersten Hälfte des 20. Jahrhundert (Industriegesellschaft):
- Ausdehnung des Stadtgebietes – Entstehung von Wohnsiedlungen am Rande der Stadt;
- Segregationsprozesse – Wohnanschrift als Ausdruck der sozialen Stellung;
- zunehmende funktionale Trennung der Stadtbereiche;
- Entwicklung der Innenstädte zu Handels- und Dienstleistungszentren.

5. Wohnen in der zweiten Hälfte des 20. Jahrhunderts (postindustrielle Gesellschaft):
- schrittweise Verlagerung der Industrie in die Außenbereiche der Städte zur besseren logistischen Anbindung der Produktionsstätten – Entstehung von Gewerbegebieten am Stadtrand;
- Suburbanisationsprozesse – Entstehung der so genannten Speckgürtel im Umland prosperierender Städte;

- mit verbesserter Einkommenssituation steigende quantitative und qualitative Anforderungen an das Wohnen;
- schnell wachsende Wohnfläche pro Kopf;
- steigende Bedeutung von Ausstattungsmerkmalen;
- Entstehen neuer Wohnformen, wie Maissonettewohnungen, Penthouse-Wohnungen, Lofts.

6. Wohnen in der Gegenwart:

- Entstehung von Industriebrachen durch die Produktionsverlagerung an die Stadtränder, Verfügbarkeit innerstädtischer Flächen für Dienstleistung und Wohnen – betrifft primär Gebiete mit hohem Strukturwandel (Ruhrgebiet und besonders Ostdeutschland);
- differenzierte Entwicklung der Regionen – Schrumpfung und Wachstum von Städten aufgrund wirtschaftlicher und demographischer Entwicklungen;
- Reurbanisationsprozesse – Wohnen in der Stadt gewinnt wieder an Attraktivität aufgrund der vielfältigen Wohnraumangebote in der Stadt verbunden mit der Nutzungsmöglichkeit städtischer Infrastruktur;
- Entwicklung von zielgruppenspezifischen Wohnangeboten.

2.1.3 Gesellschaftliche Trends und Wohnen – Perspektivischer Abriss

2.1.3.1 Einführung in den perspektivischen Abriss

Anhand des historischen Abrisses wurde deutlich, wie sehr Wohnen durch gesellschaftliche Entwicklungen beeinflusst wird. Die quantitativen und qualitativen Ansprüche an das Wohnen waren in allen Epochen Resultante wirtschaftlicher und kultureller Entwicklungsprozesse. Soweit sich der gesellschaftliche Entwicklungsstand kaum veränderte, betraf das auch die Wohnverhältnisse. Sich beschleunigende wirtschaftliche Entwicklungsprozesse verbesserten schrittweise die Lebens- und damit auch die Wohnbedingungen. Anhand des nachstehenden Zeitstrahls wird deutlich, in welch kurzen Zeiträumen in den letzten 250 Jahren, das heißt seit Beginn der Industrialisierung, sich wissenschaftlich-technische und ökonomische Veränderungen vollzogen haben:

Abbildung 2–4: Wirtschaftsgeschichtliche Entwicklung

Zeitablauf	Wirtschaftsgeschichtliche Entwicklung
5500v.Chr.– ca. 1350	Landwirtschaft
1350–1780	Handel und Handwerk
1780–1900	Industrialisierung – untersetzt mit Hilfe der Kondratieff-Zyklen
1780–1849	1. Kondratieff „Dampfmaschine“ (Beginn der Industrialisierung)
1849–1890	2. Kondratieff „Eisenbahn und Dampfschifffahrt“
1890–1940	3. Kondratieff „Elektrotechnik“, „Schwermaschinenbau“, „Chemie“
1940–1990	Automatisierung und Übergang zur Dienstleistungsgesellschaft 4. Kondratieff „Automatisierung“, „Transistor“, „Kernenergie“, „Computer“
1990–.....	Informations- und Kommunikationsgesellschaft 5. Kondratieff
2040–...	6. Kondratieff

Im Jahre 1926 veröffentlichte Nicolai D. Kondratieff im „Archiv für Sozialwissenschaft und Sozialpolitik“ seine Theorie über die langen Wellen der Konjunktur, die einen Zeitumfang von ca. 60 Jahren haben. Grundlage seiner Erkenntnis bildeten empirische Untersuchungen, bei denen er die ersten beiden Wellen nachweisen konnte. Fraglich ist jedoch, ob diese Theorie bei den sich weiter beschleunigten wissenschaftlichen Erkenntnissen auch künftig gilt. Kaum vorstellbar ist, dass das Zeitalter der Informations- und Kommunikationsgesellschaft noch bis in die Mitte des 21. Jahrhunderts andauern wird. Die jüngsten Entwicklungen in den Bereichen von Bio- und Nanotechnologie, Nanorobotik und Quantencomputer sowie Gentechnologie[56] lassen eher einen kürzeren Zyklus vermuten. Wie der sechste Kondratieff inhaltlich aussehen wird, ist noch umstritten.

56 BSI – Jahresbericht 2003 in: www.bsi.bund.de

Seit dem Ende des Zweiten Weltkrieges hat sich in den hoch entwickelten Industriestaaten schrittweise ein gravierender Wandel der Wirtschaftsstrukturen vollzogen. Deutlich wird dieser Wandel anhand der steigenden Bedeutung des tertiären Sektors.

Abbildung 2–5: Erwerbstätige im Inland nach Wirtschaftssektoren (Deutschland)

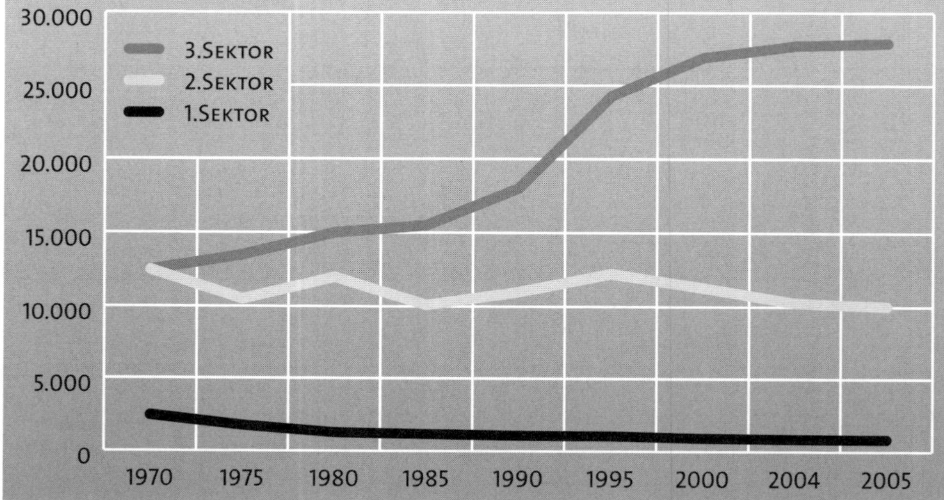

Jahr	Erwerbestätige in der Land-, Forstwirtschaft, Fischerei (1. Sektor)		Erwerbestätige im produzierenden Gewerbe (2. Sektor)		Erwerbstätige im Dienstleistungssektor (3. Sektor)	
	Absolut	Anteil in %	absolut	Anteil in %	absolut	Anteil in %
1970	Ca. 2.500	9,0	Ca. 12.500	45,5	Ca. 12.500	45,5
1975	Ca. 1.800	7,0	Ca. 10.500	40,7	Ca. 13.500	52,3
1980	Ca. 1.300	4,6	Ca. 12.000	42,4	Ca. 15.000	53,0
1985	Ca. 1.200	4,5	Ca. 10.100	37,7	Ca. 15.500	57,8
1990	Ca. 1.100	3,7	Ca. 11.000	36,5	Ca. 18.000	59,8
1995	1.079	2,9	12.241	32,6	24.281	64,5
2000	936	2,4	11.303	28,9	26.905	68,7
2004	873	2,3	10.269	26,4	27.726	71,3
2005	853	2,2	10.028	25,9	27.902	71,9

Quelle: Statistisches Jahrbuch der BRD 2006, S. 68, Angabe in 1.000 (die ca.-Angaben wurden aus einer Grafik entnommen und umfassen das frühere Bundesgebiet)

Die jüngsten wissenschaftlich-technischen Erkenntnisse und wirtschaftlichen Entwicklungen bedingten erstmals in der Geschichte der Menschheit, dass aufgrund der Einkommensentwicklung für breite Bevölkerungsschichten eine höhere Bedürfnisbefriedigung gemäß der Bedürfnispyramide von Maslow erfüllbar ist. Nach den Primärbedürfnissen, die auch als biologisch-physiologische Bedürfnisse bezeichnet werden und das Überleben sichern (essen, trinken, schlafen), können mit verbesserter ökonomischer Stellung die sekundären Bedürfnisse, die sozial und kulturell geprägt sind, befriedigt werden. In Bezug auf das Wohnen bedeutet das, dass mit dem Wohnen ganz individuelle Bedürfnisse im Spannungsfeld zwischen Privatheit und Öffentlichkeit (Prestige) erfüllt werden können. Wohnen kann hier als die nonverbale Hülle des „Ich" gesehen werden. Die letzte Stufe der Bedürfnisse nach Maslow beinhaltet das Bedürfnis nach Selbstverwirklichung. In Abhängigkeit von den ökonomischen Voraussetzungen kann heute mit dem Wohnen den sehr individuellen Zielvorstellungen im Leben entsprochen werden. Mit steigender Kaufkraft breiter Bevölkerungsschichten wurden die Grundlagen gelegt, dass sich Wohnen vom reinen Verbrauchskonsum zum Erlebniskonsum entwickelt.

Konkret ergeben sich hieraus folgende ausgewählte Fragestellungen zum Wohnen:

- Welche individuellen Zielvorstellungen führen zu welchen konkreten Anforderungen an das Wohnen?
- Welche Wohnformen werden sich als nachhaltig erweisen und welche Wohnformen sind möglicherweise nur eine kurze Modeerscheinung?
- Wie werden sich Baumaterialien, Bauweisen und Ausstattungsmerkmale in der Zukunft verändern?
- Welche ökonomischen Veränderungen werden sich vollziehen, die den Wohnraumkonsum prägen?
- Wie werden sich die Formen des Zusammenlebens in der Gesellschaft entwickeln und welche Schlussfolgerungen sind hieraus auf das Wohnen zu ziehen?

Aufgrund der Langlebigkeit von Immobilien und der mit einer Investition verbundenen hohen Kapitalbindung sind diese Fragen für Investoren entscheidend, um erfolgreich am Markt agieren zu können. Das Problem besteht in der Prognose künftiger Entwicklungsprozesse. Eine Extrapolation der bisherigen Entwicklung hilft immer dann nicht weiter, sofern sich qualitative Veränderungen vollziehen. In dem Fall kann nur versucht werden, aus sich abzeichnenden qualitativen und quantitativen gesellschaftlichen Veränderungen auf künftige Entwicklungsprozesse zu schließen. Diese Methode wendet die Zukunfts- oder Trendforschung an. Opaschowski unterscheidet zwischen Zukunfts- und Trendforschung und setzt sich in diesem Zusammenhang sehr kritisch mit zu Trends publizierenden Kollegen auseinander. Er bezeichnet die Trendforscher John Naisbitt, Faith Popcorn, Gerd Gerken und Matthias Horx als Zeitgeistanalysten, die im Auftrag der Wirtschaft eher Trends kreieren als die zukünftige Entwicklung zu analysieren[57]. Er führt folgende Unterscheidungsmerkmale zwischen Zukunfts- und Trendforschung auf:

„1. Zukunftsforschung arbeitet wissenschaftlich, Trendforschung journalistisch.
2. Zukunftsforschung ist frei und unabhängig, Trendforschung macht Auftragsforschung für die Wirtschaft.
3. Zukunftsforschung entwickelt Problemanalysen und Problemlösungsstrategien, Trendforschung blendet Probleme weitgehend aus, ja versteht sich geradezu als ‚Gegengift gegen den allgegenwärtigen Pessimismus und die Jammerkultur der Deutschen' (Horx 1998)."[58]

Zweifelsfrei ist gerade auf diesem spannenden und interessanten Forschungsgebiet nicht immer klar, was Henne und was Ei ist. Werden Trends inszeniert, oder sind sie Resultante der gesellschaftlichen Entwicklung? Die Frage ist: Was ist ein Trend?

Wird der Trend als längerfristige Entwicklungstendenz von mindestens fünf bis zehn Jahren definiert, resultiert dieser aus dem Zusammenspiel wirtschaftlicher, politischer und kultureller Entwicklungen. Die gezielte Etablierung einer solchen längerfristigen Entwicklung ist kaum möglich, da hierfür die Gesamtheit gesellschaftlicher Facetten beeinflusst werden müsste. Die Beeinflussbarkeit von Entwicklungen wird eher im kurzfristigen Bereich von weniger als fünf Jahren und auf überschaubaren Teilbereichen gesehen. Die Etablierung kurzfristiger Modeerscheinungen zur Beeinflussung des Konsumverhaltens existiert seit den zwanziger Jahren in den USA und seit den fünfziger Jahren in Europa mit der Entwicklung erster Marketingstrategien[59]. Hier wird aus der Beobachtung gesellschaftlicher Entwicklungsprozesse heraus versucht, diese aktuellen Entwicklungen für die Etablierung bestimmter Produkte und Dienstleistungen ganz gezielt zu nutzen. In Bezug auf das Wohnen kann diese Herangehensweise zwar kurzfristig erfolgverspre-

57 vgl. Opaschowski, Horst W. (2002), S. 33
58 ebenda, S. 34
59 vgl. Bruhn, Manfred; Homburg, Christian (Hrsg.), S. 235

chend sein. Aufgrund der Langlebigkeit des Wirtschaftsgutes Immobilie, und hierin besteht eben ein wesentlicher Unterschied zu anderen Konsumgütern, kann eine solche Strategie letztlich zu hohen Kapitalverlusten führen. Der Erfolg einer Immobilieninvestition zeigt sich nicht in der Erstvermietung oder im Erstverkauf, sondern in der Folgevermietung bzw. im Wiederverkauf. Insofern sind bei der Immobilienentwicklung zwangsläufig längerfristige Entwicklungsprozesse zu berücksichtigen. Modeerscheinungen oder Zeitgeistanalysen lassen sich zwar für die konkrete Zielgruppenansprache nutzen, aber nur sehr begrenzt für die dauerhafte erfolgreiche Vermarktung des immobilen Produkts.

Um zu Aussagen über die perspektivische Entwicklung des Wohnens zu gelangen, wurde die einschlägige Literatur zu gesellschaftlichen Entwicklungstrends systematisiert ausgewertet. Am umfangreichsten zur Thematik hat in Deutschland Horst W. Opaschowski publiziert; er leitet das B.A.T. Freizeit-Forschungsinstitut. Opaschowski gelangt zu Schlussfolgerungen über die künftige gesellschaftliche Entwicklung auf der Grundlage der Erhebung von Primärdaten (Befragungen des B.A.T.-Forschungsinstitutes) sowie der umfangreichen Auswertung von Sekundärdaten (soziologische, psychologische und wirtschaftswissenschaftliche Publikationen einschließlich statistischer Erhebungen) und verbindet diese mit eigenen Beobachtungen. In kurzer Zeit hat Opaschowski eine Vielzahl von Büchern publiziert.[60] Der Vorteil seiner Publikationen besteht im umfangreichen Fakten- und Datenmaterial, der Nachteil in der Vermischung von Fakten und Vermutungen und vor allem in der hohen Redundanz seiner Ausführungen.

In die Überlegungen zur perspektivischen Entwicklung des Wohnens werden darüber hinaus die aktuellen Publikationen zu gesellschaftlichen Trends anderer Forschungsinstitute einbezogen. Beispielhaft sind an dieser Stelle genannt:

- Sinus Sociovision GmbH,
- Trendbüro Hamburg,
- Zukunftsinstitut unter Leitung von Matthias Horx.

Ein Indikator für die gestiegene Aufmerksamkeit der Trendforschung ist die wachsende Anzahl von Publikationen einschließlich Kongressen, die künftige Entwicklungen zum Gegenstand haben. Die Trendforschung liegt offensichtlich im Trend.

60 siehe Literaturverzeichnis

2.1.3.2 Systematisierung gesellschaftlicher Trends mit Schlussfolgerungen auf das Wohnen

In Auswertung der Publikationen zur Zukunfts- und zur Trendforschung werden folgende Trends für nachhaltig und damit die gesellschaftliche Entwicklung beeinflussend gehalten:

A) Beschleunigung aller Lebensprozesse
B) Auflösung der Zeitkategorien Arbeits- und Freizeit
C) Individualisierung
D) Entwicklung von der Drei-Klassen- zur Zwei-Klassen-Gesellschaft
E) Glokalisierung
und alle diese Trends stehen unter dem Einfluss des Megatrends
F) Demographische Veränderungen

A) Beschleunigung aller Lebensprozesse

Besteht eine solche Beschleunigung objektiv, oder handelt es sich hier eher um ein subjektives Empfinden? Mit hoher Wahrscheinlichkeit treffen beide Aspekte zu.

Die Beschleunigung der wirtschaftlichen Entwicklung wird deutlich, wenn die verkürzten Zeiträume betrachtet werden, in denen zunächst die Landwirtschaft, dann Handel und Handwerk, schließlich die Industrieproduktion und nunmehr der Dienstleistungsbereich dominieren. Hinzu kommen die beschleunigte exponenzielle Wissensgewinnung und ihre Umsetzung in wirtschaftlich nutzbare Formen. Am deutlichsten wird dieser Prozess in der rasch steigenden Leistungsfähigkeit von Computern. Gemäß „Moore's Law" verdoppelt sich rein rechnerisch die Leistungsfähigkeit eines Computers alle 18 Monate. Die beschleunigte Wissensgewinnung führt zwangsläufig zu einer beschleunigten Informationsverarbeitung und schließlich zu beschleunigten Produktions- und Dienstleistungsprozessen. Letztlich führen Arbeitsproduktivitätssteigerungen zur Hervorbringung eines materiellen oder immateriellen Produkts in immer kürzerer Zeit. Steigender nationaler und internationaler Wettbewerbsdruck heizen diese Entwicklung weiter an.

Mit dieser Entwicklung sind weit reichende gesellschaftliche Konsequenzen verbunden. Der Drang zur Wissensgewinnung resultiert aus ökonomischen Zwängen. Das heißt, dass in einer Gesellschaft die Forschung, die auf unmittelbare wirtschaftliche Anwendung ausgerichtet ist, den höchsten Stellenwert genießt. In der Folge wird die Grundlagenforschung zugunsten der angewandten Forschung in den Hintergrund gedrängt. Parallel dazu wird der naturwissenschaftlichen Forschung ein höherer gesellschaftlicher Stellenwert eingeräumt. Ein deutlicher Indikator hierfür ist die Auswahl von Hochschulen und der geförderten Wissensgebiete im Rahmen der so genannten Exzellenzinitiative. Im Oktober 2006 wurden durch eine Kommission der Deutschen Forschungsgemeinschaft und des Wissenschaftsrats 38 Forschungsprojekte ausgewählt, von denen sich mindestens 30 ausschließlich mit naturwissenschaftlichen Themenstellungen beschäftigen. Nur zwei Forschungsthemen haben offensichtlich kulturelle Fragestellungen zum Gegenstand[61]. Die geistes- und kulturwissenschaftliche Forschung ist eindeutig unterprivilegiert. Offenbar hinkt die geistig – kulturelle Entwicklung der naturwissenschaftlichen Entwicklung hinterher. Eine deutlichere Form des Utilitarismus gab es möglicherweise in der Geschichte der Wissenschaften bisher noch nicht. Die Sinnhaftigkeit von Wissen wird an der ökonomischen Verwertbarkeit gemessen. Philosophische und ethische Forschungen lassen sich nicht unmittelbar für wirtschaftliche Erfolge nutzen. Besteht hierin vielleicht auch ein Grund für die Orientierungslosigkeit hinsichtlich eines gesellschaftlichen Wertesystems, welches in Ermangelung weiterer Inhalte als pluralistisch bezeichnet wird? Die genannten Defizite wurden scheinbar auf wissenschaftspolitischer Ebene erkannt. Das Jahr 2007 wurde erstmals zum „Jahr der Geisteswissenschaften" ernannt, nachdem die vorangegangenen sieben Jahre naturwissenschaftlich ausgerichtete Wissenschaftsjahre waren.[62]

Die aufgeführten Beschleunigungsprozesse wirken unmittelbar in den Privatbereich. Informations- und Kommunikationstechnologien ermöglichen die Wissensgewinnung, Informationsverarbeitung und Erreichbarkeit rund um die Uhr. Mit Hilfe des Internets stehen dem Nutzer 24 Stunden am Tag Informationen zur Verfügung, können Waren eingekauft werden und kann weltweit kommuniziert werden. Die objektiv damit verbundene Zeitersparnis führt jedoch oft zum Gegenteil, zur Zeitknappheit. Diese resultiert aus der Vielzahl möglicher Optionen, die gleichzeitig genutzt werden können. Offensichtlich entwickelt sich schrittweise eine gewisse Diskrepanz zwischen technisch Machbarem und psychischer Bewältigung durch den Menschen. Der Produktivitätswahn dehnt sich auch in den Privatbereich mit der Nutzung von Haushaltstechnik aus. Vom Waschbrett zur vollautomatischen Waschmaschmine inklusive Trockner, vom Schnellkochtopf zur Mikrowelle und parallel zur Hausarbeit können Dank Head-Set Termine vereinbart

61 vgl. Bundesministerium für Bildung und Forschung www.bmbf.de wissenschaft – hochschule – exzellenzinitiative
62 vgl. Pressemitteilung 37/06 des Wissenschaftsrates vom 12.12.2006

oder Informationen ausgetauscht werden. Multi-Tasking ist das Ergebnis, das schließlich zur Erschöpfung und damit zum Gegentrend „Entschleunigung“ führt. Die Sehnsucht nach Ruhe ist längst erkannt und wird bereits wirtschaftlich vermarktet. Produkte und Dienstleistungen werden in der Werbung zunehmend mit dem Gefühl von Entspannung, Ruhe und Zurückgezogenheit in Verbindung gebracht. Dabei ist es egal, ob man einen Kaffee trinkt, sich im Auto erschöpft und gelassen zurücklehnt, eine Kopfschmerztablette einnimmt oder den Wellness-Urlaub genießt.

Schlussfolgerungen für das Wohnen:

Die hier beschriebene Entwicklung hat vielfältige Auswirkungen auf die Anforderungen an das Wohnen. Die Wohnung und das Wohnumfeld müssen gleichermaßen den Beschleunigungsprozessen wie auch dem Wunsch nach Entschleunigung entsprechen.

Einerseits muss die Wohnung so funktional sein, dass Informationen gewonnen, verarbeitet und weitergegeben werden und die Tätigkeiten optimiert werden können. Konkret ergeben sich damit folgende Anforderungen an das Wohnen:

- Schaffung der Voraussetzungen für die multimediale Ausstattung gemäß dem technischen Entwicklungsstand. Unter heutigen Bedingungen bedeutet das Internet- und Telefonanschluss in allen Räumen. In Zukunft kann möglicherweise Dank Wireless Lan komplett darauf verzichtet werden.
- Optimierung von Räumen, Raumstrukturen und -ausstattungen gemäß ergonomischer und zwischenmenschlicher Beziehungen. Das betrifft die Zuordnung von Räumen. Die Raumstrukturen sollten so beschaffen sein, dass kleine Kinder sich vorwiegend in der Nähe der Eltern aufhalten können (große Küchen mit Spielmöglichkeit oder Kinderzimmer in unmittelbarer Nähe zu Küche und Wohnzimmer). Durch eine veränderte Raumnutzung kann für größere Kinder ein separater Wohnbereich geschaffen werden. Küchen sollten gemäß den Arbeitsabläufen konzipiert werden. Hinsichtlich der Funktionalität von Wohnstrukturen und von Wohnräumen haben auch heute noch die Entwürfe der Bauhausarchitekten Vorbildcharakter.
- Raumstrukturen und -größen müssen Kommunikationsmöglichkeiten zulassen.

Andererseits muss die Wohnung eine Oase der Entschleunigung bilden. Die Wohnung und möglichst auch die Wohnumgebung werden zum Ort der Entspannung und des Rückzugs. Hierin dürfte ein wesentlicher Grund für die nach wie vor sehr große Beliebtheit von Einfamilienhäusern und von ruhigen Wohngegenden gesehen werden. Schallschutz, Sichtschutz, Rückzug ins Private und Entspannung erlangen aufgrund der genannten Entwicklungsprozesse einen ganz besonderen Stellenwert. Hinzu kommen die Möglichkeiten zur Entspannung in geräumigen Bädern. Die Bäderindustrie hat diesen Trend längst erkennt. Anstelle der rein funktionalen Nutzung von Bädern wird mit der Errichtung kleiner Wellness-Oasen geworben. Sofern der Platz vorhanden ist, rundet die Sauna das Wellness-Paradies ab. Der legendäre englische Ausspruch „My home is my castle" trifft mehr denn je den Zeitgeist und in Anbetracht der gesellschaftlichen Prozesse die längerfristige Entwicklung.

Darüber hinaus gewinnen in Abhängigkeit vom persönlichen Budget Zweitwohnsitze zur Entspannung an Bedeutung. Neben der Stadtwohnung wird sich der Landsitz gegönnt oder wird zeitweilig in klimatisch günstigen Regionen gelebt. „Die Wohnung bekommt Inselcharakter. Lebensqualität wird daran gemessen, ob sie maximale Abgeschiedenheit, Sicherheit (vor Eindringlingen), Schutz (vor Nachbarblicken) und Reizarmut (keine Kinder in der Nähe, gute Geräuschisolierung) gewährt und garantiert. Als Ersatz für die Abriegelung nach außen gilt der Konsumreichtum nach innen. Die Wohnung wird zur Konsumfläche umgestaltet."[63]

B) Auflösung der Zeitkategorien Arbeits- und Freizeit

Die wissenschaftlich-technischen sowie wirtschaftlichen Errungenschaften bedingen nicht nur eine Beschleunigung der Lebensprozesse, sondern verändern auch maßgeblich die zeitlichen Strukturen derselben. Bestand seit dem Zeitalter der industriellen Produktion für Arbeitnehmer die klare Trennung zwischen Arbeitszeit und Freizeit, ist unter heutigen Bedingungen eine solche Abgrenzung nur noch bedingt möglich. Vormals arbeitete der angestellte Arbeitnehmer im Unternehmen. Nach Ablauf der Arbeitszeit begann die Freizeit. Damit wurde all jene Zeit umschrieben, die nicht auf die Erwerbstätigkeit gerichtet war. Schrittweise lässt sich eine solche klare Trennung nicht mehr vornehmen. Permanente Informationsgewinnung und -verarbeitung bei schnell wechselnden inhaltlichen und organisatorischen Anforde-

63 Opaschowski, Horst W. (2002), S. 180

rungen im Arbeitsprozess führen zur Durchmischung von Zeitkategorien. Inhaltliche Anforderungen steigen in dem Maße, wie neues Wissen in Produktions- und Dienstleistungsprozessen angewendet wird. Die permanente Weiterbildung, ob in den eigenen vier Wänden individuell oder im Unternehmen kollektiv, bedingt eine weitere Zeitkategorie, die Weiterbildungszeit.

Veränderte Organisationsstrukturen der Arbeitprozesse führen außerdem dazu, dass zunehmend projektbezogen Arbeitskräfte auf Basis von Zeitarbeitsverträgen oder als freiberuflich bzw. selbstständig Tätige gebunden werden. Parallel zu diesen Strukturen entwickelte sich eine Vielzahl bezahlter und unbezahlter nebenberuflicher Tätigkeiten, bei denen die Grenzen zwischen legaler Arbeit und Schattenwirtschaft, d.h. Schwarzarbeit, fließend sind.

Ohne den Anspruch auf Vollständigkeit zu erheben, lassen sich folgende Zeitkategorien konstatieren:

- auf monetäres Einkommen gerichtete Arbeitszeit,
- auf nichtmonetäres Einkommen gerichtete Arbeitszeit (Tausch von Dienstleistungen und von Naturalien),
- Zeit für nicht auf Einkommen gerichtete Arbeitszeit (z.B. ehrenamtliche Tätigkeiten),
- Zeit für Weiterbildung,
- Zeit für Sport und Hobby,
- Zeit für Familie,
- Zeit für Freunde,
- Individualzeit.

Sofern eine selbstständige oder freiberufliche Arbeit ausgeübt wird, verschwimmen die genannten Zeitkategorien vollständig. Das Gleiche gilt für alle jene Tätigkeiten, die im Spannungsfeld zwischen Erwerb und Erfüllung angesiedelt werden können oder die auf der Grundlage von Tauschgeschäften realisiert werden. Mit steigender steuerlicher Belastung der Arbeitnehmer wächst die Bedeutung von Tauschgeschäften. Der Friseur schneidet dem Heizungsinstallateur die Haare. Der wiederum übernimmt die Wartung der Heizungsanlage. Der Steuerberater übernimmt die Buchführung des Hausmeisters und lässt im Gegenzug sein privates Grundstück pflegen. Der Informatiker entwickelt und pflegt die Homepage des Fitness-Studios und kann dieses dafür nutzen. Die Beispiele ließen sich beliebig fortsetzen bis hin zu Tauschbörsen für Kinderbekleidung und Spielzeug, Jobs und Wohnungen etc. Sind die nun im Tausch erbrachten Tätigkeiten der Freizeit oder der Arbeitszeit zuzuordnen?

Hinzu kommen vielfältige gemeinnützige Tätigkeiten im Sportverein, in der Schule oder in sozialen Einrichtungen, die zwar nicht mit Geld, dafür aber mit Anerkennung und Selbstbestätigung honoriert werden. Es wird zunehmend schwerer zu unterscheiden, ob die Tätigkeit als Zweitjob zum primären Broterwerb oder zur Selbstbestätigung ausgeübt wird. In vielen Fällen dürfte das einer sehr individuellen Wertung unterliegen. Persönliche Bestätigung und damit auch Lebensqualität hängt nicht nur von der auf Erwerb gerichteten Tätigkeit ab, sondern wird maßgeblich aus anderen Lebensbereichen gespeist. Die Anforderungen an das Zeitmanagement steigen mit diesen differenzierten Verwendungsformen von Zeit und natürlich auch mit zunehmender Flexibilisierung von Arbeitszeit sowohl in abhängigen als auch in unabhängigen Beschäftigungsverhältnissen. Somit wächst für alle Bevölkerungsschichten die Verantwortung über die Verwendung der verfügbaren Zeit. Individuell gestaltete, auf die Erwerbstätigkeit gerichtete Zeiten müssen mit den Zeitbudgets für Familie, für Freunde, für Hobby und Sport in Einklang gebracht werden. Aber nicht nur bei Zeitmangel, sondern auch bei Zeitüberfluss gewinnt das Zeitmanagement an Bedeutung. Im postindustriellen Zeitalter, in dem die Vollbeschäftigung vermutlich dauerhaft der Vergangenheit angehören wird, ist eine Neuorientierung bei der individuellen Anerkennung im Interesse gesellschaftlicher Stabilität unabdingbar. Die Wertschätzung des Individuums wird nach wie vor von der auf monetäres Einkommen gerichteten Zeit abhängig gemacht. Um die arbeitslose Bevölkerung mit der meisten frei verfügbaren Zeit gesellschaftlich zu integrieren, ist hier ein Umdenken erforderlich.

Schlussfolgerungen für das Wohnen:

Das Wohnen muss für alle Zeitvarianten (Arbeit, Weiterbildung, Tausch- oder Schattenwirtschaft, Hobby und individuellen Rückzug) adäquate Möglichkeiten bieten. Das erfordert zunächst Wohnraum angemessener Größe und dann Wohnstrukturen, die eine flexible Nutzung der Räumlichkeiten ermöglichen. Hierarchische Grundrisse sind zu vermeiden. Diese Forderung besteht vor allem auch für Nutzer, die aus finanziellen Gründen heraus nur eine begrenzte Wohnfläche in Anspruch nehmen können.

C) Individualisierung

Individuelle Lebensstile können sich erst ab einem bestimmten ökonomischen Wohlstandsniveau in der Gesellschaft herausbilden. Insofern ist die Bedürfnispyramide nach Maslow zur Beschreibung dieses gesellschaftlichen Entwicklungstrends ganz besonders geeignet. Nach der Befriedigung der Grundbedürfnisse wie Essen, Kleidung und Wohnen kann diesen nunmehr wesentlich differenzierter entsprochen werden: für jede Zielgruppe das adäquate Angebot. Nach dem Verbrauchskonsum steht der so genannte Erlebniskonsum im Blickfeld der Anbieter von Konsumgütern. Das betrifft das Angebot von Lebensmitteln, kurz- und langlebigen Konsumgütern bis hin zu Immobilien.

In Anlehnung an H.-P. Müller bilden folgende Voraussetzungen die Grundlage für die Herausbildung individueller Lebensstile[64]:

- Materielle Ressourcen (Einkommen, Vermögen)
- Kulturelle Ressourcen (soziale Herkunft, Bildung)
- Werteorientierungen (Bedeutung von Familie, von Freunden, von sozialen Kontakten, von Karriere und Beruf, von materiellen und von immateriellen Werten, Status, gesellschaftliche Anerkennung).

Auf dieser Grundlage lassen sich dann verschiedene Erscheinungsformen der individuellen Lebensstile konstatieren:

- Differenzierte Formen der Partnerschaft:
  - Ehe,
  - Nichteheliche Lebensgemeinschaften,
  - Living apart together,
  - Alleinerziehend mit Kind,
  - Alleinversorgend mit Elternteil,
  - Patchwork-Familie,
  - Single-Haushalte.

- Differenzierte Formen der Arbeitsverhältnisse:
  - Festanstellung,
  - Befristete Anstellung,
  - Selbstständigkeit bzw. freiberufliche Tätigkeit,
  - Zeitweilige Arbeitsverhältnisse (Praktika, jobben),
  - Parallel mehrere Arbeitsverhältnisse, angestellt oder selbstständig, befristet oder unbefristet.

64 vgl. Müller, Hans-Peter

- Differenzierte/s Konsumverhalten/Verwendungsstruktur des Einkommens:
  - Sparverhalten,
  - Konsum auf Kredit,
  - Differenzierter Erlebnis- und Freizeitkonsum – unterschiedliche Bedeutung von Wohnen, Hobbys, Urlaubsreisen.

Inwieweit die Erscheinungsformen tatsächlich den subjektiven Wünschen entsprechen oder den objektiven Gegebenheiten folgen, ließe sich nur in einer direkten Befragung herausfinden. Bei der Minderheit dürften parallele oder zeitweilige Arbeitsverhältnisse, Patchwork-Familien oder der Konsum auf Kredit kaum den individuellen Wünschen entsprechen. Möglicherweise wird nicht selten aus der Not eine Tugend gemacht. Ist die scheinbare Multioptionalität in allen Lebensbereichen nicht eher Einschränkung als Freiheit? Die Antwort dürfte kontrovers ausfallen. Nicht die objektiven Bedingungen, sondern die subjektiven Wahrnehmungen und Wertungen entscheiden über die Antwort.

Mit den materiellen und den kulturellen Ressourcen werden jedoch erst die Voraussetzungen für eine Individualisierung geschaffen. Eine ökonomische Unabhängigkeit vom Partner bzw. ein bestimmtes Einkommensniveau sind notwendig, um sich **bewusst** für eine bestimmte Lebensform entscheiden zu können.

Dass die finanziellen Möglichkeiten und der Bildungsstand nicht allein über die Präferenzen bei der Verwendung von Zeit und Einkommen entscheiden, ist nachvollziehbar. Von einer völligen Individualisierung der Lebensstile zu sprechen, scheint jedoch auch an der Realität vorbei zu gehen. Segregations- und Gentrifikationsprozesse in den Ortsteilen sind Ausdruck dafür, dass sich hinter der scheinbaren Regellosigkeit Muster und Strukturen im Konsum verbergen.[65]

Ein weiteres Phänomen lässt sich beobachten: Im Bestreben nach hoher Individualität, wie sie gerade von jungen Menschen postuliert wird, zeigt sich eine hohe Uniformität in Kleidung, Haarschnitt und Verhalten. Auch hier kommt die Frage auf, inwieweit ein innerer Wunsch nach Unverwechselbarkeit besteht – oder ist der Wunsch nach Zugehörigkeit nicht viel stärker ausgeprägt? Der Mensch ist und bleibt trotz aller Betonung seiner Einzigartigkeit und Individualität ein soziales Wesen. Der hohe und nach wie vor steigende Anteil von Single-Haushalten scheint demnach mehr ein notwendiges Übel unserer hochflexiblen Arbeitswelt zu sein als einer egoistischen familienfeindlichen Haltung oder Natur zu entspringen.

65 vgl. Abschnitt 2.2.1 Varianten der Zielgruppenbildung

„Individualisierung bedeutet also keineswegs, dass sich alle nur in ihre Nischen zurückziehen. Ganz im Gegenteil: Im Zeitalter des Massenkonsums wird die ganz persönliche Lebensführung immer marktabhängiger und damit auch standardisierter.“[66]

Schlussfolgerungen für das Wohnen:

Der Schritt vom Verbrauchs- zum Erlebniskonsum betrifft auch das Wohnen. Insofern werden zielgruppenspezifische Angebote, wie sie seit Jahrzehnten von anderen Branchen bereits praktiziert werden, auch für diesen Konsumbereich relevant. Das setzt zunächst eine nachhaltige und nachvollziehbare Zielgruppenbildung voraus, um dieser dann adäquate Wohnraumangebote in Lage, Quantität und Qualität offerieren zu können. Mit den Wohnangeboten müssen die individuellen (mittelfristigen) Lebensziele verwirklichbar sein. Insofern ergibt sich aus diesem Trend heraus, dass eine gewisse Veränderlichkeit und damit Anpassungsmöglichkeit an die jeweilige Lebens-, Familien- und Arbeitssituation gegeben sein muss. Hier scheint ein völliger Widerspruch zum „Wesen“ des immobilen und langlebigen Wirtschaftsgutes zu bestehen. Insbesondere scheint gerade die Bindung an das Wohneigentum den wechselnden individualisierten Lebensstilen zu widersprechen. Eine Gesellschaft, in der sich ändernde Partnerbeziehungen, Arbeitsorte und Arbeitsverhältnisse als normal im Sinne von nicht ungewöhnlich gelten, steht im Widerspruch zur Unveränderlichkeit von Immobilien. Zwei Schlussfolgerungen lassen sich hieraus ableiten:

1. An Stelle des Hauses fürs Leben tritt das Lebensabschnittshaus. Die Nutzungsformen werden sich hier weiter ausdifferenzieren. Dominiert momentan beim Einfamilienhaus der Kauf, wird künftig das gemietete Einfamilienhaus angeboten werden bzw. werden sich die Umschlagszeiten zwischen Kauf und Wiederverkauf verkürzen.

2. Raumkonzepte ermöglichen unterschiedliche Nutzungsmöglichkeiten. Auf 120 m² Wohnfläche können gleichermaßen eine traditionelle vierköpfige Familie, ein alleinerziehender Elternteil bei Untervermietung eines abgeschlossenen Wohnbereichs an eine weitere Person oder eine alleinstehende Person, die einen Teil des Wohnraums für die berufliche Selbständigkeit nutzt, wohnen.

66 Opaschowski 2002, S. 187

D) Entwicklung von der Drei-Klassen- zur Zwei-Klassen-Gesellschaft

Der hier beschriebene Trend ist eine Resultante der bereits genannten Trends, insbesondere der Beschleunigungsprozesse. Die Entwicklung mit steigenden physischen und psychischen Anforderungen im Arbeitsprozess und an permanente Flexibilität in Arbeitsinhalten und -strukturen führt zwangsläufig zur Überforderung eines Teils der Arbeitnehmer. Hinzu kommt, dass ein Teil der Arbeitskräfte aufgrund höherer Produktivität in Produktions- und Dienstleistungsbetrieben oder durch Auslagerung von Tätigkeiten in Billiglohnländer nicht mehr benötigt wird. Immer weniger Menschen können immer mehr Menschen mit Produkten und Dienstleistungen versorgen. Damit wird objektiv und dauerhaft ein Teil der potenziell Erwerbsfähigen im gesellschaftlichen Produktionsprozess nicht mehr benötigt. Aus der Kombination der Worte Proletariat und prekär (prekäre Lebenssituation) entstand die Wortschöpfung „Prekariat". Es handelt sich hierbei um Erwerbsfähige, die aufgrund wirtschaftlicher Strukturveränderungen in der Gesellschaft als Arbeitskraft dauerhaft nicht mehr benötigt werden. Geringe materielle Ressourcen führen zu geringen kulturellen Ressourcen (Bildung) und führen damit systematisch zur Spaltung zwischen „Wissenden" und „Nichtwissenden" und schließlich zur Selektion im Arbeitsprozess. Diese Selektion ist mit Folgewirkungen für die Kinder der Betroffenen verbunden. Ausdruck dieser Entwicklung sind die Ergebnisse der Pisa-Studie, in der ganz deutlich herausgearbeitet wurde, dass Kinder aus besseren wirtschaftlichen und sozialen Verhältnissen erfolgreicher waren als Kinder aus schlechteren sozialen Verhältnissen. Die öffentliche Diskussion zur Chancenungleichheit ist entfacht. Dennoch beschränken sich bisher die Bemühungen des Staates auf die wirtschaftliche Mindestversorgung der Betroffenen, während deren gesellschaftliche Integration vernachlässigt wird. Ausgrenzungen bleiben materiell und vor allem hinsichtlich der Stellung in der Gesellschaft bestehen. Teilnahme an Kultur- und Sportveranstaltungen, Kinobesuche etc. sind bei einer materiellen Mindestversorgung häufig unerschwinglich. Die damit verbundene Spaltung der Gesellschaft birgt die Gefahr sozialer Erosion. Die Ausschreitungen von benachteiligten Jugendlichen in Paris, die sich 2005/2006 tagelang mit der Polizei Straßenschlachten lieferten, lassen die soziale Brisanz der Thematik erahnen.

Neben der Bevölkerungsschicht mit sehr niedrigem Einkommen etabliert sich eine Schicht mit sehr hohem Einkommen und Vermögen. Die Mittelschicht dünnt aus und wird von der ständigen Angst des sozialen Abstiegs beherrscht.

Aus dieser Entwicklung heraus gewinnen Segregations- und Gentrifikationsprozesse in den Kommunen zunehmend an Bedeutung. Wohnen bildet damit einen wesentlichen Ausdruck einer synchronen Identität. Das heißt, dass mit dem Wohnen die Zugehörigkeit zu einer bestimmten sozialen Schicht demonstriert wird. Die Identifikation mit der Schicht führt parallel zur bewussten Abgrenzung gegenüber anderen Schichten.

Mit dieser Entwicklung sind besondere Herausforderungen an die Stadtentwicklung verbunden. Trotz aller Sättigungstendenzen auf den Wohnimmobilienmärkten lässt sich die beschriebene Entwicklung nicht allein durch den Markt regulieren. In Abhängigkeit von den in einer Gesellschaft herrschenden Vorstellungen von einer lebenswerten Stadt, die den Rahmen für das soziale Miteinander bildet, sind politische Entscheidungen erforderlich. Die Alternativen bewegen sich zwischen der Aufwertung benachteiligter Gebiete durch den gezielten Einsatz öffentlicher Mittel bis hin zur Akzeptanz der Abwertung („Slums") von Gebieten mit entsprechenden Segregationsprozessen. Hierin wird eine große gesellschaftliche und politische Herausforderung für die kommenden Jahrzehnte liegen.

Schlussfolgerungen für das Wohnen

Die Angebote von Wohnraum bewegen sich zwischen der bezahlbaren Massenware und dem Premiumprodukt in hervorragender Lage und mit hohem Ausstattungsniveau. Kleinere Wohnungen im unteren Preissegment werden bei einer solchen Entwicklung dauerhaft nachgefragt werden. Nicht das Maximum an Größe und Ausstattung, sondern die Bezahlbarkeit entscheidet über Vermarktungserfolge. Parallel wird der Wohnraumkonsum in Quantität und in Qualität im Hochpreissegment ansteigen. Die Vermarktung von Wohnungen in hervorragenden Lagen dürfte dauerhaft – aufgrund der objektiven Knappheit – unproblematisch sein. Darüber hinaus entscheidet das Design gegenüber dem Preis. Die Vermarktung von Wohnraum im mittleren Preissegment bleibt dagegen unmittelbar konjunkturabhängig. Das betrifft auch die Entwicklung des Flächenverbrauchs pro Kopf.

E) Glokalisierung

Das Kunstwort „Glokalisierung" setzt sich aus den Worten „Globalisierung" und „lokal" zusammen.

Unter Globalisierung wird, gemäß Gabler Wirtschaftslexikon, eine Form der internatonalen Strategie einer grenzüberschreitend tätigen Unternehmung, bei der Wettbewerbsvorteile weltweit mittels Ausnutzung von Standortvorteilen aufgebaut werden sollen, verstanden.

Die Globalisierung berührt letztlich alle gesellschaftlichen Lebensbereiche. Ausgehend von den Standortentscheidungen produzierender und dienstleistender Unternehmen werden die wirtschaftlichen Entwicklungen in den davon betroffenen Regionen positiv (Entstehung von Arbeitsplätzen und Einkommen) oder negativ (Personalabbau durch Verlagerung von Produktions- und Dienstleistungstätigkeiten) beeinflusst. Damit verbunden sind unmittelbare Wirkungen auf die Beschäftigungs- und Einkommenssituation sowie auf die steuerliche Einnahmesituation mit allen Folgewirkungen auf die Entwicklung von technischer, infrastruktureller und kultureller Infrastruktur. Parallel zum internationalen Warenaustausch, immer auf der Suche nach neuen Absatzmärkten, vollzieht sich die kulturelle Globalisierung. Auch die Kultur entwickelte sich weltweit zu einem wichtigen Wirtschaftszweig. Für Bücher, Filme oder Musik wird eine weltweite Vermarktung angestrebt. Damit verlieren gleichermaßen Wirtschaft und Kultur ihre nationale Identität. Erscheinungsformen dieser Entwicklung sind:

- Wirtschaftsunternehmen haben keine nationale Identität mehr. Die Gesellschafter der Unternehmen sind ebenso wie die Produktionsstätten weltweit verstreut. Beispielhaft für eine Vielzahl solcher Unternehmen sei die Deutsche Bank AG hierfür aufgeführt. Bereits im Jahre 2002 nach der Übernahme des Vorstandsvorsitzes durch Josef Ackermann wurde folgende Aussage getroffen: „Heute ist die Deutsche Bank keine deutsche Bank mehr. Zwei Drittel ihres Geschäftes macht sie außerhalb Deutschlands, nur rund die Hälfte der mehr als 94.000 Mitarbeiter hat den Schreibtisch noch im Bundesgebiet stehen ... Ackermann hat die Konzernspitze ganz auf sich zugeschnitten ... Executive Committee heißt ihr Gremium... Von den acht Bankern (im Committee) besitzen sechs keinen deutschen Pass. Der Vorstand in Frankfurt ist de facto entmachtet.“[67] („Das einzige, was an der Deutschen Bank deutsch bleibt, ist ihr Name.“ Josef Ackermann);

- Filme, häufig als internationale Koproduktionen gefertigt, laufen zeitgleich auf allen Kontinenten;

67 Brost, Marc; von Heusinger, Robert

- in den Charts sind weltweit die gleichen Musiktitel und Videoclips zu sehen;
- weltweit agierende Handelsketten tragen zur Uniformierung der Innenstädte bei.

Die Globalisierung ist ein nicht aufzuhaltender Entwicklungstrend in einer arbeitsteilig organisierten Gesellschaft. Darüber hinaus bestehen aber weltweit seit Jahrhunderten Traditionen, die die Grundlage von Identifikation und damit Zugehörigkeit bilden. Die Konsumenten bleiben mit ihren historischen Erfahrungen und Gewohnheiten differenziert. Mit der Berücksichtigung lokaler Traditionen und Erfahrungen kann der Spagat zwischen weltweiter Ausnutzung von Standortvorteilen und nationaler historischer Erfahrungen bei der Erschließung neuer Märkte vollbracht werden. Die Vermarktungsstrategen weltweit agierender Konzerne haben sich darauf eingestellt. Konkret folgen sie dem Slogan: **„Denke global, handle lokal!“** Das heißt, dass gleiche Produkte und Dienstleistungen lokal „verpackt“ werden.

Schlussfolgerungen für das Wohnen:

Für das Wohnen bedeutet diese Entwicklung, dass sich die Wohnformen hinsichtlich qualitativer Ausstattungsmerkmale und quantitativer Flächeninanspruchnahme, in Abhängigkeit von den ökonomischen Möglichkeiten des Wohnraumkonsums, tendenziell annähern. Dennoch werden kulturhistorische Spezifika als Möglichkeit der diachronen Identität bestehen bleiben. Diachrone Identität bedeutet, dass zeitlich auseinanderliegende Ereignisse miteinander verbunden werden. Realisiert werden kann das über die sehr individuelle Gestaltung der Wohnung mit Bildern oder Erbstücken. Gleichzeitig kann damit zum Beispiel aber auch die kulturelle Identität zum Ausdruck gebracht werden. Hierin besteht durchaus die Möglichkeit einer nationalitätenspezifischen Zielgruppenansprache. Allerdings handelt es sich hierbei um ein noch kaum erforschtes Gebiet. Repräsentative empirische Erhebungen zu nationalen oder ethnischen Wohnraumanforderungen sind bisher nicht bekannt.

MEGATREND:

F) Demographischer Wandel

Mögen alle zuvor genannten Trends durchaus umstritten sein, so ist der Megatrend demographischer Wandel unumstößlich. Die demographischen Veränderungen sind sehr vielschichtig und berühren nachhaltig alle Lebensbereiche. Im Einzelnen betreffen folgende demographische Veränderungen Deutschland:

1. Rückgang der Bevölkerungszahl,
2. Veränderungen in der Altersstruktur der Bevölkerung,
3. Veränderungen in der Nationalitätenstruktur.

Zu 1. Rückgang der Bevölkerungszahl:

Deutschland verzeichnet seit 1871 einen stetigen Bevölkerungszuwachs. Innerhalb von 130 Jahren hat sich die Bevölkerungszahl mehr als verdoppelt (1871: 41 Millionen Einwohner, 2004: 82,5 Millionen Einwohner). Erstmalig war im Jahr 2004 gegenüber 2003 ein leichter Rückgang der Bevölkerung zu verzeichnen[68]. Bis zum Jahr 2050 wird gemäß der 11. Koordinierten Bevölkerungsvorausberechnung mit einem Rückgang der Bevölkerung auf 68,743 Millionen (Untergrenze) bzw. auf 73,958 Millionen (Obergrenze) Einwohner gerechnet. Bei diesen Prognosen wurde von folgenden Eckdaten ausgegangen:

- Die Lebenserwartung steigt bei Jungen um 7,6 Jahre, bei Mädchen um 6,5 Jahre an.
- Die Geburtenrate bleibt annähernd konstant mit 1,4 Kindern je Frau.
- Der Wanderungssaldo wird mit 100.000 Personen pro Jahr angenommen (Untergrenze).
- Der Wanderungssaldo wird mit 200.000 Personen pro Jahr angenommen (Obergrenze).

68 vgl. Statistisches Bundesamt. Statistisches Jahrbuch für die BRD 2005, S. 34

Abbildung 2–6: 11. Koordinierte Bevölkerungsvorausberechnung (in 1.000 Personen)

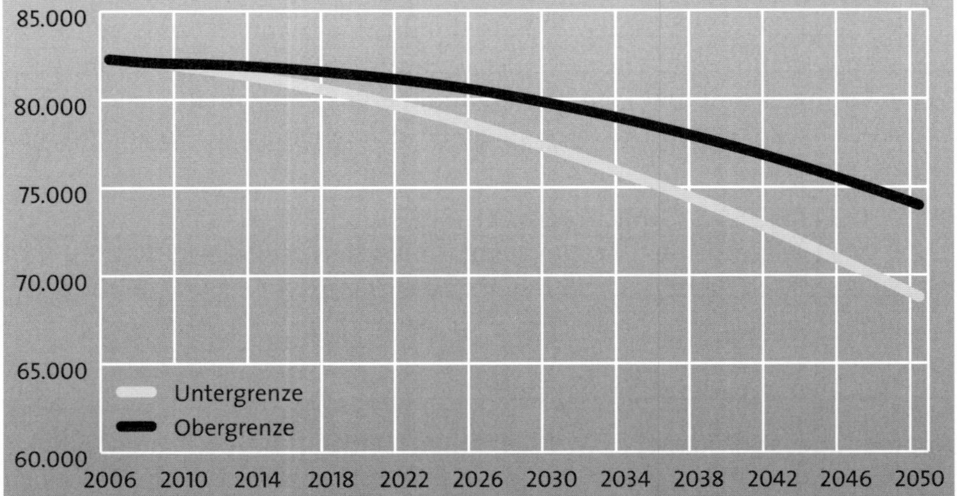

Quelle: Statistisches Bundesamt: Bevölkerung Deutschlands bis 2050, S. 64

Jahr (jeweils zum 31.12.)	Variante „mittlere Bevölkerung" Untergrenze		Variante „mittlere Bevölkerung" Obergrenze	
	1.000	2005 = 100	1.000	2005 = 100
2006	82.293	99,8	82.293	99,8
2007	82.197	99,7	82.197	99,7
2008	82.109	99,6	82.109	99,6
2009	82.005	99,5	82.055	99,5
2010	81.887	99,3	82.039	99,5
2015	81.102	98,4	81.790	99,2
2020	80.057	97,1	81.328	98,7
2025	78.773	95,6	80.670	97,9
2030	77.203	93,6	79.750	96,7
2035	75.414	91,5	78.618	95,4
2040	73.422	89,1	77.288	93,8
2045	71.188	86,4	75.725	91,9
2050	68.743	83,4	73.958	89,7

Die rückläufigen Bevölkerungszahlen tangieren zunächst die rein quantitative Nachfrage nach Wohnungen nicht, da mindestens bis zum Jahre 2015, vermutlich bis 2020 die Anzahl der privaten Haushalte infolge sinkender Haushaltsgröße von heute durchschnittlich 2,12 Personen (März 2004)[69] auf 1,8 Personen weiter ansteigen wird. Mit der Verkleinerung der Haushalte werden jedoch strukturelle Veränderungen in der Nachfrage einhergehen. Tendenziell wird die Nachfrage nach eher kleineren Wohnungen steigen. Jedoch hängt der konkrete Wohnraumkonsum, d.h. die Flächeninanspruchnahme pro Kopf, maßgeblich von der Einkommensentwicklung und von der Entwicklung der Wohnkosten einschließlich Wohnnebenkosten ab. Die in den letzten Jahren schnell gewachsene Wohnfläche pro Kopf ist Ausdruck stetig gestiegener Einkommen bei vergleichsweise niedrigen Kosten für den Wohnraumkonsum.

Abbildung 2–7: Entwicklung der Wohnfläche pro Kopf in Deutschland[70]

Jahr	Alte Bundesländern	Neue Bundesländer	Deutschland
1986	36,6	26,5	34,4
1995	37,9	31,8	36,7
2000	40,2	36,0	39,5
2002	40,8	37,2	40,1
2003	41,1	37,6	40,5
2004	41,5	37,9	40,8

Quellen: Statistisches Bundesamt, Statistisches Jahrbuch für die BRD 2005, S. 284

Mit rückläufigen Haushaltszahlen (ab voraussichtlich 2020) werden in Deutschland auf lange Sicht auch weniger Wohnungen benötigt. Die Wohnraumnachfrage wird jedoch regional sehr differenziert ausfallen. In wirtschaftlich prosperierenden Gebieten mit hohem positivem Wanderungssaldo und damit steigender Wohnraumnachfrage ist mit Mietpreis- und schließlich mit Immobilienwertsteigerungen zu rechnen. Dagegen muss in strukturschwachen Gebieten mit hohen Wertverlusten gerechnet werden. Ähnliche Disparitäten werden sich darüber hinaus zwischen Groß- und Kleinstädten sowie dörflichen Räumen entwickeln. Die Erfahrung stetiger Wertstabilität von Immobilien kann aufgrund der geschilderten Entwicklungslinien nicht dauerhaft und für alle Regionen angenommen werden. Als zusätzliches Pro-

69 vgl. ebenda, S. 46

70 Die tatsächliche Flächeninanspruchnahme dürfte unter der statistisch ausgewiesenen liegen. Ursache hierfür ist, dass in die Berechnung auch die Wohnfläche leer stehender Wohnungen mit eingeht.

blem erweist sich die Prognoseunsicherheit aufgrund beschleunigter Entwicklungsprozesse und damit verbundener wechselnder Wirtschaftsstrukturen mit schwankender Arbeitskräftenachfrage und Einkommensentwicklung in den Regionen. Inwieweit unter diesen Aspekten eine Immobilie eine sinnvolle Altersvorsorge bildet, insbesondere für die Fälle, dass eine Veräußerung erforderlich wird, um gegebenenfalls notwendig gewordene altengerechte Wohnformen und Pflegeleistungen bezahlen zu können, bleibt fraglich.

Zu 2. Veränderungen in der Altersstruktur der Bevölkerung

Größere gesellschaftliche Auswirkungen als die Rückläufigkeit der Bevölkerungszahlen sind mit den gravierenden Verschiebungen in der Altersstruktur verbunden.

Abbildung 2–8: Entwicklung der Altersstruktur in Deutschland

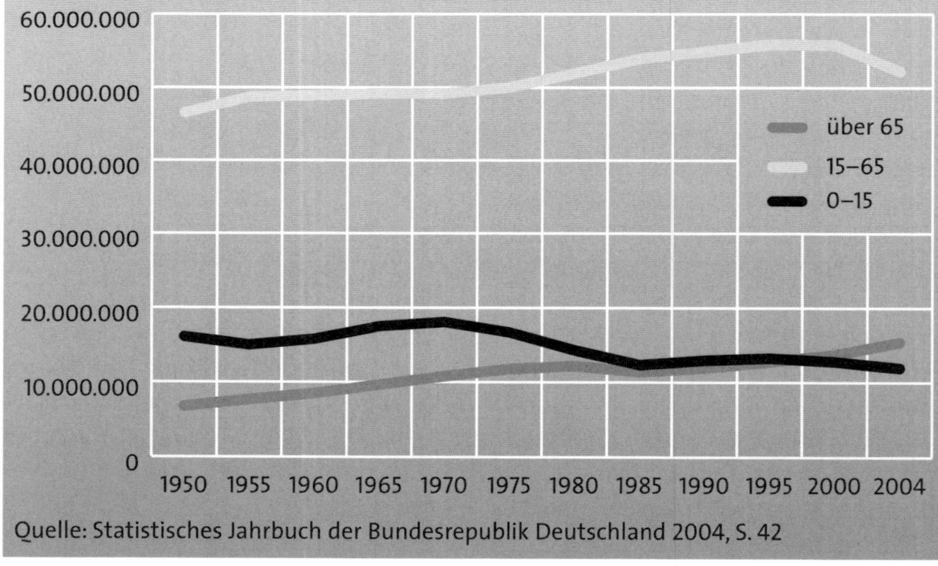

Quelle: Statistisches Jahrbuch der Bundesrepublik Deutschland 2004, S. 42

Jahr	0–15 Jahre absolut	relativ	15–65 Jahre absolut	relativ	Über 65 Jahre absolut	relativ
1950	16.056.506	23,2%	46.540.406	67,1%	6.749.385	9,7%
1955	14.954.773	21,0%	48.739.350	68,3%	7.655.792	10,7%
1960	15.744.035	21,5%	48.932.633	66,9%	8.470.141	11,6%
1965	17.486.796	22,9%	49.212.263	64,5%	9.637.249	12,6%
1970	18.073.572	23,1 %	49.216.258	63,0%	10.779.641	13,9%
1975	16.675.132	21,2%	50.044.299	63,8%	11.745.442	15,0%
1980	14.273.775	18,2%	51.959.673	66,3%	12.164.035	15,5%
1985	12.320.131	15,9%	53.951.588	69,4%	11.388.814	14,7%
1990	12.937.503	16,3%	54.903.584	68,8%	11.912.140	14,9%
1995	13.238.485	16,2 %	55.846.564	68,3%	12.732.450	15,5%
2000	12.777.242	15,5%	55.788.284	67,8%	13.694.014	16,7%
2003	12.162.110	14,7%	55.509.566	67,3%	14.859.995	18,0%
2004	11.924.658	14,5%	52.208.740	66,9%	15.367.451	18,6%

Während sich der Kinderanteil von fast einem Viertel im Jahre 1950 auf weniger als 15 Prozent im Jahr 2004 reduziert hat, hat sich der Anteil der über 65-Jährigen anteilsmäßig verdoppelt.

Bei einer Geburtenrate von 1,4 Kindern pro Frau und parallel steigender Lebenserwartung gemäß den Annahmen in der 11. Koordinierten Bevölkerungsvorausberechung des Statistischen Bundesamtes werden dauerhaft die Sozialversicherungssysteme in der heutigen Struktur nicht mehr aufrecht erhalten werden können. Das heißt, dass die private Vorsorge des Einzelnen an Bedeutung gewinnt. Ein weiteres Problem wird infolge der sozio-demographischen Entwicklung entstehen. Es wird eine Vielzahl älterer Menschen geben, die infolge von Kinderlosigkeit oder weit entfernt lebenden Kindern kommerziell von Dritten versorgt werden müssen. Das aber dürfte gerade für den Teil der alten Menschen ein Problem werden, der aufgrund lebenslanger geringer Einkünfte keine Möglichkeit zur privaten Vorsorge hatte. Die Entwicklung von der Drei-Klassen- zur Zwei-Klassen-Gesellschaft wird sich im Alter noch dramatischer vollziehen.

Hinzu kommt die seit kurzem zu beobachtende Abwanderung junger gut ausgebildeter Frauen aus wirtschaftlich strukturschwachen Regionen in Räume mit guter Arbeitsmarktlage. Der daraus resultierende Frauenmangel führt zwangsläufig zu sinkenden Geburtenraten in diesen Regionen und beschleunigt die Verschiebung zwischen der jungen zugunsten der älteren Bevölkerung. Darüber hinaus lässt sich in diesen Regionen bereits ein Frauenmangel im Verhältnis zu gleichaltrigen Männern feststellen.

Schlussfolgerungen für das Wohnen

Für das Wohnen bedeutet das, dass die Wohnungen für ältere Menschen bis ins hohe Lebensalter auch bei körperlichen oder psychischen Einschränkungen nutzbar sind. Wohndienstleistungen in allen Facetten als Alternative zum stationären Angebot werden Zukunft haben. Ambulante Leistungen sind eher bezahlbar als stationäre. Sowohl die Wohnungen als auch die Dienstleistungen müssen im Preis-Leistungs-Verhältnis dieser Zielgruppe angepasst werden. Preiswerte Wohnangebote in Form von Wohngemeinschaften mit möglicher Kostendegression bei der Inanspruchnahme von Dienstleistungen könnten sich zu einem interessanten Geschäftsmodell entwicklen. So wie Studenten aus finanziellen Gründen sich in einer Wohngemeinschaft eine Wohnung teilen, wird das auch für einen großen Teil der alten Menschen zu einem ökonomischen Zwang werden. Das Positive ist die damit gegebene Möglichkeit der Kommunikation, um Vereinsamungsprozessen entgegenzuwirken. Dennoch werden bei der Vermietung solchen Wohnraums besondere Anforderungen an die Auswahl und Betreuung der Bewohner gestellt werden.

Zu 3: Nationalitätenstruktur

Der Bevölkerungszuwachs in Deutschland ist seit Jahren nicht auf die natürliche Bevölkerungsentwicklung zurückzuführen, sondern auf die Zuwanderung aus dem Ausland. Die Geburtenrate in Deutschland mit prognostizierten 1,4 Kindern pro Frau lässt die Bevölkerungszahlen drastisch sinken, sofern nicht eine gewisse Kompensation durch Zuzüge aus dem Ausland erreicht wird. Im Interesse der wirtschaftlichen Entwicklung Deutschlands ist die Zunahme des Ausländeranteils erforderlich, insbesondere um das Verhältnis zwischen Erwerbstätigen und im Ruhestand befindlichen Menschen zu verbessern. Auch aus dieser Entwicklung ergeben sich neue Anforderungen an die Stadtentwicklung und an die Wohnungspolitik. Eine Integration der ausländischen Bevölkerung kann nur dann gelingen, wenn diese mit dem wirtschaftlichen und mit dem sozialen Leben verbunden ist. Die gegenwärtige Konzentration bestimmter ethnischer Minderheiten in ausgewählten

Ortsteilen erleichtert zwar den Zuwanderern das Eingewöhnen im neuen Land, führt aber mittel- bis langfristig nur schwer zur Identifikation mit der neuen Heimat. Dass die Integration von Ausländern primär ein wirtschaftliches Problem ist, wird daran deutlich, dass Ausländer in Führungspositionen nicht in diesen Ortsteilen leben, sondern ihrer gesellschaftlichen Stellung angemessenen Wohnraum in Lage und Qualität nachfragen.

Schlussfolgerungen für das Wohnen

Mit einer besseren wirtschaftlichen Integration der ausländischen Mitbürger werden diese zu einer wachsenden und interessanten Zielgruppe für Wohnraumanbieter. Nationalspezifische Besonderheiten bei der Planung und beim Angebot von Wohnungen zu berücksichtigen, dürfte sich vor allem in Regionen mit hohem Ausländeranteil als eine erfolgreiche Nischenstrategie erweisen.

Fazit zum perspektivischen Abriss

Mit sich beschleunigender gesellschaftlicher Entwicklung verändern sich in kürzeren Zeiträumen die Anforderungen an das Wohnen. Das betrifft gleichermaßen die Inanspruchnahme von Wohnfläche, die Ausstattungskriterien und auch die Nutzbarkeit der Räume. An die Entwicklung von Immobilien im Allgemeinen und von Wohnimmobilien im Besonderen als ein sehr langlebiges Wirtschaftsgut stellen sich damit neue Herausforderungen, um eine nachhaltige Ertragserzielung, Wertsicherung und schließlich auch Wertsteigerung zu erreichen.

Die Wohnung der Zukunft muss folgenden Funktionsanforderungen entsprechen:

- zentraler Ort der Informationsgewinnung und -verarbeitung für berufliche und für private Zwecke,
- Oase der Entspannung mit Rückzugsmöglichkeit vor äußeren Einflüssen,
- Möglichkeit der ganz individuellen Nutzung von Individualzeit,
- Möglichkeit zur Pflege sozialer Kontakte,
- Nutzung der Wohnung für alle Generationen: barrierearme Gestaltung für Familien mit Kleinkindern ebenso wie für hochbetagte Menschen.

Diese geforderte Multifunktionalität setzt voraus, dass für jeden Nutzer ein (Individual-) Raum zur Verfügung steht. Darüber hinaus sollte zur Erfüllung des Bedürfnisses nach Kommunikation mindestens noch ein größerer „Gemeinschaftsraum“ (Wohnküche, großes Wohnzimmer) vorhanden sein. Durch die Vermeidung hierarchischer Grundrisse lassen sich die Wohnungen am besten für unterschiedliche Lebenssituationen nutzen.

Um den verschiedenen Formen möglicher Lebenspartnerschaften entsprechen zu können, wäre die Trennung in zwei separate Wohnbereiche einschließlich Bad bei einer gemeinsamen großen Wohnfläche (Diele, Wohnküche, Wohnzimmer) durchaus sinnvoll. Auf diese Weise könnte der Wohnbereich der größeren Kinder von denen der Eltern getrennt werden oder aber auch stressfreie Bereiche bei so genannten Patchwork-Familien geschaffen werden. Außerdem ließe sich ein solches Wohnkonzept auch für eine Familie mit getrennt lebenden Elternteilen, für zeitweilige Wohngemeinschaften (z.B. zwei Alleinerziehende mit Kindern) oder für längerfristige Wohngemeinschaften älterer (alleinstehender) Menschen nutzen.

Den sich beschleunigenden wirtschaftlichen Veränderungen, aus denen sich hohe individuelle und berufliche Flexibilitätsanforderungen ergeben, muss mit einem adäquaten Wohnraumangebot entsprochen werden.

2.2 Zielgruppenspezifische Anforderungen an das Wohnen

2.2.1 Varianten der Zielgruppenbildung

2.2.1.1 Zielgruppenbildung nach sozio-demographischen Indikatoren

Zielgruppenspezifische Produktentwicklungen und Ansprachen werden mittlerweile in allen Branchen praktiziert. Die Notwendigkeit hierfür ergibt sich aus den tendenziell hohen Sättigungsgraden auf allen Gütermärkten. Die Abgrenzung von Zielgruppen bildet den Ausgangspunkt für die Marktsegmentierung im Rahmen einer marktorientierten Unternehmensführung. In der Marketingliteratur wird hierfür prinzipiell zwischen folgenden Segmentierungskriterien unterschieden:

- geographische Merkmale (Land, Bundesland, Ortsgröße);
- sozio-demographische Merkmale (Alter, Geschlecht, Familienstand, Bildungsniveau, Beruf und berufliche Stellung, Einkommensniveau, Konfession, Nationalität);
- verhaltensorientierte Merkmale (Verhaltensmuster, Einstellungen, Werteorientierung, Lebensstil).[71]

Inwieweit die genannten Segmentierungskriterien relevant für die Entwicklung und Vermarktung von Produkten und Dienstleistungen sind, hängt immer vom konkreten Produkt und vom Absatzgebiet ab.

In Bezug auf das Wohnen bilden die geographischen Merkmale per se den Ausgangspunkt aufgrund der Standortgebundenheit jeglicher Immobilie. Die sozio-demographischen und die verhaltensorientierten Merkmale entscheiden maßgeblich über die quantitativen, aber vor allem über die qualitativen Wohnansprüche.

Die Zielgruppenbildung nach sozio-demographischen Kriterien hat den Vorteil der vergleichsweise einfachen Datenerhebung. Einige sozio-demographische Merkmale werden statistisch erfasst, so dass bei diesen auf Sekundärquellen zurückgegriffen werden kann. Das betrifft die:

- Altersstruktur der Bevölkerung,
- Anzahl privater Haushalte,
- Größenstruktur privater Haushalte,
- Einkommens- bzw. Vermögensstruktur der Haushalte,
- Bildungsabschlüsse.

71 Vgl. Weis, Hans-Christian, S. 95; Meffert, Heribert, S. 188

Das statistische Bundesamt systematisiert die Haushalte in ihren Lebensformen nach folgender Struktur:

- Ehepaare und Lebensgemeinschaften ohne Kinder,
- Ehepaare und Lebensgemeinschaften mit Kindern,
- Alleinerziehende,
- Alleinstehende und darunter Alleinlebende.[72]

Die Problematik bei der Verwendung von Sekundärdaten für die Zielgruppenbildung besteht darin, dass ein Teil dieser Daten nicht auf der Grundlage einer statistischen Vollerhebung, sondern nur mit Hilfe eines Mikrozensus erfasst und publiziert wird. Die Exaktheit der Datenerhebung ist in diesem Fall beschränkt. Ein weiterer Nachteil besteht darin, dass statistische Daten immer nur zeitverzögert publiziert werden und insofern gegebenenfalls nicht mehr die aktuelle Situation widerspiegeln. Das größte Problem besteht jedoch in der Aggregation der Daten. Für immobilienwirtschaftliche Entscheidungsprozesse helfen hoch aggregierte Daten auf Ebene von Ländern und von Bundesländern in der Regel nicht. Vielmehr sind kleinteiligere Erhebungen auf Ebene der Kommunen, der Stadtbezirke, Ortsteile oder Quartiere erforderlich. Während in Großstädten teilweise Daten bis auf Ortsteilebene erfasst werden, liegen relativ kleinteilige Daten in kleineren Kommunen nur selten vor. Für die Erfassung auf Quartiersebene kann nicht mehr auf Sekundärdaten zurückgegriffen werden, sondern muss mit Primärdatenerhebungen gearbeitet werden. Insofern lassen die verfügbaren Sekundärdaten nur begrenzte Schlussfolgerungen auf mögliche Zielgruppen in Bezug auf das Wohnen zu.

Zwar aufwendiger, aber dennoch gut erfassbar sind diese Daten mit Hilfe von Befragungen. Sozio-demographische Daten können anhand direkter Fragestellungen erfasst und quantifiziert werden. Insofern bilden sie eine gute Möglichkeit zur Zielgruppensegmentierung. Aus der Kombination von Alter, Familienstand bzw. Haushaltsgröße und Einkommen lassen sich verschiedene Zielgruppen bilden. Nachstehende Matrix verdeutlicht beispielhaft eine mögliche Herangehensweise als Grundlage für die differenzierte Erfassung von Wohnraumnachfragegruppen.

72 Als Alleinstehende werden im Mikrozensus ledige, verheiratet getrennt lebende, geschiedene und verwitwete Personen bezeichnet, die ohne Lebenspartner und ohne Kinder in einem Ein- oder Mehrpersonenhaushalt leben. Alleinstehende in Einpersonenhaushalten werden als Alleinlebende bezeichnet. Statistisches Bundesamt: Leben in Deutschland, S. 36

Abbildung 2–9: Zielgruppensegmentierung nach sozio-demographischen Indikatoren

2.2.1.2 Zielgruppenbildung nach Werteorientierungen und Lebensstilen

Die Zielgruppenbildung anhand sozio-demographischer Indikatoren wird unter den Bedingungen sich ausprägender pluralistischer Lebensstile als nicht mehr ausreichend angesehen. Trotz gleicher sozio-demographischer Merkmale können die Werteorientierungen und damit das Verhalten der Individuen voneinander abweichen. Die Bedeutung einer weiteren Differenzierung der Zielgruppen über die sozio-demographischen Indikatoren hinaus resultiert aus den verbesserten ökonomischen Verhältnissen breiter Bevölkerungsschichten, wodurch die Optionen für die Verwendung von Zeit und Geld gestiegen sind. Ausdruck dieser Entwicklung sind differenzierte Prioritäten in der Nutzung von Zeit, unterschiedliche Verwendungsstrukturen des Einkommens, verschiedene Formen der Partnerschaft, die sich im Verlaufe des Lebens verändern können, und wechselnde Formen und Inhalte beruflicher Tätigkeiten. In der Marktforschung wird daher versucht, Werteorientierungen und damit verbundene Lebensstile zu erfassen. Eine eindeutige Bestimmung liegt weder zu den Indikatoren für die Erfassung von Werteorientierungen noch zum Begriff des Lebensstils vor. Aus diesem Grund wird diese sehr praktische Fragestellung zunächst theoretisch aus den Begriffen heraus analysiert.

Der Wertbegriff bildet den Ausgangspunkt. Auf dieser Grundlage werden die Indikatoren herausgearbeitet, die die Grundlage der Werteorientierung bilden, um schließlich zu definieren, was unter Lebensstil zu verstehen ist. Daran anschließend wird der Stand der empirischen Forschung und praktischen Anwendung aufgezeigt.

Wertbegriff

↓

Indikatoren zur Erfassung von Werten

↓

Schlussfolgerungen auf Lebensstile

↓

Forschungsansätze zur lebensstilbezogenen Zielgruppenbildung

Definitionen des Begriffs Wert

In der Literatur wird der Wertbegriff in Abhängigkeit von der Wissenschaftsdisziplin unterschiedlich bestimmt. Übereinstimmung besteht in allen Definitionen dahingehend, dass Werte zu Einstellungen und Handlungen, d.h. zu einem bestimmten Verhalten von Individuen oder von Gruppen führen. Der Wertbegriff wird somit als eine übergeordnete Kategorie gesehen, aus der sich Verhaltensweisen ableiten lassen.[73]

In der Soziologie erfasste Kluckhohn 1951 den Wertbegriff mit folgender Definition: „Wert ist eine Auffassung von Wünschenswertem, die explizit oder implizit sowie für ein Individuum oder eine Gruppe kennzeichnend ist und die Auswahl der zugänglichen Wege, Mittel oder Ziele des Handelns beeinflusst."[74] Werte implizieren bestimmte Zielvorstellungen und beeinflussen damit das Handeln des Individuums. Schließlich ist jegliches Handeln immer bewusst oder unbewusst auf das Erreichen bestimmter Ziele gerichtet. Unterschieden werden kann dabei zwischen den Werten als konstitutives Element der Kultur einer Gesellschaft und den Werten, die die Grundlage ganz individuellen Handelns bilden.[75] Werte als konstitutives Element der Kultur sind historisch geprägt und Ausdruck des Entwicklungsstandes einer Gesellschaft. Diese Werte werden in den weiteren Ausführungen als „gesellschaftliche Werte" bezeichnet.

Werte, die zu den Einstellungen und zum Verhalten von Individuen oder von einzelnen Gruppen führen, werden als „individuelle Werte" bezeichnet.

73 vgl. Fröhlich, Werner D., S. 473; Wiswede, Günter, S. 128ff.; Prechtl, Peter; Burkard, Franz-Peter, S. 657
74 vgl. Endruweit, Günter; Trommsdorf, Gisela (Hrsg.), S. 687
75 vgl. ebenda

Gesellschaftliche Werte geben eine Orientierung für das individuelle Handeln. Sie sind den individuellen Werten prinzipiell übergeordnet, da sich individuelles Handeln immer im gesellschaftlichen Kontext vollzieht. Die Ausprägung dieser Werte und deren Bedeutung für individuelle Verhaltensweisen stehen in Interdependenz zum Entwicklungsstand einer Gesellschaft. Gesellschaftliche Werte bedingen die Herausbildung bestimmter gesellschaftlicher Institutionen und Strukturen. Diese Institutionen und Strukturen beeinflussen die Werteentwicklung des Einzelnen.

Gesellschaftliche Werte werden durch Personen oder Personengruppen, die über die wirtschaftliche, politische oder religiöse Macht verfügen, entscheidend geprägt. Historisch lässt sich das am Einfluss von Kirche und Adel im Mittelalter mit den daraus resultierenden Werten nachweisen. Mit dem Übergang vom Feudalismus zum Kapitalismus im Zuge von Industrialisierungsprozessen entwickelte sich das Bürger- und Unternehmertum zur einflussreichsten Kraft hinsichtlich der gesellschaftlichen Werte. Materielle Werte gewannen maßgeblich an Bedeutung. Es entwickelte sich ein unmittelbarer Zusammenhang zwischen materiellem Wohlstand und gesellschaftlicher Anerkennung. Die Wertschätzung von Individuen wurde von deren ökonomischen Ressourcen abhängig gemacht. Prinzipiell gilt dieser Wertekanon auch noch in der Gegenwart. Höher bezahlte Arbeit hat gesellschaftlich einen höheren Stellenwert als weniger gut bezahlte Arbeit. Managergehälter sind kein Indikator für die tatsächlich geleistete Arbeit, sondern vielmehr Ausdruck der gesellschaftlichen Stellung des Managers. Der weiterhin bestehende und nicht zu leugnende starke Einfluss materieller Werte, der durch ausgewählte Wohnlagen, bestimmte Fahrzeugtypen, markengerechte Bekleidung etc. nach außen demonstriert wird, wird durch die steigende Bedeutung nicht materieller Werte flankiert. Hintergrund dieser Entwicklung ist, dass die Grundbedürfnisse gemäß Bedürfnispyramide von Maslow prinzipiell von allen Bevölkerungsschichten mehr oder weniger in der heutigen Gesellschaft in Deutschland erfüllbar sind. Damit verbunden ist die Erkenntnis, dass die Lebensqualität nicht nur von der Befriedigung materieller Bedürfnisse abhängt. Das führt schließlich dazu, dass so genannte postmaterielle oder hedonistische Bedürfnisse an Bedeutung gewinnen. Diese Entwicklung ist prinzipiell nicht neu. Die Neuartigkeit resultiert aus der veränderten Dimension. Für breite Teile der Bevölkerung stiegen postmaterielle Werte in ihrer Rangigkeit. Insofern kann die Wertediskussion als historisch neuartig bezeichnet werden. Normierte gesellschaftliche Werte traten in den Hintergrund gegenüber individuellen Werten. Die Ursachen für eine solche Entwicklung werden maßgeblich in den sich vollziehenden ökonomischen Entwicklungsprozessen gesehen. Diese führten einerseits zu höherem ökonomischem Wohlstand mit größeren Optionen in der Verwendung von Zeit und Geld. Andererseits gewann in der Gegenwart der Einfluss außernationaler Entwicklungen im Zuge sich vollziehender Globalisierungsprozesse maßgeblich an Bedeutung. Andere Gesellschaften und Kulturen mit ihren Wertevorstellungen wurden im Rahmen von weltweitem Tourismus oder von Geschäftsbeziehungen bekannt. Die Optionen für die Präferenzen einzelner Werte erhöhten sich dadurch ebenfalls. Damit gewann der individuelle Wertekanon im Vergleich zu den gesellschaftlichen Werten an Bedeutung. Im Ergebnis davon entstand ein scheinbarer Werteverlust in der Gesellschaft. Tatsächlich fand weniger ein Werteverlust als eine Verschiebung in den Prioritäten zwischen gesellschaftlichen und individuellen Werten zugunsten der letzteren statt.

Um schließlich zu einer lebensstilbezogenen Zielgruppenbildung zu gelangen, müssen zunächst die Werte, die das individuelle Handeln beeinflussen, systematisiert werden. Hierfür wird zum Ausgangspunkt der Wertdefinition zurückgekehrt. Wenn Werte bestimmte Zielvorstellungen für das Handeln implizieren, müssen logischerweise diese Zielvorstellungen für das Handeln systematisiert werden. Die Handlungen der Individuen sind auf die Verwirklichung:

- wirtschaftlicher Zielvorstellungen,
- politischer und gesellschaftlicher Zielvorstellungen und
- ganz privater und zwischenmenschlicher Zielvorstellungen gerichtet.

Die Verwirklichung wirtschaftlicher Zielvorstellungen hängt unter anderem von den gegebenen materiellen und intellektuellen Ressourcen und von der Entscheidung für einen bestimmten Bildungs- und Berufsabschluss ab. Die individuellen Präferenzen können jedoch bei gleichen Ausgangssituationen ganz unterschiedlich sein. Während für den einen ein hohes Einkommen oberste Priorität hat und er diesem Ziel all seine Handlungen unterordnet, kann für den anderen der wirtschaftliche Aspekt zweitrangig zugunsten einer abwechslungsreichen Tätigkeit mit hohen Entscheidungsspielräumen sein. Die differenzierten Formen der Berufswahl und der Formen der Berufstätigkeit (selbstständige oder nicht selbstständige Tätigkeit, „Funktionieren" in einem hierarchischen System oder Entscheidungsspielräume in einer weniger hierarchisch geprägten Organisation, Bevorzugung sich wiederholender Anforderungen und Tätigkeiten oder ständige Suche nach neuen Herausforderungen) sind Erscheinungsformen möglicher Optionen zur Verwirklichung der wirtschaftlichen Zielvorstellungen.

Politisches und gesellschaftliches Engagement kann gleichermaßen aus dem Bedürfnis der Karriere oder Selbstdarstellung wie aus dem Bedürfnis, einen Beitrag zur gesellschaftlichen Gestaltung leisten zu wollen, stammen.

Ausdruck für die Verwirklichung privater und zwischenmenschlicher Zielvorstellungen sind die gewählten Verwendungsstrukturen verfügbarer Zeit, die gewählte Form der Partnerschaft, die Bedeutung von Familie und Freunden, der Umgang mit Kollegen, Nachbarn, die Bedeutung sozialer Kontakte etc.

Aus der Verwirklichung dieser ganz individuellen Zielvorstellungen bilden sich innerhalb einer Gesellschaft unterschiedliche Lebensstile aus.

Schematisch lässt sich somit der Zusammenhang zwischen den Begriffen Werte, Wertorientierungen und Lebensstile folgendermaßen darstellen:

Werte
Auffassung von Wünschenswertem bzw. von den Zielvorstellungen, worauf das Handeln und Verhalten gerichtet ist

↓

gesellschaftliche Werte
Ausdruck des wirtschaftlichen und politischen Entwicklungsstandes einer Gesellschaft und Bezugsrahmen für die Ausprägung individueller Werte

↓

Werteorientierung
Setzung individueller Präferenzen in Bezug auf die Rangigkeit einzelner Werte

↓

Lebensstil
Clusterbildung nach den bevorzugten Werten, d.h. nach der Werteorientierung von Individuen oder von Gruppen als Grundlage für die Differenzierung nach Lebensstilen

Der Lebensstil ist nach dieser Systematik Resultante der individuellen oder gruppenspezifischen Werteorientierung. Er kann als Muster der Lebensführung in Form von Aktivitäten, Interessen und Einstellungen definiert werden. Diese Definition beruht auf dem Lebensstilbezugsrahmen, der von Wells und Tigert bereits 1971 im „Journal of Advertising Research" (Heft 4/1971, S. 27-35) veröffentlicht wurde[76]. Danach lassen sich Lebensstile anhand von Aktivitäten, Interessen und Meinungen in den Bereichen Freizeit, Arbeit und Konsum differenzieren.

76 Bruhn, Manfred; Homurg, Christian (Hrsg.), S. 38ff.

Abbildung 2–10: Lebensstilkonzept nach Wells & Tigert

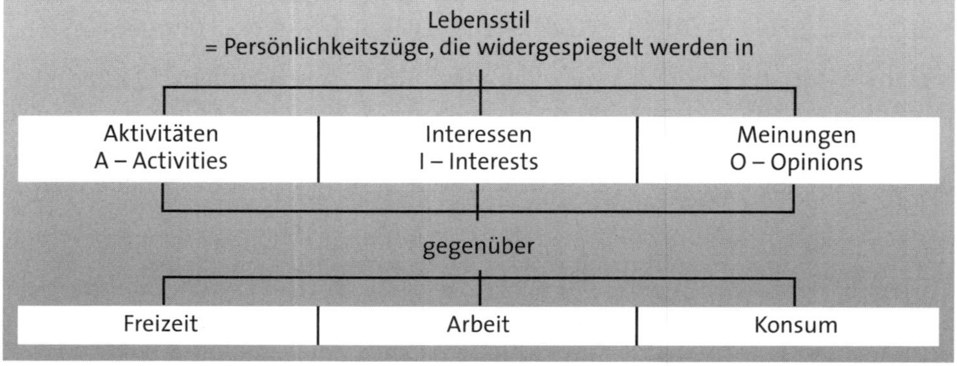

Einen weiteren Lebensstilansatz entwickelte H.-P. Müller. Er definiert den Lebensstil als ein Muster der Lebensführung, welches von folgenden Einflussfaktoren maßgeblich bestimmt wird:

- materiellen Ressourcen (Einkommen und Vermögen),
- kulturellen Ressourcen (Bildung),
- Familien- und Haushaltsform (Single, Paar mit oder ohne Kinder, Großfamilie etc.),
- Wertehaltungen und Einstellungen (Stellenwert von Arbeit, Familie, politisches und soziales Engagement).[77]

Während Wells und Tigert in ihrem Ansatz ausschließlich Bezug auf die gesellschaftlichen und individuellen Werte nehmen, verbindet Müller in seinem Lebensstilansatz sozio-demographische Indikatoren mit Werteorientierungen. Auf diese Weise schafft er den theoretischen Rahmen für die Einteilung von Personengruppen in so genannte Milieus. Milieus werden hier als spezifisch räumliche Gebilde sozio-strukturell umrissener Bevölkerungsgruppen definiert. Schematisch lässt sich der Zusammenhang zwischen den Wertorientierungen, die schließlich zur Ausprägung eines bestimmten Lebensstils führen und den sozio-demographischen Indikatoren folgendermaßen darstellen:

77 vgl. Müller, Hans-Peter

Abbildung 2–11: Milieubildung aus sozio-demographischen Indikatoren und aus Lebensstilen

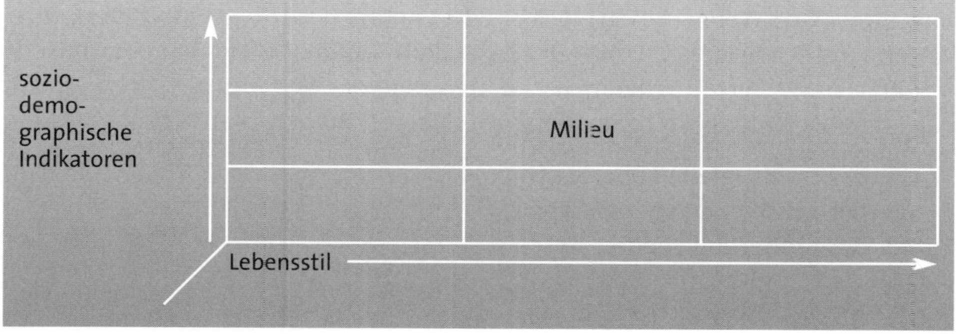

2.2.1.3 Lebensstilkonzepte – Stand der Forschung

Die Lebensstilforschung als Ausgangspunkt für die Klassifizierung von Zielgruppen geht auf eine 1963 durchgeführte Konferenz der American Marketing Association (AMA) zurück. Dieser Vereinigung, die bereits 1937 in den USA gegründet wurde, gehören über 45.000 Mitglieder in 92 Ländern an. Sie bildet damit die größte Vereinigung von Marketingexperten. Die Zielsetzung besteht in der Förderung von Forschung und Lehre zum Marketing[78]. Bereits auf der ersten Konferenz zum Thema Lebensstile wurde deutlich, dass es sich hierbei um eine sehr vielschichtige Thematik handelt, in die psychologische, soziologische, anthropologische, biologische und ökonomische Erkenntnisse einfließen. Diese Vielschichtigkeit spiegelt sich auch in den unterschiedlichen Ansätzen der empirischen Lebensstilforschung wider. In den letzten 15 Jahren sind von Marktforschungsinstituten und Werbeagenturen eine Vielzahl von Lebensstiltypologien entwickelt wurden. Die bekanntesten davon sind:

- Conrad/Burnett – Life-Style-Forschung;
- Everyday-Life-Research-Ansatz;
- Value-and-Life-Style-Ansatz;
- Euro-Socio-Styles (Lebensstiltypologie).

78 vgl. Bruhn, Manfred; Homburg; Christian (Hrsg.), S. 37f.

Conrad/Burnett – Life-Style-Forschung

Dieser Forschungsansatz basiert auf dem AIO-Modell (Activities – Interests – Opinions) von Wells und Tigert. Mit 250 Variablen werden Aktivitäten, Interessen und Meinungen ermittelt. Zusätzlich werden sozio-demographische Variablen und Persönlichkeitsmerkmale sowie das Konsumverhalten erfasst. Als Ergebnis werden drei Gruppen von Lebensstiltypen ermittelt:

1. der traditionelle Lebensstiltyp,
2. der gehobene Lebensstiltyp,
3. der moderne Lebensstiltyp[79].

Everyday-Life-Research-Ansatz (Sinus-Mileus)

Dieser Ansatz wurde durch die Sinus Sociovision GmbH in Heidelberg entwickelt und basiert auf den vorher genannten Konzepten. Es fließen zur Zielgruppendifferenzierung ebenfalls Wertorientierungen und sozio-demographische Faktoren ein.

Bei diesem Ansatz werden mit Hilfe von acht Milieu-Bausteinen die Lebenswelten erfasst. Diese Milieu-Bausteine sind:

a) Lebensziele (Werte, Lebensphilosophie),
b) soziale Lage (sozio-demographische Daten),
c) Arbeit/Leistung (Aufstieg, Prestige, materielle Sicherheit),
d) Gesellschaftsbild (politisches Interesse, Systemzufriedenheit),
e) Familie/Partnerschaft (Einstellung zu Familie und Geborgenheit),
f) Freizeitgestaltung,
g) Wunsch- und Leitbilder (Vorbilder, Identifikationsobjekte),
h) Stil/Alltagsästhetik[80].

Auf dieser Grundlage entwickelte die Sinus Sociovision GmbH die zehn Sinus-Milieus für Deutschland und ermittelte parallel die Größenordnung in Form des Anteils an der Gesamtbevölkerung. Nachstehend werden die Sinus-Milieus aufgezeigt und kurz beschrieben.[81]

79 vgl. ebenda S. 370
80 vgl. ebenda
81 vgl. Wippermann, Carsten, S. 4 und G + J Media Sales www.gujmedia.de

Name	Beschreibung	Verteilung im Jahr 2005
GESELLSCHAFTLICHE LEITMILIEUS		
Sinus B 1: Etablierte	Selbstbewusstes Establishment: • Ethik • Machbarkeitsdenken • ausgeprägte Exklusivitätsansprüche	10%
Sinus B 12: Postmaterielle	Aufgeklärtes Nach-68er-Milieu • liberale Grundhaltung • postmaterielle Werte • intellektuelle Interessen	10%
Sinus C 12: Moderne Performer	Junge, unkonventionelle Leistungselite • intensives Leben (beruflich und privat) • Multi-Optionalität • Flexibilität • multimediale Begeisterung	9%
TRADITIONELLE MILIEUS		
Sinus A 12: Konservative	Altes deutsches Bildungsbürgertum • konservative Kulturkritik • humanistisch geprägte Pflichtauffassung • gepflegte Umgangsformen	5%
Sinus A 23: Traditionsverwurzelte	Sicherheit und Ordnung liebende Kriegsgeneration, die verwurzelt ist in: • kleinbürgerlicher Welt oder • traditioneller Arbeiterkultur	14%
Sinus AB 2: DDR-Nostalgische	Resignierte Wende-Verlierer • Festhalten an preußischen Tugenden • altsozialistische Vorstellungen von Gerechtigkeit und Solidarität	6%
MAINSTREAM-MILIEUS		
Sinus B 2: Bürgerliche Mitte	Statusorientierter moderner Mainstream: • nach beruflicher und sozialer Etablierung • Streben nach gesicherten und harmonischen Verhältnissen	15%
Sinus B 3: Konsum-Materialisten	Materialistisch geprägte Unterschicht: • Anschluss halten an die Konsumstandards der Mitte • Kompensationsversuch sozialer Nachteile	11%

Name	Beschreibung	Verteilung im Jahr 2005
Hedonistische Milieus		
Sinus C 2: Experimentalisten	Individualistische moderne Bohème • Spontaneität • Leben in Widersprüchen • Selbstverständnis als Lifestyle-Avantgarde	8%
Sinus BC 3: Hedonisten	Spaßorientierte moderne Unterschicht • Verweigerung von Konventionen • Verweigerung von Verhaltenserwartungen der Leistungsgesellschaft	11%

Abbildung 2–12: Verteilung der Zielgruppen nach den Sinus-Milieus

Die Sinus-Milieus® in Gesamtdeutschland
Soziale Lage und Grund- bzw. Wertorientierung (2005)

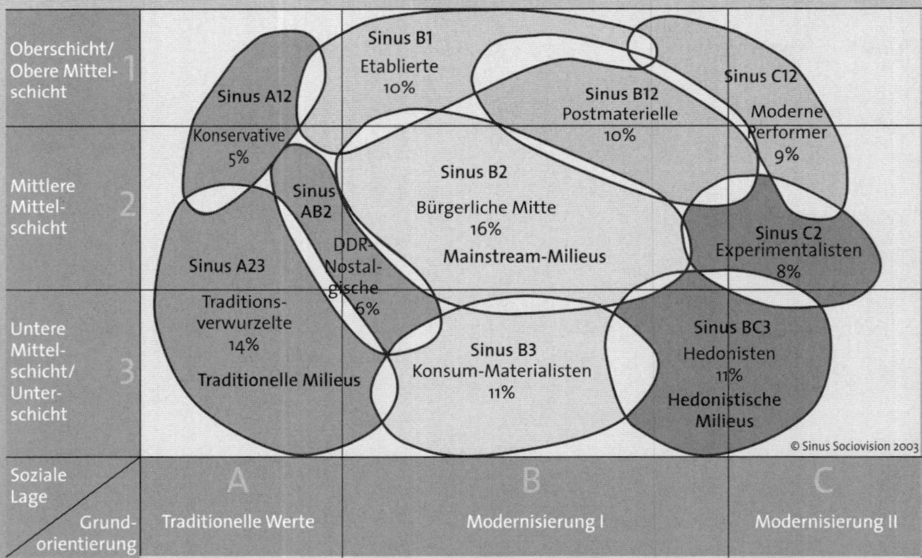

Positionierungsmodell soziokulturelle Strömungen: aktiv – reaktiv und Harmonie – Spannung

Quelle: vhw „WohnWissen"

Diese Sinus-Milieus werden seit Beginn der 80er Jahre ermittelt. Der Stichprobenumfang beträgt 53.000 Befragte ab 14 Jahren. Die Milieus werden periodisch erfasst und hinsichtlich ihrer quantitativen Verteilung fortgeschrieben.

In einem gemeinsamen Forschungsprojekt „WohnWissen“ der Sociovision GmbH und dem vhw Bundesverband für Wohneigentum und Stadtentwicklung e.V. werden die Zielgruppen der Sinus – Milieus auf Fragen zum Wohnverhalten angesprochen. Das Forschungsprojekt wird im Abschnitt „2.2.2 Erfassung zielgruppenspezifischer Wohnraumanforderungen – Stand der Forschung und praktische Anwendbarkeit“ kurz beschrieben.

Value-and-Life-Style-Segmentierung

Dieses Konzept wurde vom Stanford Research Institute entwickelt. Im Gabler Marketing Lexikon wird es als theoretisch am weitesten fundierter Ansatz bezeichnet. Die Segmentierung beruht auf der Bedürfnispyramide nach Maslow bei Einbeziehung sozialer Charaktertypen. Prinzipiell wird hierbei zwischen innen- und außengeleiteten Menschen unterschieden. Erstere orientieren sich primär an anderen, sind eher materiell eingestellt und zeichnen sich durch eine expressive Lebensweise aus. Innengeleiteten Menschen ist soziales und kulturelles Engagement wichtiger als Prestige und Kommerz. Für die Segmentierung werden weiterhin sozio-demographische Faktoren, Freizeit-, Umwelt- und Ernährungsverhalten hinzugezogen. Im Ergebnis werden folgende Zielgruppen definiert:

1. Survivors – zentraler Überlebenstrieb;
2. Sustainers – erreichte Fortschritte sichern, um sich von Survivors abzugrenzen;
3. Belongers – dazugehören, soziale Akzeptanz und Anerkennung erfahren;
4. Emulators – Streben nach Individualität;
5. Achievers – Streben nach Macht, Erfolg und Einfluss;
6. I-am-mers – Abwendung von Außenleitung, Hinwendung zum Inneren;
7. Experimentials – Intensive Ausweitung und Vertiefung der Selbsterfahrung;
8. Societally Conscious – Hinwendung zu sozialen Angelegenheiten;
9. Integrateds – Synthese von Innen- und Außenleitung zur Erreichung einer abgehobenen Betrachtung der Dinge.

Euro-Socio-Styles

Bei dieser Studie handelt es sich um eine Verbraucheranalyse für ganz Europa, die von der GfK (Gesellschaft für Konsum-, Markt- und Absatzforschung AG) erhoben wird. Segmentierungskriterien sind demographische und ökonomische Lebensbedingungen, Verhalten, Gewohnheiten, Meinungen, Motivationen und Emotionen. Im Unterschied zu den bisher aufgeführten Lebensstilkonzepten wird sich für die Ermittlung der Euro-Socio-Styles (Lebensstiltypologie) primär auf individuelle Werteorientierungen konzentriert. Sozio-demographische Faktoren gehen gegenüber anderen Lebensstilansätzen weniger in die Bildung von Lebensstiltypologien ein. Hierzu werden 24.000 Personen in ganz Europa befragt. Im Spannungsfeld von Beständigkeit und Wandel, Realität und Schein werden im Ergebnis davon acht Zielgruppen herausgearbeitet:

1. Secure World – „Die Schutzsuchenden“: konformistisch, hedonistisch, einfache Herkunft;
2. Steady World – „Die Bodenständigen“: traditionell;
3. Standing World – „Die Anspruchsvollen“: kultiviert, pflichtbewusst, vermögend, traditionell;
4. Authentic World – „Die Kritischen“: moralisch, gutes Einkommen, harmoniebestrebt;
5. Magic World – „Die Träumer“: intuitiv, materialistisch, geringes Einkommen;
6. Crafty World – „Die Abenteurer“: jung, dynamisch, Suche nach Erfolg, einfache Herkunft;
7. Cosy Tech World – „Die Behaglichen“: aktive, moderne Paare auf der Suche nach persönlicher Entfaltung;
8. New World – „Die Weltoffenen“: hedonistisch tolerante Intellektuelle mit gehobenen Lebensstandard.

Abbildung 2–13: Lebensstiltypologie der GfK
Strukturkarte der Wertorientierungen Konsumtreiber

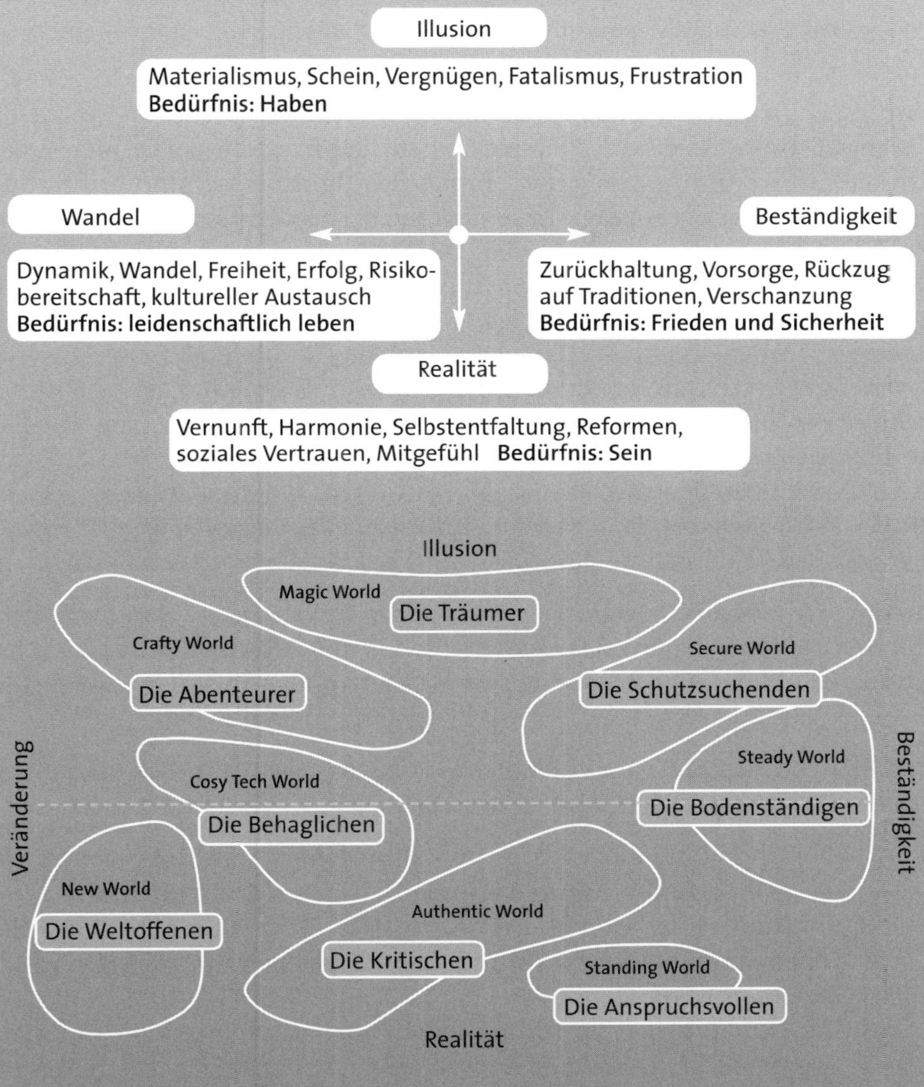

Quelle: GfK AG, Lebensstilforschung 2006

In Bezug auf das Wohnen wurde von der Gesellschaft für Konsumforschung eine so genannte „Lebensstilbasierte Immobilientypologie“ entwickelt. Aufbauend auf den Erfahrungen der Lebensstilforschung und den entwickelten Lebensstiltypologien wird dabei untersucht, welche Präferenzen die einzelnen Gruppen hinsichtlich Wohnlage, Wohnumfeld, Wohnform, Gebäudetyp, Grundriss, Ausstattung und Gestaltung setzen.

Zwei Probleme bereitet die praktische Anwendung der hier beschriebenen, empirisch erfassten Zielgruppentypologien der verschiedenen Marktforschungsinstitute. Das erste Problem besteht darin, dass für alle hier aufgeführten Lebensstile die konkreten empirischen Erhebungen und Auswertungen nicht offengelegt werden. Fragestellungen, Aussagen mit Wertungen etc. werden maximal nur gegenüber dem konkreten Auftraggeber, nicht aber für die Allgemeinheit publiziert. Aus Sicht privatwirtschaftlicher Institutionen ist das verständlich, lässt aber eine eigene Interpretation oder Wertung der Forschungsergebnisse nicht zu. Das zweite Problem für die praktische Anwendbarkeit liegt im sehr hohen Erhebungsaufwand. Das bedeutet, dass selbst mit dem Wissen über die methodische Herangehensweise eine Nutzung für eigene Unternehmensbelange aufgrund des damit verbundenen Aufwands kaum möglich ist. Insofern sind die werteorientierten Zielgruppen zwar äußerst interessant, lassen aber eine Nutzung im Rahmen der eigenen Marketingstrategie nur bei Beauftragung der jeweiligen Marktforschungsinstitute zu.

Für die Entwicklung zielgruppenspezifischer Angebote ist es erforderlich, einerseits anhand nachvollziehbarer Kriterien und deren Wertung die Zielgruppen zu bilden und andererseits diese Zielgruppen in ihren Konsumverhalten in Bezug auf die konkrete Produktpalette zu analysieren.

Nachstehende Anforderungen sind an eine zuverlässige und wissenschaftlich fundierte Lebensstiluntersuchung zu stellen:

(1) Operationalisierung, d.h. Entwicklung eines Messinstrumentes für die zu erfassenden Werte, Lebensauffassungen und Aktivitäten;
(2) Kontinuierliche Durchführung, so dass die zeitliche Stabilität der Lebensstilgruppen geprüft und kurzfristige Modeströmungen ausgeklammert werden können;
(3) Darlegung des Algorithmus sowie der Gütekriterien (optimale Gruppenzahl, Trennkraft der eingesetzten Variablen) der hinter der Studie stehenden Cluster-Analyse und
(4) Angabe der ökonomischen Relevanz (Größe der jeweiligen Zielgruppe) der identifizierten Segmente.[82]

82 vgl. Bruhn, Manfred; Homburg, Christian (Hrsg.), S. 370

2.2.2 Erfassung zielgruppenspezifischer Wohnraumanforderungen – Stand der Forschung und praktische Anwendbarkeit

Pionierarbeit zur Erfassung zielgruppenspezifischer Wohnraumanforderungen haben Nicole Schneider und Annette Spellerberg geleistet. In ihrer 1999 veröffentlichten Studie „Lebensstile, Wohnbedürfnisse und räumliche Mobilität“[83] wird die Herangehensweise zur Segmentierung der Zielgruppen offengelegt und werden diese Zielgruppen zu ihren konkreten Wohnvorstellungen befragt.

Studie „Lebensstile, Wohnbedürfnisse und räumliche Mobilität“ von Schneider/Spellerberg

Der Analyseansatz von Schneider/Spellerberg beruht auf drei Bereichen. Erfasst werden:

- das interaktive Verhalten,
- das expressive Verhalten und
- evaluative Aspekte der Lebensführung.

Gegenstand des interaktiven Verhaltens ist primär das Freizeitverhalten wie beispielsweise Theaterbesuche, künstlerische Aktivitäten, Computer, Freizeit mit der Familie und mit Freunden etc. Mit dem expressiven Verhalten werden Musikgeschmack (klassische Musik, Rock, Punk, Volksmusik), Lektüregewohnheiten (Sachbücher, Biografien, Gedichte, Science Fiction, Krimis, Comics, Esoterik, Schicksalsromane) und Fernsehinteressen (Informationssendungen, Sportsendungen, Actionfilme, Spielfilme, Heimatfilme, Unterhaltungsserien, Fernsehshows) erfasst. Evaluative Aspekte der Lebensführung beinhalten Werteorientierungen und Lebensziele. Hierzu gehören soziales und politisches Engagement sowie berufliches Fortkommen und der Stellenwert von Arbeit im Verhältnis zu Familie und Freizeit. Die Autorinnen führten 3.000 Befragungen im Jahre 1996 in Ost- und Westdeutschland durch. Im Ergebnis entwickelten sie neun Lebensstiltypen, die leicht differenziert nach Ost und West sind. In den nachstehenden Übersichten werden die ermittelten Lebensstiltypen dargestellt[84].

83 vgl. Schneider, Nicole; Spellerberg, Annette
84 ebenda, S. 105ff.

Lebensstile in Westdeutschland	Anteil West
1. Hochkulturell Interessierte, sozial Engagierte	11%
2. Arbeits- und Erlebnisorientierte, vielseitig Aktive	9%
3. Expressiv Vielseitige	12%
4. Sachlich-pragmatische Qualitätsbewusste	12%
5. Hedonistische Freizeitorientierte	6%
6. Häusliche mit Interesse für leichte Unterhaltung und Mode	10%
7. Einfach Lebende, arbeitsorientierte Häusliche	13%
8. Sicherheitsorientierte, sozial Eingebundene mit Vorlieben für volkstümliche Kultur und Mode	11%
9. Traditionelle, zurückgezogen Lebende	16%
Lebensstile in Ostdeutschland	**Anteil Ost**
1. Hochkulturell Interessierte, sozial und beruflich Engagierte	12%
2. Arbeits- und Erlebnisorientierte, vielseitig Aktive	8%
3. Kulturell Interessierte, Arbeits- und Familienorientierte	9%
4. Expressiv Vielseitige	8%
5. Sachlich - pragmatische Unauffällige	13%
6. Hedonistische Freizeitorientierte	8%
7. Traditionelle, kulturell interessierte Familienorientierte	18%
8. Sicherheitsorientierte, sozial Eingebundene mit Vorlieben für leichte Unterhaltung und Mode	13%
9. Traditionelle, zurückgezogen Lebende	12%

(In der Summe ergibt sich 101 Prozent gemäß der Ermittlung von Schneider/Spellerberg)

Die Zielgruppen werden auch bei Schneider/Spellerberg in einer Matrix mit Überschneidungen abgebildet. Die Darstellung entspricht im Grundprinzip der Visualisierung, wie sie auch von anderen Marktforschungsinstituten genutzt wird (z.B. Sinus Sociovision GmbH, GfK – Gesellschaft für Konsum-, Markt- und Absatzforschung AG).

Die Zielgruppen werden grafisch in Form einer Matrix eingeordnet.

Abbildung 2–14: Kriterien der Zielgruppenbildung nach Schneider/Spellerberg

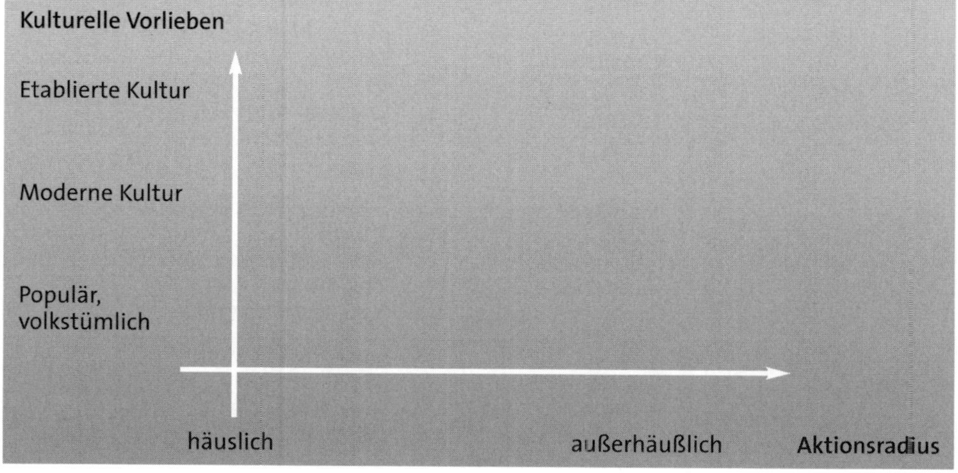

Zwischen den ermittelten Zielgruppen in Ost und in West dominieren die Übereinstimmungen gegenüber den Unterschieden. Zu berücksichtigen ist dabei, dass die Studie im Jahr 1996 erstellt wurde, d.h. gerade sechs Jahre nach der deutschen Einheit. Mittlerweile sind weitere elf Jahre vergangen. Es ist zu vermuten, dass sich, trotz aller ökonomischen Unterschiedlichkeit, die Lebensstile weiter angenähert haben. Aus diesem Grund werden die in Westdeutschland ermittelten Lebensstile kurz charakterisiert.

Aus den Bezeichnungen der Lebensstilgruppen lassen sich gewisse Vorstellungen zu diesen ableiten. Hierin wird ein wesentlicher Vorzug gegenüber den Modenamen für Zielgruppen, die von Marktforschungsinstituten vergeben werden, gesehen. Solche Modenamen mögen sich besser vermarkten lassen, erhöhen aber keineswegs die Transparenz im Zielgruppendschungel. Die Aussagekraft der durchgeführten Analysen durch Schneider/Spellerberg ist außerdem durch die genaue Charakteristik der Zielgruppen gegeben.

Abbildung 2–15: Beschreibung der Zielgruppen nach Schneider/Spellerberg

Zielgruppen West	Werteorientierungen/ Lebensziele	Sozio-demographische Indikatoren (in Relation zu allen Befragten, Ø Nettoeinkommen pro Haushaltsmitglied: 1.790 DM)	Ø Alter
1 Hochkulturell Interessierte, sozial Engagierte	• politisches Engagement • Sparsamkeit • Hilfsbereitschaft	• überdurchschnittliche Bildungsabschlüsse • leicht überdurchschnittliches Einkommen (2.050 DM)	55 Jahre
2 Arbeits- und Erlebnisorientierte, vielseitig Aktive	• Abwechslung • Führungsposition • politisches Engagement • Gutes Aussehen	• relativ höchste Bildungsabschlüsse • relativ höchstes Einkommen (2.500 DM)	33 Jahre
3 Expressiv Vielseitige	• alles wichtig, nur Sparsamkeit ist weniger wichtig	• mittlere Bildungsabschlüsse • leicht unterdurchschnittliches Einkommen (1.700 DM)	37 Jahre
4 Sachlich - pragmatische Qualitätsbewusste	• Abwechslung • politisches Engagement • Führungsposition	• mittlere bis höhere Bildungsabschlüsse • überdurchschnittliches Einkommen (2.040 DM)	44 Jahre
5 Hedonistisch Freizeitorientierte	• Abwechslung • Anerkennung durch andere • gutes Aussehen • Sicherheit	• unterdurchschnittliche Bildungsabschlüsse • leicht überdurchschnittliches Einkommen (1.950 DM)	30 Jahre
6 Häusliche mit Interesse für leichte Unterhaltung und Mode	• kein bestimmtes Lebensziel • am wenigsten wichtig sind: Sicherheit und Hilfsbereitschaft	• unterdurchschnittliche Bildungsabschlüsse • mittleres Einkommen (keine DM-Angabe)	54 Jahre
7 Einfach Lebende, arbeitsorientierte Häusliche	• kein bestimmtes Lebensziel, nur Führungsposition und politisches Engagement sind leicht höher bewertet	• unterdurchschnittliche Bildungsabschlüsse, • deutlich geringeres Einkommen (1.400 DM)	45 Jahre

Abbildung 2–15: Beschreibung der Zielgruppen nach Schneider/Spellerberg

Zielgruppen West	Werteorientierungen/ Lebensziele	Sozio-demographische Indikatoren (in Relation zu allen Befragten, Ø Nettoeinkommen pro Haushaltsmitglied: 1.790 DM)	Ø Alter
8 Sicherheitsorientierte, sozial Eingebundene mit Vorlieben für volkstümliche Kultur	• Hilfsbereitschaft • Anerkennung durch andere • attraktives Erscheinungsbild	• unterdurchschnittliche Bildungsabschlüsse • unterdurchschnittliches Einkommen (1.650 DM)	51 Jahre
9 Traditionell, zurückgezogen Lebende	• Sparsamkeit • Sicherheit	• relativ niedrigste Bildungsabschlüsse • relativ niedriges Einkommen (1.500 DM)	62 Jahre

Interessant ist die Verbindung zwischen den Werteorientierungen und den sozio-demographischen Indikatoren Bildung und Einkommen. Werden hiernach die Zielgruppen in eine veränderte Matrix eingeordnet, zeigt sich folgende Verteilung.

Abbildung 2–16: Einordnung der Zielgruppen nach Schneider/Spellerberg nach sozio-demographischen Indikatoren

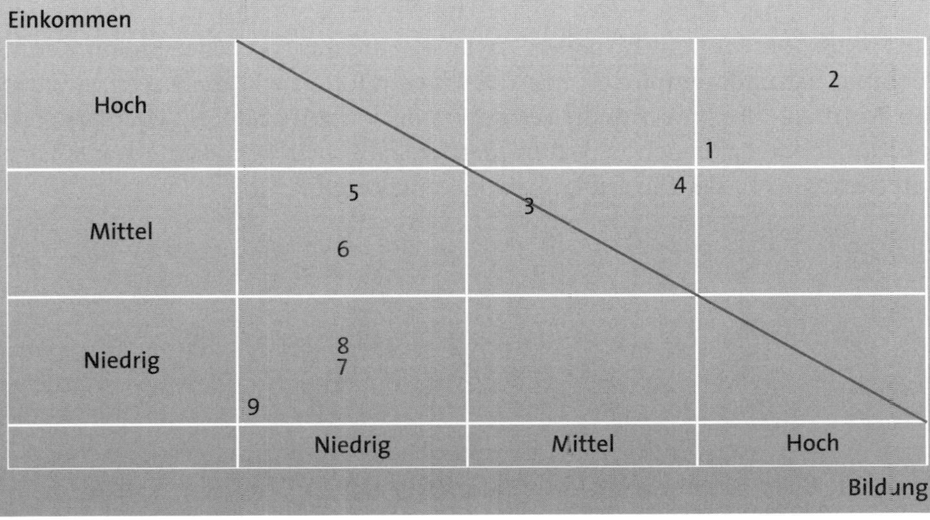

Die Zielgruppen 1 „Hochkulturell Interessierte, sozial Engagierte", 2 „Arbeits- und Erlebnisorientierte, vielseitig Aktive" sowie 4 „Sachlich-pragmatische Qualitätsbewusste" ähneln sich in den evaluativen Aspekten ihrer Lebensführung, d.h. in Werteorientierungen und Lebenszielen. Für alle drei Zielgruppen hat politisches Engagement einen hohen Stellenwert. Übereinstimmung besteht bei diesen Gruppen auch im Interesse an Dokumentationen und am Zeitgeschehen. Unterschiede bestehen im Freizeitverhalten, insbesondere beim Stellenwert der Familie. Bei der Zielgruppe 1 haben die Beschäftigungen mit der Familie einen sehr hohen Stellenwert, während das Familienleben in der Zielgruppe 2 kaum von Bedeutung sind. Ursache hierfür dürfte sein, dass es sich um die jüngste Zielgruppe handelt und lediglich 20 Prozent dieser Zielgruppe verheiratet ist. Obwohl ein Drittel der Zielgruppe 4 Kinder hat, wird der Stellenwert von Familie nicht besonders hervorgehoben. Die postmateriellen Lebensziele dominieren bei den genannten Zielgruppen, während bei den Zielgruppen mit schlechterer kultureller und materieller „Ausstattung" (Bildung und Einkommen) Fragen der Selbstverwirklichung scheinbar weniger wichtig sind. Insofern belegt die Studie die Theorie von H.-P. Müller, dass materielle und kulturelle Ressourcen maßgeblich die Ausprägung von Lebensstilen beeinflussen. Diese Aussage wird ebenfalls im Rahmen einer anderen empirischen Untersuchung, die sich mit Reurbanisationsprozessen beschäftigt, vertreten. Auch die Autoren dieser Studie gehen davon aus, dass sozialstrukturierende Merkmale wie Einkommen, Bildung und Beruf vorrangig die Sozialstruktur eines Quartiers bestimmen und sich innerhalb dieser dann lebensstiltypische Unterschiede ausprägen[85].

Die Studie von Schneider/Spellerberg befasst sich nach vorliegendem Kenntnisstand erstmalig empirisch mit der Fragestellung, wie die Lebensstilgruppen wohnen. Die prozentuale Verteilung der westdeutschen Lebensstilgruppen auf die verschiedenen Wohnquartiere, d.h. die Sortierung nach Lagekriterien, wird in der folgenden Tabelle aufgezeigt[86].

85 vgl. Brühl; Echter; von Bodelschwingh; Jekel, S. 56 und S. 245f.
86 vgl. Schneider, Nicole; Spellerberg, Annette, S. 199

Abbildung 2–17: Verteilung der Zielgruppen nach Schneider/Spellerberg auf die Wohnquartiere

	Wohngebiet mit Altbauten	Wohngebiet mit Neubauten	Mischgebiet mit Geschäften	Zentrum, City	Großsiedlung Neubaugebiet	Dörfliches Gebiet
1. Hochkulturell Interessierte, sozial Engagierte	20%	49%	16%	0%	4%	9%
2. Arbeits- und Erlebnisorientierte, vielseitig Aktive	13%	45%	32%	0%	1%	8%
3. Expressiv Vielseitige	17%	44%	23%	0%	3%	11%
4. Sachlich-pragmatische Qualitätsbewusste	24%	39%	18%	1%	7%	10%
5. Hedonistisch Freizeitorientierte	30%	27%	33%	0%	0%	9%
6. Häusliche, Unterhaltungs- und Modeorientierte	22%	44%	21%	1%	7%	6%
7. Einfache, arbeitsorientierte Häusliche	18%	36%	26%	1%	3%	13%
8. Sicherheitsorientierte, sozial Eingebundene	30%	39%	17%	1%	2%	11%
9. Zurückgezogen Lebende	24%	36%	26%	0%	2%	13%
Summe	22%	40%	23%	1%	3%	10%

In der Erhebung von 1996 lassen sich hinsichtlich der Lagekriterien nach dieser Differenzierung keine signifikanten Unterschiede zwischen den Lebensstilgruppen feststellen. Wohngebiete mit Neubauten dominieren. Dahinter können sich gleichermaßen Ein- wie Mehrfamilienhaussiedlungen mit unterschiedlichen Standortfaktoren verbergen. Insofern wäre eine weitere Ausdifferenzierung nach konkreten Lagekriterien aussagekräftiger gewesen. Die Erhebung zur gewünschten Wohnlage unter dem Aspekt der Entwicklung zielgruppenspezifischer Wohnraumangebote ist somit wesentlich interessanter[87].

Abbildung 2–18: Verteilung der Zielgruppen nach Schneider/Spellerberg nach bevorzugten Wohnlagen

	Auf dem Lande	Kleinstadt	Mittelgroße Stadt	Umland: größere Stadt	Großstadt: Zentrum	Großstadt: Innere Stadt	Großstadt: Stadtrand
1. Hochkulturell Interessierte, sozial Engagierte	25%	25%	15%	16%	1%	8%	10%
2. Arbeits- und Erlebnisorientierte, vielseitig Aktive	16%	20%	16%	15%	5%	14%	15%
3. Expressiv Vielseitige	24%	28%	20%	8%	3%	9%	7%
4. Sachlich-pragmatische Qualitätsbewusste	21%	29%	18%	14%	2%	9%	7%
5. Hedonistisch Freizeitorientierte	19%	15%	18%	9%	8%	9%	22%
6. Häusliche, Unterhaltungs- und Modeorientierte	23%	24%	21%	7%	4%	10%	11%
7. Einfache, arbeitsorientierte Häusliche	33%	28%	15%	9%	3%	5%	7%
8. Sicherheitsorientierte, sozial Eingebundene	30%	25%	18%	9%	0%	10%	11%
9. Zurückgezogen Lebende	34%	24%	21%	5%	1%	8%	8%
Summe	26%	25%	18%	10%	2%	9%	10%

Signifikant häufig wurde die Kleinstadt als Wunschwohnort genannt, gefolgt vom Leben auf dem Lande. Nur die Hedonistisch Freizeitorientierten bevorzugen die Großstadt. Bei diesen Aussagen muss berücksichtigt werden, dass

87 ebenda, S. 204

sie vor mehr als zehn Jahren erhoben wurden und sich mittlerweile die Wohnortpräferenzen durchaus geändert haben könnten. Außerdem ist bei der Angabe des Wunschwohnortes mit in Rechnung zu stellen, dass möglicherweise auch die Umsetzbarkeit die Antwortgebung beeinflusst. Im Falle von bestehender kognitiver Dissonanz, d.h. bei Nichtübereinstimmung von kognitiven Einschätzungen und gefühlsmäßigem Erleben, wird die kognitive Einstellung verändert, um diese Diskrepanz zu überwinden. Wird gefühlsmäßig zwar ein bestimmter Wohnstandort präferiert, gleichzeitig aber eingeschätzt, dass die Realisierung so gut wie aussichtslos ist (z.B. Einfamilienhaus im Grünen mit Nähe zur Innenstadt), wird dieser Wohnortwunsch ausgeblendet und eine möglicherweise realisierbare Variante angegeben. Insofern dürfte das Befragungsergebnis mit hoher Wahrscheinlichkeit auch durch die konkreten Möglichkeiten auf dem Wohnimmobilienmarkt mit beeinflusst worden sein. Vermutet wird, dass in den Lagekriterien gegenwärtig die größten Unterschiede zwischen den Wohnpräferenzen in den alten und neuen Bundesländern liegen. Aufgrund der Verfügbarkeit von Wohnflächen für den individuellen Wohnungsbau auf vergleichsweise günstigem Preisniveau in ostdeutschen Großstädten werden sich die Reurbanisationsprozesse in den neuen Bundesländern wesentlich schneller vollziehen als in den alten Bundesländern.

Schneider/Spellerberg erfassen darüber hinaus Umzugshäufigkeiten, Wohnortbindungen, die Wohnsituation und die Wohnzufriedenheit. Für die westdeutschen Lebensstiltypen wurde empirisch folgende Wohnsituation und Wohnzufriedenheit ermittelt[88].

88 ebenda S. 158ff.

Abbildung 2–19: Wohnsituation und Wohnzufriedenheit nach Schneider/Spellerberg

Zielgruppen West	Qualitätsmerkmale	Wohnzufriedenheit	Ø Wohnfläche pro Kopf
1 Hochkulturell Interessierte, sozial Engagierte	• 71% Wohneigentum • überdurchschnittliche Ausstattung • Wohnraum mit > $30m^2$ • Arbeitszimmer/ Hobbyraum i.d.R. vorhanden	• höchste Zufriedenheit aller Zielgruppen (8,2 bei einer Skala von 1 bis 10)	47 m^2
2 Arbeits- und Erlebnisorientierte, vielseitig Aktive	• Wohnen zur Miete dominiert • Präferenz für innerstädtische Quartiere • praktische Wohnungseinrichtung	• Relativ gering, 56% der Zielgruppe schätzen ihre Wohnsituation schlechter ein als die von Freunden	42 m^2
3 Expressiv Vielseitige	• ca. 40% Wohneigentum (entspricht dem Ø in Deutschland) • Arbeits- und Hobbyraum sind wichtig	• überwiegende Wohnzufriedenheit	36,3 m^2
4 Sachlich-pragmatische Qualitätsbewusste	• 56% Wohneigentum • Hobbyraum und Garten sind wichtig	• sehr hohe Wohnzufriedenheit	42 m^2
5 Hedonistisch Freizeitorientierte	• 80% wohnen zur Miete • unterdurchschnittliche Größe und Ausstattung • nur sehr gute technische Ausstattung	• vergleichsweise geringe Wohnzufriedenheit	Keine Angabe
6 Häusliche mit Interesse für leichte Unterhaltung und Mode	• 50% Wohneigentum • häufig altersgerechte Ausstattung	• leicht unterdurchschnittliche Wohnzufriedenheit	Keine Angabe
7 Einfach Lebende, arbeitsorientierte Häusliche	• Mietwohnungen dominieren • kleinere Wohnflächen • Garten ist wichtig • praktische und preiswerte Einrichtung, keine Repräsentativitätsfunktion	• verbale Aussage über relativ geringe Wohnzufriedenheit	Keine Angabe

Abbildung 2 – 19: Wohnsituation und Wohnzufriedenheit nach Schneider/Spellerberg

Zielgruppen West	Qualitätsmerkmale	Wohnzufriedenheit	Ø Wohnfläche pro Kopf
8 Sicherheitsorientierte sozial Eingebundene mit Vorlieben für volkstümliche Kultur	• 62% wohnen zur Miete • niedrigpreisige Wohnungseinrichtung	• überdurchschnittliche Wohnzufriedenheit trotz objektiv schlechterer Wohnbedingungen	Keine Angabe
9 Traditionell, zurückgezogen Lebende	• größere Wohnfläche resultiert aus hohem Anteil Alleinlebender • unterdurchschnittliche Ausstattung	• überdurchschnittliche Wohnzufriedenheit	46,3 m²

Die Erfassung der Wohnsituation gibt wichtige Aufschlüsse über das Wohnverhalten. Interessant wäre darüber hinaus, nach einzelnen Wohnkriterien wie z.B. Grundrissen, Materialien, Serviceleistungen, Gemeinschaftseinrichtungen und nach deren Bedeutsamkeit zu fragen, um auf dieser Grundlage zielgruppenadäquate Angebote in Lage, Größe, Ausstattung und Dienstleistungen unterbreiten zu können. Darüber hinaus wäre eine dauerhafte Fortschreibung der Befragungen in Form eines Panels notwendig, um sicherzustellen, dass die Angebote am Markt tatsächlich der Nachfrage entsprechen.

Ganz bemerkenswert ist die methodische und sehr gut nachvollziehbare Herangehensweise von Schneider/Spellerberg, mit der wichtige Anregungen zur Erfassung zielgruppenspezifischer Wohnraumnachfragen gegeben werden.

Projekt „WohnWissen“ des vhw auf der Grundlage der Sinus-Milieus der Sinus Sociovision GmbH[89]

Das Forschungsprojekt „WohnWissen“ wurde im Jahr 2002 begonnen. Bei diesem Projekt wird auf Grundlage der Zielgruppenbildung gemäß der Sinus-Milieus der Sociovision GmbH analysiert, wie diese Zielgruppen wohnen. Aus dem gegenwärtigen Verhalten, d.h. aus den gezeigten Wohnpräferenzen, sol-

89 vgl. Hallenberg, Bernd: Das Projekt „WohnWissen“, Vortragsunterlagen

len somit Erkenntnisse gewonnen werden, wie die einzelnen Zielgruppen wohnen wollen bzw. können. Die Analyse basiert auf folgender Herangehensweise:

1. Erfassung der Werteorientierungen, Einstellungen und Konsumpräferenzen der Zielgruppen gemäß der Sinus-Milieus;
2. Erhebung wohnungsbezogener Profile pro Zielgruppe auf der Grundlage jährlicher Befragungen;
3. Verbindung der Zielgruppen mit der jeweiligen Wohnsituation;
4. Übertragung der Erkenntnisse auf kommunale Teilräume;
5. Ergänzung der Erhebungen um kommunalstatistische Daten und um weitere Sekundärquellen.

Im Ergebnis erhält man so genannte Wohnprofile, mit denen das Wohnverhalten hinsichtlich Wohnung und Wohnumfeld erfasst wird.

Bei diesem Projekt werden schließlich Verallgemeinerungen auf die Zielgruppen an anderen Standorten dadurch getroffen, indem unterstellt wird, dass bei ähnlichen räumlichen Merkmalen (Wohnlage, Hausgröße, Bauzustand etc.) die gleichen Zielgruppen anzutreffen sind. Die Erhebungen basieren auf der Erfassung von 17,5 Millionen Adressen, zu denen jeweils mehr als 80 Einzeldaten erfasst werden. Anhand von Stichproben wird schließlich empirisch überprüft, ob die Schlussfolgerungen auf die anzutreffenden Zielgruppen in den Gebieten, auf welche diese übertragen wurden, sich als richtig erweisen. Die Treffsicherheit wird mit 85 bis 90 Prozent angegeben.

Diese Herangehensweise ist besonders interessant für gezielte Werbekampagnen anderer Branchen. Wenn bekannt ist, welche Zielgruppen in welchen Quartieren wohnen, können diese gezielt angesprochen werden. Darüber hinaus lassen sich Schlussfolgerungen auf Stadtentwicklungsprozesse als Voraussetzung für deren aktive Gestaltung durch die Kommune ziehen.

Lebensstilbasierte Immobilientypologie der GfK[90]

Die lebensstilbasierte Immobilientypologie beinhaltet eine direkte Anwendung der Erkenntnisse aus der Lebensstilforschung der GfK in Bezug auf die Wohnsituation und auf Wohnpräferenzen. Die Zielgruppen wurden anhand einer Clusteranalyse nach folgenden Segmentierungskriterien gebildet:

90 vgl. Peichl, Thomas: Die lebensstilbasierte Immobilientypologie der GfK, Vortragsunterlagen

- Konsum (Verbraucherverhalten),
- Kultur (Medien),
- Politik (Wahlverhalten und Überzeugungen),
- Gesellschaft (soziale Verbundenheit, Identifikation mit gesellschaftlichen Werten),
- Beruf (Bedeutung von Karriere, Ansprüche an die berufliche Tätigkeit),
- Privatleben (Lebensziele, Bedeutung von Familie und von Freizeit).

Die auf dieser Grundlage ermittelten Zielgruppen wurden zu folgenden wohnspezifischen Kriterien befragt:

- bevorzugte Wohnformen (Art des Hauses und der Wohnung),
- gewünschte Einrichtungen im Wohnumfeld,
- Planungen zum Haus- oder Wohnungskauf,
- familiäre und finanzielle Situation,
- Werte, Ziele, Freizeitpräferenzen,
- Einrichtungsstil,
- Form-, Farb- und Stilpräferenzen,
- Kommunikations- und Medienpräferenzen.

Im Ergebnis der Befragungen entwickelte die GfK die lebensstilbasierten Immobilientypologien. Mit diesen wurde erarbeitet, welche Zielgruppen welche Wohnsituation nach Eigentumsform, Größe und Ausstattung sowie nach Lagemerkmalen bevorzugen. Damit werden empirische Erkenntnisse für die Schaffung zielgruppenspezifischer Wohnraumangebote gewonnen.

Interessant ist die lebensstilbasierte Immobilientypologie darüber hinaus für die Erfassung von Zielgruppen in kleinräumlichen Abgrenzungen. Auch hier wird der Weg wie im Forschungsprojekt „WohnWissen" beschritten und werden die lebensstilbasierten Indikatoren auf die räumliche Ansiedlung (Lage- und Gebäudemerkmale) übertragen. Auf dieser Grundlage gelangt man zu Aussagen über lebensstiltypische Wohnlagen. Im Umkehrschluss lassen sich diese Erkenntnisse auf andere Gebiete mit vergleichbaren Merkmalen übertragen. Damit kann auf kleinräumlicher Ebene ermittelt werden, welche Zielgruppen primär in welchen Lagen ansässig sind.

Die methodische Herangehensweise einschließlich der verwendeten Datenmengen durch die GfK lässt keine Zweifel an der Validität der gewonnenen Erkenntnisse. Dennoch stellt sich die Frage, ob nicht Wohnraumanbieter anhand von Lage- und Ausstattungsmerkmalen und sich daraus ergebenden Preisdifferenzierungen zu ähnlichen Schlussfolgerungen gelangen könnten. Empirisch nachvollziehbare Segregations- und Gentrifikationsprozesse sind schließlich Ausdruck der differenzierten Zielgruppen im Spannungsfeld zwischen „Illusion“ (Zielgruppen, die materiellen Werten einen hohen Stellenwert einräumen und sich primär über diese identifizieren) und „Realität“ (Zielgruppen, die postmaterialistische Werte präferieren, aufgrund der Tatsache, dass die materiellen Bedürfnisse weitgehend befriedigt sind). Tendenziell korrespondieren „Illusion“ und „Realität“ mit den kulturellen und mit den materiellen Ressourcen, d.h. mit dem jeweiligen Bildungs- und Einkommensniveau. Die Zielgruppen, die offen für neue Herausforderungen sind (Wandel) oder ein hohes Sicherheitsbedürfnis haben (Beständigkeit)[91], korrespondieren einerseits mit dem Alter der Zielgruppe und andererseits mit der konkreten Haushaltsform. Offenheit für Veränderungen („Wandel“) ist in der Regel bei jungen Menschen stärker ausgeprägt als bei älteren. Haushaltsformen, in denen nur für sich allein oder maximal für zwei Personen Verantwortung übernommen werden muss, können auf Veränderungen und neue Herausforderungen anders reagieren als Haushaltsformen, bei denen die Bedürfnisse mehrerer Personen unterschiedlicher Generationen berücksichtigt werden müssen.

Für die Aufwandsminimierung der Zielgruppenbildung ist es naheliegend, nach einem pragmatischen und damit praktikablen Ansatz für den Wohnraumanbieter zu suchen.

Ein solcher Ansatz wurde durch das iSt. Institut für immobilienwirtschaftliche Studien Leipzig entwickelt.

Pragmatischer Ansatz zur Klassifizierung von Zielgruppen in der Wohnungswirtschaft

Mit diesem Ansatz wird eine Variante der Zielgruppensegmentierung vorgeschlagen, die es dem Akteur am Wohnungsmarkt ermöglicht, eigenständig die Nutzerzielgruppen zu erfassen. Dieser Ansatz stützt sich primär auf „harte“, d.h. quantifizierbare Indikatoren. Damit dominieren bei diesem pragmatischen Ansatz die sozio-demographischen Indikatoren. Dass diese durchaus als Entscheidungsgrundlage für eine Zielgruppenbildung dienen können, wurde sowohl in der Studie von Schneider/Spellerberg als auch in der Studie „Wohnen in der Innenstadt – eine Renaissance?“[92] dokumentiert.

91 vgl. Abschnitt 2.2.1 Varianten der Zielgruppenbildung
92 vgl. Brühl, Hasso; Echter, Claus-Peter; Fröhlich v. Bodelschwingh, Franziska; Jekel, Gregor

Aus der Kombination der sozio-demographischen Indikatoren Alter, familiäre Situation und verfügbare materielle und kulturelle Voraussetzungen lässt sich das nachstehende dreidimensionale Modell entwickeln.

Abbildung 2–20: Matrix für den pragmatischen Ansatz der Zielgruppenbildung

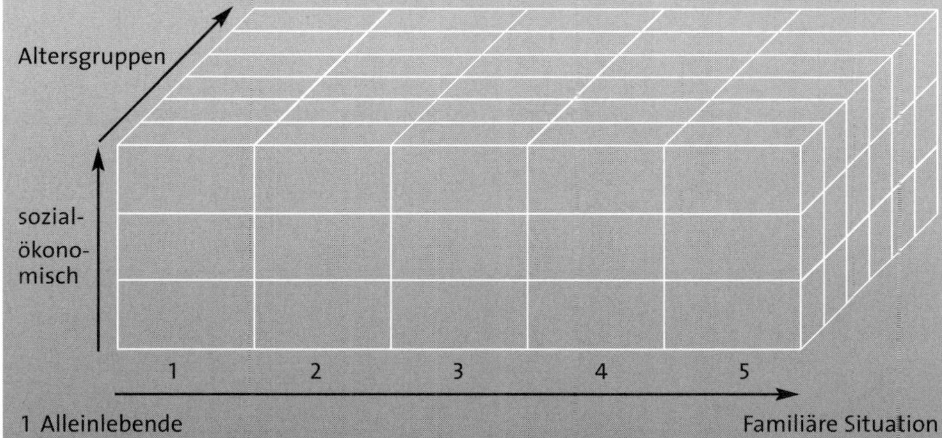

1 Alleinlebende
2 Alleinerziehende mit Kind/ern
3 Familien mit Kind/ern
4 Kinderlose Paare
5 Paare mit Kind/ern, das/die bereits ausgezogen ist/sind

Nach diesem Modell würden sich bei Einbeziehung von sechs Altersgruppen (20 bis 30 Jahre, 31 bis 40 Jahre, 41 bis 50 Jahre, 51 bis 60 Jahre, 61 bis 70 Jahre, über 70 Jahre), drei Schichten zur sozialökonomischen Situation und fünf verschiedenen familiären Situationen theoretisch gesehen 90 Zielgruppen ergeben. In der Realität dürfte die Zahl der Zielgruppen wesentlich geringer ausfallen, da die konkrete familiäre Situation häufig unmittelbar mit bestimmten Altersgruppen korrespondiert. Aus diesem Grunde wird das folgende zweidimensionale Modell zur pragmatischen Zielgruppenbildung bevorzugt.

Abbildung 2–21: Zielgruppenbildung in der Studie des iSt. Institut für immobilienwirtschaftliche Studien

Alter / Fam. Situation	20–30	31–40	41–50	51–60	61–70	Über 70
Allein-lebend	Single 1	Single 2	Single 2	Single 50+	Single 50+	Oldies
Allein mit Kind	Kleinst-familie	Kleinst-familie	Kleinst-familie			Oldies
Paare mit Kind	Tradition. Familie	Tradition. Familie	Tradition. Familie			Oldies
Paare ohne Kind	Dinks	Dinks	Dinks	Empty Nesters	Empty Nesters	Oldies
Paare mit bereits ausgez. oder ohne Kind				Empty Nesters	Empty Nesters	Oldies

Die Kombination von Alter und familiärer Situation führt zu folgenden Zielgruppen:

1. „Single 1" – Alleinlebende bis ca. 30 Jahren
2. „Single 2" – Alleinlebende zwischen 31 und 50 Jahren
3. „Kleinstfamilien" – Alleinerziehende mit Kind/ern bis 50 Jahren
4. „Traditionelle Familien" bis 50 Jahren
5. „Kinderlose Paare" bis 50 Jahren – Dinks (double income no kids)
6. „Empty Nesters" – Paare ohne Kinder oder bei denen die Kinder bereits ausgezogen sind ab 50 Jahren bis 70 Jahren
7. „Single 50+" – Alleinlebende zwischen 51 und 70 Jahren
8. „Oldies" Alleinlebende und Paare ab 70 Jahren

Die Altersgrenze bis 50 Jahre wurde aus drei Gründen gewählt. Der erste Grund besteht in den relativ langen Ausbildungszeiten von Kindern. In der Regel wird sich die familiäre Situation erst im Alter der Eltern ab 50 Jahre verändern.

Der zweite Grund besteht in der Wahrscheinlichkeit, dass ab diesem Zeitpunkt gegenwärtig kaum noch mit einem Arbeitsplatzwechsel zu rechnen ist.

Der dritte Grund wird in der vermutlich relativ stabilen Schichtenzugehörigkeit dieser Altersgruppe gesehen.

Die hier genannten Zielgruppen müssen dann nach den jeweiligen materiellen und kulturellen Ressourcen differenziert werden.

Die zur Zielgruppenbildung notwendigen Indikatoren sind entweder im Zuge der Vermietung in einer Nutzer-/Mieterdatei verfügbar oder können vergleichsweise einfach über Befragungen erhoben werden. Auf dieser Grundlage können dann die Zielgruppen empirisch gebildet und die konkrete Wohnsituation und die Wohnvorstellungen pro Zielgruppe erfasst werden.

Diese Herangehensweise wurde bei der Studie des iSt. Institut für immobilienwirtschaftliche Studien im Jahre 2004 in Leipzig praktiziert.

In der Studie wurden insgesamt und pro Zielgruppe folgende Fragestellungen zum Wohnen erfasst:

a. Wohnungsgrößen in Gegenüberstellung von Ist-Situation und von Wohnvorstellungen;
b. Wohnkosten in Gegenüberstellung von Ist-Situation und Wohnvorstellungen;
c. Umzugswilligkeit;
d. Wohnvorstellungen nach der Wohnlage;
e. Wohnvorstellungen nach der Objektart;
f. Wunsch nach Eigentumsbildung;
g. Präferenzen in den Ausstattungskriterien;
h. Nachfrage nach Wohndienstleistungen;
i. Wohnzufriedenheit – Vorzüge und Nachteile der bewohnten Wohnung;
j. Stellenwert des Wohnens.

Im Ergebnis ließen sich folgende zusammenfassende Auswertungen zu den Wohnanforderungen der Zielgruppen konstatieren. Dabei beziehen sich alle Angaben auf Erhebungen in Leipzig im Jahr 2003:

„Single 1"

Diese Zielgruppe der Alleinstehenden bis 30-Jährigen bevorzugt Zweiraumwohnungen zwischen 51 und 70 m^2, gefolgt von Einraumwohnungen bis 51 m^2. Die Nachfrage nach preiswertem Wohnraum bis 400 Euro monatlich dominiert. Dabei richtet sich die Nachfrage in erster Linie auf sanierte Altbauwohnungen in Zentrumsnähe. Bei den Ausstattungs- und Wohnumfeldkriterien wird, neben den von allen Zielgruppen genannten Küchen mit Fenstern sowie Einkaufsmöglichkeiten, besonderer Wert auf Bad mit Wanne und Fenster gelegt. Wohndienstleistungen spielen bei dieser Zielgruppe die geringste Rolle. Von den Befragten äußerten 55 Prozent kein Interesse daran. Dafür rangiert die Originalität der Wohnung bei 58 Prozent der Befragten an erster Stelle. Mit „flippigen" Angeboten kann man möglicherweise diese Zielgruppe erreichen.

„Single 2"

Mit dieser Zielgruppe werden die Alleinstehenden zwischen 30 und 50 Jahren erfasst. Von ihr werden ebenfalls Zweiraumwohnungen zwischen 51 und 70 m^2 bevorzugt, gefolgt von Dreiraumwohnungen dieser Größenordnung. Zwei Drittel der Befragten sind bereit, bis 400 Euro monatlich fürs Wohnen auszugeben, ein Drittel würde bis 600 Euro ausgeben, nur ein geringer Anteil (8 Prozent) mehr. Diese Zielgruppe präferiert das Wohnen in einer neuen, modernen Wohnung (53 Prozent), gefolgt vom sanierten Altbau (30 Prozent). Die Stadtrandlage wird von 53 Prozent der Befragten favorisiert. Jedoch gaben auch mehr als ein Drittel als bevorzugte Wohnlage die Zentrumsnähe an. Die Nähe von Grünflächen und Parks sind für 61 Prozent der Befragten sehr wichtig. Hinsichtlich der Wohndienstleistungen hat diese Zielgruppe gemäß Befragung neben den „Empty Nesters" noch das größte Interesse. Dabei stand die Briefkastenleerung bei Abwesenheit an erster Stelle nachgefragter Dienstleistungen. Mit der Wohnung will diese Zielgruppe vor allem ihre soziale Stellung zum Ausdruck bringen (55 Prozent). Außerdem muss die Wohnung primär zweckmäßig sein (55 Prozent). Konventionelle Wohnungen in Lagen zwischen Zentrumsnähe und Stadtrand sind primär gefragt.

„Kleinstfamilie"

Diese Zielgruppe umfasst die Alleinerziehenden bis 50 Jahre. In der Nachfrage dominieren kleine Dreiraumwohnungen zwischen 51 und 70 m^2. Bei 45 Prozent dieser Zielgruppe gehören drei und mehr Personen zum Haushalt, aber 60 Prozent haben nur ein monatliches Haushaltsnettoeinkommen von bis zu 1.000 Euro zur Verfügung. Insofern überrascht die Nachfrage nach relativ kleinen Wohnungen nicht. Von den Befragten wollen oder können 40 Prozent maximal 400 Euro monatlich und 51 Prozent maximal 600 Euro für das Wohnen ausgeben. Die Umzugswilligkeit ist bei dieser Zielgruppe am stärksten ausgeprägt. Immerhin haben sich 82 Prozent der Befragten schon mit dem Gedanken getragen, aus der jetzigen Wohnung auszuziehen. An erster Stelle wurde als Grund der Mietpreis angegeben. Mehr als die Hälfte bevorzugt eine neue, moderne Wohnung und wünscht, in einer Stadtrandlage zu wohnen. Oberste Priorität in den Ausstattungs- und Wohnumfeldkriterien haben ein Bad mit Wanne, die Anbindung an öffentliche Verkehrsmittel, Kindergarten und Schule sowie Grünflächen und Parks in der Nähe. An Wohndienstleistungen besteht ein eher geringes Interesse. An einer Gästewohnung (Wohnung zur preiswerten zeitweiligen Unterbringung von Verwandten und Freunden, die zu Besuch sind) bekunden 20 Prozent der Befragten Interesse. Offensichtlich spielt sich bei dieser Zielgruppe die Freizeitgestaltung bevorzugt zu Hause ab. Der Feststellung: „Ich bin am liebsten zu Hause. Schon deswegen ist mir meine Wohnung sehr wichtig“ stimmten 61 Prozent der Befragten zu. Diese Aussage dominiert bei dieser Zielgruppe bei der Frage nach dem Stellenwert des Wohnens.

„Traditionelle Familie“

Diese Zielgruppe fragt primär Wohnungsgrößen zwischen 71 und 90 m² mit vier Zimmern nach. Hier besteht offensichtlich eine Diskrepanz zwischen Angebot und Nachfrage, denn 42 Prozent wohnen in Dreiraumwohnungen, aber nur 25 Prozent wünschen das. Was die Ausgaben für das Wohnen betrifft, besteht eine relative Gleichverteilung zwischen Ist-Situation und den Vorstellungen. Es dominieren Ausgaben bis 600 Euro monatlich. Jedoch sind auch 20 Prozent der Befragten bereit, für Wohnen 800 Euro oder mehr monatlich auszugeben. Die Umzugswilligkeit ist bei dieser Zielgruppe die zweithöchste. Fast drei Viertel der Befragten haben sich bereits mit dem Gedanken getragen, aus der jetzigen Wohnung auszuziehen. Bevorzugt werden Wohnungen im sanierten Altbau in Stadtrandlage, gefolgt von neuen, modernen Wohnungen in Zentrumsnähe. Im Vergleich aller Zielgruppen äußerte diese mit 38 Prozent am häufigsten den Wunsch nach Wohneigentum. Bevorzugte Wohnumfeld- und Ausstattungskriterien sind (neben Küche mit Fenster und Einkaufsmöglichkeiten) die Anbindung an öffentliche Verkehrsmittel, Kindergarten und Schulen in der Nähe, Balkon bzw. Terrasse, Bad mit Fenster und Wanne sowie Grünflächen und Parks in Wohnungsnähe. Wohndienstleistungen sind von untergeordneter Bedeutung. Die Gästewohnung stößt mit 20 Prozent Zustimmung durch die Befragten noch auf die größte Resonanz. Die Wohnungen der Zielgruppe müssen vor allem den sozialen Status zum Ausdruck bringen und zweckmäßig sein. Ausdruck der Sehnsucht nach Rückzug ist, dass 57 Prozent der Befragten der Aussage „My home is my castle" zustimmen.

„Empty Nesters"

Mit dieser Zielgruppe wurden Paare zwischen 50 und 70 Jahren erfasst, bei denen die Kinder bereits ausgezogen sind oder die keine Kinder hatten. Bevorzugt werden kleinere Dreiraumwohnungen zwischen 51 und 70 m^2. Dabei besteht die überwiegende Bereitschaft, bis 600 Euro monatlich für Wohnen auszugeben. Bevorzugt werden neue, moderne Wohnungen in Stadtrandlage mit Anbindung an öffentliche Verkehrsmittel sowie Balkon bzw. Terrasse. Im Vergleich zu den anderen Zielgruppen bestand bei dieser Gruppe Interesse an Wohndienstleistungen. Von den Befragten bekundeten 31 Prozent Interesse an der Briefkastenleerung bei Abwesenheit, 30 Prozent an einer Gästewohnung und 23 Prozent an der Versorgung der Pflanzen bei Abwesenheit. Die Wohnung dieser Zielgruppe muss gleichermaßen Ausdruck des sozialen Status wie zweckmäßig sein (68 Prozent).

„Single 50+"

Die quantitative Nachfrage dieser Zielgruppe umfasst Zweiraumwohnungen zwischen 51 und 70 m^2. Die Nachfrage nach preiswerten Wohnungen dominiert. Von den Befragten waren 84 Prozent bereit, maximal 400 Euro für das Wohnen auszugeben. Bei dieser Zielgruppe war die Nachfrage nach preiswerterem als dem momentan genutzten Wohnraum recht ausgeprägt. Die Umzugswilligkeit war bei dieser Gruppe im Vergleich zu den meisten anderen Zielgruppen mit 51 Prozent geringer. Auch diese Zielgruppe bevorzugt eine neue moderne Wohnung (51 Prozent), gefolgt von einer sanierten Altbauwohnung (44 Prozent). Mehr als die Hälfte der Befragten wünscht eine Wohnung in Zentrumsnähe (55 Prozent). Anbindung an öffentliche Verkehrsmittel und Balkon bzw. Terrasse haben neben Einkaufsmöglichkeiten sowie Küche mit Fenster oberste Priorität. Was die Wohndienstleistungen betrifft, hat ein Viertel der Befragten Interesse an der Briefkastenleerung bei Abwesenheit. Jedoch äußerten 48 Prozent kein Interesse an jeglichen Wohndienstleistungen. Für diese Zielgruppe muss die Wohnung gleichermaßen zweckmäßig sein wie auch den sozialen Status zum Ausdruck bringen.

„Oldies“

Die älteste Zielgruppe bevorzugt Zweiraumwohnungen zwischen 51 und 70 m^2. Obwohl diese Zielgruppe in vergleichsweise guter Einkommenssituation lebt (nahezu zwei Drittel der Befragten haben ein monatliches Haushaltsnettoeinkommen zwischen 1.001 und 2.000 Euro bei Haushaltsgrößen von 1 bis maximal 2 Personen), dominiert die Bereitschaft, bis maximal 400 Euro für das Wohnen auszugeben (59 Prozent). Jedoch sind auch mehr als ein Drittel bereit, bis 600 Euro monatlich auszugeben. Die Umzugswilligkeit ist bei dieser Zielgruppe mit nur 28 Prozent die geringste. Zwei Drittel der Befragten wünschen eine neue, moderne Wohnung am Stadtrand. Die Anforderungen an Ausstattungs- und Wohnumfeldkriterien sind bei dieser Zielgruppe am geringsten. Neben Einkaufsmöglichkeiten und einer Küche mit Fenster dominiert der Wunsch nach Anbindung an öffentliche Verkehrsmittel.

Die Zielgruppe der „Dinks“ (double income no kids) wurde aufgrund des geringen Stichprobenumfangs von nur 33 Befragten in die Auswertung nicht mit einbezogen.

Mit der vorliegenden Studie konnten für Wohnraumanbieter Orientierungen zum zielgruppenspezifischen Wohnraumangebot gegeben werden. Die empirischen Erhebungen lassen sich prinzipiell auf alle Wohnstandorte in Deutschland anwenden. Signifikante Unterschiede dürften mit hoher Wahrscheinlichkeit eher die Höhe der Mietbelastung aufgrund der regionalen wirtschaftlichen Unterschiede betreffen, weniger jedoch die qualitativen Wohnraumanforderungen.

Selbstverständlich ist eine laufende Fortschreibung von empirischen Erhebungen unabdingbar, um zielgruppenadäquate Wohnraumangebote entwickeln und anbieten zu können. Wohnraumanforderungen korrespondieren unmittelbar mit der wirtschaftlichen und mit der kulturell-sozialen Entwicklung. Je schneller sich hier Veränderungen vollziehen, desto schneller verändern sich auch die Zielgruppen und deren konkrete Anforderungen an das Wohnen.

2.2.3 Wohnformen

2.2.3.1 Systematisierung der Wohnformen

Mit den differenzierten zielgruppenspezifischen Wohnraumanforderungen erlangte das Thema der Wohnformen an Bedeutung. Mittlerweile existieren zahlreiche Publikationen, die sich mit den verschiedenen Wohnformen auseinandersetzen[93]. Auffällig bei diesen Publikationen ist, dass zwar mit dem Begriff „Wohnform“ gearbeitet wird, jedoch nicht definiert wird, was darunter zu verstehen ist. Droste/Hoffmann überschreiben ihre Publikation mit „Wohnformen und Lebenswelten im interkulturellen Vergleich“. Unter dieser Überschrift sind ganz unterschiedliche Themenstellungen aus historischer, architektonischer, soziologischer und ethnischer Sicht angesiedelt. Flade schreibt unter der Überschrift Wohnformen: „Das Spektrum der Wohnformen vervielfacht sich noch dadurch, dass sich die Unterschiede auf die Wohnung, das Wohngebäude und die Wohnsiedlung beziehen können. Das Spektrum erweitert sich noch zusätzlich, wenn außer den objektiven Merkmalen auch noch berücksichtigt wird, wie diese wahrgenommen und bewertet werden.“[94] Unterschiedliche Wohnformen werden in den weiteren Ausführungen mit unterschiedlichen Haus- und Siedlungstypen begründet. Wie die Autorin den Begriff Wohnformen definiert, wird nicht ersichtlich.

Unter der Überschrift „Alternative Wohnformen“ veröffentlichte das Bayerische Staatsministerium des Inneren eine Publikation, in deren Unterüberschrift von Wohnmodellen die Rede ist. Eine inhaltliche Abgrenzung zwischen Wohnformen und Wohnmodellen erfolgt nicht. Der Inhalt der Publikation umfasst Architekturbeispiele im Zusammenhang mit dem Thema Wohnen.

An den wenigen Beispielen wird deutlich, dass der Begriff Wohnform zwar häufig verwendet, jedoch regelmäßig mit unterschiedlichen Inhalten belegt wird. Aus diesem Grunde besteht die Notwendigkeit, diesen Begriff zu definieren. Erst auf dieser Grundlage lassen sich dann die Wohnformen systematisieren.

Für die Definition wird vom Begriff „Form“ ausgegangen. Umgangssprachlich wird unter der Form die Erscheinungsform eines Gegenstandes verstanden.

93 vgl. Droste, Magdalena; Hoffmann, Adolf (Hrsg.); Flade, Antje; Bayerisches Staatsministerium des Inneren (Hrsg.)
94 vgl. Flade, Antje, S. 35

In der Philosophie existieren unterschiedliche Definitionsansätze für diesen Begriff. Aristoteles geht vom untrennbaren Zusammenhang zwischen äußerer Form und Material aus. Erst die Verbindung von Form und Materie ergebe konkret Seiendes[95]. In einem anderen philosophischen Ansatz werden Form und Struktur synonym verwendet. Die Form eines Gegenstandes oder eines Sachverhaltes ergibt sich aus der Struktur der einzelnen Elemente, d.h. aus der Gesamtheit der Beziehungen, die zwischen den Elementen eines Systems bestehen. Die Form beinhaltet somit ein Strukturgefüge. Diese Überlegung bedingt, dass aus einzelnen Strukturmerkmalen auf eine bestimmte Form geschlossen werden kann.

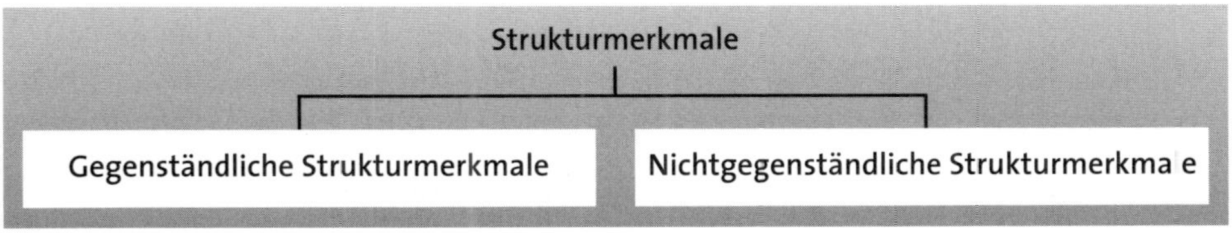

Wird diese Überlegung auf das Wohnen übertragen, lassen sich Wohnformen aus unterschiedlichen Strukturmerkmalen ableiten. Diese Strukturmerkmale können gleichermaßen gegenständlich oder nichtgegenständlich sein.

Gegenständliche Strukturmerkmale betreffen die Immobilie bzw. die Wohnung.

Nicht gegenständliche Strukturmerkmale umfassen rechtliche und zwischenmenschliche Formen, die das Wohnen bestimmen bzw. beeinflussen.

Bei den gegenständlichen Strukturmerkmalen lässt sich nochmals zwischen „äußeren" und „inneren" Merkmalen unterschieden. Innere Strukturmerkmale betreffen die Merkmale, wodurch die Form einer Wohnung geprägt wird. Äußere Strukturmerkmale spiegeln die äußere Form der Wohnung bzw. der Immobilie wider.

95 vgl. Prechtl, Peter; Burkhard, Franz-Peter (Hrsg.), S. 179f.

Abbildung 2–22: Systematisierung der Strukturmerkmale des Wohnens

Gegenständliche Strukturmerkmale		Nichtgegenständliche Strukturmerkmale
„äußere“ Strukturmerkmale	„innere“ Strukturmerkmale	
Architektonische Merkmale	Grundrissgestaltung (z.B. hierarchisch, nicht hierarchisch, nach Feng Shui)	Rechtsform der Wohnnutzung (Mieter, Nutzer, Eigentümer)
Baustil	Wohnungsgröße	Formen des Zusammenlebens in der Wohnung (z.B. allein, als Paar, als Familie, als Wohngemeinschaft)
Bauzustand	Wohnraumgrößen	Formen des Zusammenlebens im Quartier (z.B. „Gated Communities“, Formen des betreuten Wohnens)
	Ausstattungsmerkmale (Wohnkomfort, technische Ausstattung)	
	Ausstattungsqualität	

Die Wohnformen sind damit so vielfältig wie die Strukturmerkmale, nach denen diese gebildet werden. In Abhängigkeit vom konkreten Untersuchungsgegenstand kann demnach zwischen ganz unterschiedlichen Wohnformen unterschieden werden.

Anhand der vorgenommen Systematisierung nach den Strukturmerkmalen lassen sich folgende differenzierte Wohnformen abbilden:

Nach den gegenständlichen „äußeren“ Strukturmerkmalen können Wohnformen nach der Art des Gebäudes hinsichtlich Alter, Bauzustand und typischer oder atypischer baulicher Hülle für das Wohnen differenziert werden. Die Unterscheidung zwischen „typischer“ und „atypischer Hülle“ resultiert aus dem ursprünglichen Nutzungszweck der Immobilie. Die „typische bauliche Hülle“ umfasst alle Immobilien, die ausschließlich für Wohnzwecke geplant und realisiert wurden. „Atypische bauliche Hüllen“ für das Wohnen umfassen all jene Immobilien, die ursprünglich nicht oder nicht ausschließlich für Wohnzwecke genutzt wurden, bzw. Wohnformen, die sich in ihrer baulichen Gestalt maßgeblich vom typischen Geschosswohnungsbau unterscheiden.

„Typische bauliche Hülle" für das Wohnen

- Wohnen im Einfamilienhaus, Doppelhaus oder Reihenhaus,
- Wohnen im Geschosswohnungsbau (von geringer Geschosshöhe bis hin zum Wohnhochhaus),

„Atypische bauliche Hülle" für das Wohnen

- Wohnen im Industriegebäude – Loft,
- Wohnen in Schlössern,
- Wohnen in Mühlen,
- Wohnen in Türmen,
- Wohnen im Erdreich (Höhlen und Erdhäuser),
- Wohnen auf dem Wasser,
- Wohnen in Mobilien.

Nach den gegenständlichen „inneren" Strukturmerkmalen können die Wohnformen nach unterschiedlichen Qualitäten im Ausstattungsumfang und -niveau differenziert werden.

- Qualitativ höhere Wohnformen,
- Qualitativ durchschnittliche Wohnformen,
- Qualitativ geringere Wohnformen.

Die Differenzierung der **Wohnformen nach nichtgegenständlichen Strukturmerkmalen** betrifft die Entscheidungsmöglichkeiten der Nutzung der Wohnung durch die Bewohner und der Formen des Zusammenlebens in der Wohnung.

- Wohnen im eigenen Haus oder in der eigenen Wohnung,
- Wohnen in der genossenschaftlichen Wohnung,
- Wohnen in der Mietwohnung,
- Wohnen in einer Wohngemeinschaft,
- Wohnen im Wohnheim.

Die nichtgegenständlichen Strukturmerkmale der Wohnformen werden durch die gegenständlichen Strukturmerkmale beeinflusst. So besteht ein nachweisbarer Unterschied in der Kommunikation zwischen Bewohnern abhängig davon, ob sie vergleichsweise anonym in Wohnhochhäusern oder in Häusern mit geringer Geschosshöhe und weniger Wohnungen wohnen. Die gegenständlichen Merkmale beeinflussen somit das soziale Verhalten der Bewohner. Soziales Verhalten und bauliche Rahmenbedingungen korrespondieren miteinander.

Die weiteren Ausführungen konzentrieren sich auf die gegenständlichen „äußeren" Strukturmerkmale und insbesondere auf die atypischen baulichen Hüllen für das Wohnen. Es soll ein Überblick über deren Verbreitung gegeben werden. Dabei wird versucht, einen Zusammenhang zwischen Wohnformen und Zielgruppen herzustellen.

2.2.3.2 Darstellung ausgewählter Wohnformen in „atypischen baulichen Hüllen"

Wohnen in Industriegebäuden – Wohnen in Lofts[96]

Wörtlich übersetzt bedeutet Loft Speicher oder Dachboden. Inhaltlich wird darunter das Wohnen in vormals industriell genutzten Immobilien verstanden.

Vorläufer dieser Wohnform bildeten die Atelierräume der Künstler in der Mitte des 19. Jahrhunderts in Paris. Industriegebäude, die für Handwerk und Kleinindustrie, Druckereien und Kartonagehersteller errichtet wurden, bildeten für Künstler interessanten und preiswerten Raum zum Arbeiten und zum Wohnen. Die Gebäude mit hohen Fenstern und Dachfenstern, die nach Norden ausgerichtet waren, wurden von Malern genutzt. Die darunter liegenden Flächen wurden von Bildhauern und Steinmetzen aufgrund der schweren Materialien in Anspruch genommen. In dieser sehr frühen Phase der Loft-Entstehung dominierte die Nutzung für künstlerische Arbeiten. Das Wohnen wurde mehr aus finanzieller Not in diese Räumlichkeiten integriert.

Vorwiegend für Wohnzwecke wurden ehemalige Industriegebäude erstmalig in den vierziger Jahren des 20. Jahrhunderts in Soho in Manhattan umgenutzt. Später kamen Fabrik- und Lagerhallen in den Hafenvierteln von Boston und London hinzu. Zunächst dominierten bei der Nutzung auch hier Berufsgruppen mit künstlerischer Tätigkeit. Die Verbindung von Arbeit und Wohnen war gegeben. Teilweise wurden die leer stehenden Fabrik- und Lagergebäude illegal genutzt. Die Ausstattung war für Wohnzwecke spartanisch. Die Infrastruktur der Umgebung war ebenso wenig auf Wohnzwecke ausgerichtet wie die Immobilie an sich. Die Attraktivität dieser Form des Wohnens resultierte allein aus der Flächengröße und den daraus resultierenden großzügigen Nutzungsmöglichkeiten sowie der bewussten Abgrenzung

96 vgl. Slesin Suzanne; Stafford, Cliff; Rozensztroch, Daniel

von der bürgerlichen Gesellschaft. Beschränkte sich die Nutzergruppe der Lofts zunächst auf die bereits erwähnten Künstler, stieß diese Wohnform ab den siebziger Jahren auf ein breiteres Interesse. „Anfang der siebziger Jahre wurden die Lofts von den im gleichen Viertel arbeitenden Angehörigen der eher traditionell denkenden Mittelschicht entdeckt, die nun den Raum, die neue Art zu wohnen, die Lage und Exklusivität der Lofts zu schätzen begann."[97]

Mittlerweile haben sich Lofts als Wohnangebot nachhaltig etabliert und werden nicht nur von Individualisten nachgefragt. Vielmehr entwickelten sich Lofts zu einer Wohnform, mit der dem steigenden Bedürfnis der Weite und Freiheit entsprochen werden soll. Insofern reicht die Zielgruppe der Loft-Nachfrager von Künstlern über Studenten und Berufseinsteigern bis hin zu bereits beruflich etablierten Gruppen. Das Angebotsspektrum in Qualität, Ausstattung und damit auch Preisniveau ist sehr differenziert, wobei tendenziell, vor allem in wirtschaftlich prosperierenden Regionen, das Hochpreisniveau dominiert.

Die Verbreitung von Lofts erhielt einen weiteren Aufschwung mit dem Rückgang benötigter Produktionsflächen im Zuge des wirtschaftlichen Strukturwandels und mit der Verlagerung von Produktionsflächen in logistisch günstigere Stadtrandlagen. Flächenpotenziale hierfür bestehen gegenwärtig vor allem in den neuen Bundesländern, in denen sich nach der Wiedervereinigung der beiden deutschen Staaten ein massiver wirtschaftlicher Strukturwandel vollzog. Die zur Verfügung stehenden Industriegebäude befinden sich vorwiegend in gewachsenen Stadtlagen. Damit ist die für Wohnzwecke gewünschte Infrastruktur mit Nahverkehrsanbindung, Einkaufsmöglichkeiten, gastronomischen Einrichtungen sowie Schulen und Kindertagesstätten in der Regel gegeben.

Den Vorteilen der Lofts mit individueller Nutzungs- und Gestaltungsmöglichkeit stehen die Nachteile in Form hoher Betriebskosten, insbesondere Heizkosten aufgrund der Raumhöhe und eingeschränkter oder fehlender Rückzugsmöglichkeit aufgrund fehlender räumlicher Untergliederung entgegen. Insofern dominieren bei den Nachfragern nach Loftwohnungen Single- oder Zwei-Personen-Haushalte mit tendenziell überdurchschnittlicher Einkommenssituation.

97 ebenda, S. 1

Foto 2: Lofts

In einer empirischen Erhebung des iSt. Institut für immobilienwirtschaftliche Studien in Leipzig im Jahre 2003 (publiziert 2004) zeigten nur jeweils fünf Prozent der befragten Single-Haushalte zwischen 20 und 30 Jahren und zwischen 30 und 40 Jahren Interesse an dieser Wohnform. Alle anderen befragten Zielgruppen äußerten nicht den Wunsch, in einem Loft zu wohnen. Die Nachfrage hat sich zwar mittlerweile nachhaltig auf dem Wohnungsmarkt etabliert, wird aber dennoch nur einen ausgewählten Teil von Wohnungsnachfragern ansprechen. Ein wesentliches Motiv für die Nachfrage nach dieser Form des Wohnens liegt in der Repräsentationsfunktion des Wohnens. Das heißt, dass mit der Wahl dieser Wohnform ein offener und moderner Lebensstil dargestellt werden kann. Damit bildet das Wohnen in Lofts eine Möglichkeit für die Herstellung von synchroner Identität, d.h. der Kommunikation der Zugehörigkeit zu einer bestimmten, vorwiegend jüngeren, scheinbar oder tatsächlich beruflich erfolgreichen und ökonomisch bessergestellten Schicht.

Wohnen in Schlössern

Die historische Entwicklung Deutschlands mit der Zersplitterung in eine Vielzahl von Kleinstaaten hatte die Entstehung einer Vielzahl von Schlössern zur Folge. Jeder Kleinstaat hatte einen eigenen König oder Fürst mit adäquatem Regierungs- und Wohnsitz und dazu gehörigen Landsitzen. Die heutige Nutzung dieser Immobilien reicht von Museen über Hotels, Wohnheimen bis hin zur Nutzung als Wohnung. Der Vorzug dieser Wohnform besteht in der ruhigen Lage. Weiter von Vorteil ist die Grünlage. Regelmäßig sind die Schlösser in Parkanlagen eingebettet oder befinden sich am Rande davon.

Auch das Wohnen in Schlössern ist repräsentativ. Die hohen Räume mit Stuckverzierungen verleihen dieser Wohnform ein besonderes Ambiente. Durch umfangreiche Sanierungen und Modernisierungen sind diese Wohnungen häufig mit einem hohen Komfort ausgestattet und befinden sich aufgrund von Lage, Größe und Ausstattung regelmäßig im höheren Preissegment.

Als Beispiele für das Wohnen in Schlössern werden das Schloss Ammelshain bei Naunhof (Sachsen) und das Schloss Abtnaundorf in Leipzig vorgestellt.

Das Schloss Ammelshain wurde vermutlich in der 2. Hälfte des 16. Jahrhunderts als Rittergut erbaut. Eigentümer war das altadlige Geschlecht derer von Lindenau. Das Gut wurde 1723 vom Grafen Lindenau aufwendig saniert.

Foto 3: Wohnen in Schlössern – Ammelshain

Heute befinden sich im Schloss und in den angrenzenden neu gebauten Gebäuden hochwertig sanierte bzw. neue Wohnungen.

Das Schloss Abtnaundorf[98] kam als vormaliges Rittergut in das Eigentum des Leipziger Bankadels von Frege. Die Schlossanlage entstand 1891 bis 1893. Das Schloss wurde 1998 aufwendig und hochwertig saniert und in mehrere Wohnungen umgestaltet.

Foto 4: Wohnen in Schlössern – Abtnaundorf

98 vgl. Schloss Abtnaundorf, www.schloss-abtnaundorf.de

Wohnen in Mühlen und Türmen

Die Gemeinsamkeit beim Wohnen in Mühlen und Türmen besteht in der äußeren Form, die dadurch gekennzeichnet ist, dass die Grundfläche im Verhältnis zur Höhe des Gebäudes vergleichsweise gering ist. Die Ausgangssituation für die Umnutzung ist so unterschiedlich wie die vorherige Nutzung der Objekte. Windmühlen zum Mahlen von Getreide, Wassertürme, Leuchttürme und Aussichts- oder Wachtürme bilden den Ausgangspunkt für die Umgestaltung zu Wohnzwecken. Aufgrund der ursprünglichen völlig anderen Nutzung dieser Immobilien erfordert die Umnutzung zum Wohnen umfangreiche bauliche Veränderungen. De facto bleibt bei diesen Wohnformen nur die äußere Gebäudehülle bestehen. Geschosse und Fenster müssen eingebracht werden. Gebäutechnische Anlagen wie Heizung, Lüftung und Sanitäranlagen werden erstmalig in solchen Gebäudehüllen installiert. Insofern ist der bauliche Aufwand in der Regel erheblich. Die gegebene Gebäudeform bedingt immer ein Wohnen auf mehreren Etagen. Mitunter kann pro Etage nur ein einzelner Raum geschaffen werden. Die Vorteile dieser Wohnform bestehen in der hohen Individualität und im Ausblick aus diesen hohen Immobilien. Gelegen sind sie in Abhängigkeit von der bisherigen Nutzung entweder in städtischen Lagen (Wachtürme), in Stadtrandlagen (Wassertürme), in ländlichen Gebieten (Mühlen) oder am Meer (Leuchttürme). Nachteile der Wohnform bestehen in der Verteilung über mehrere Etagen, was vor allem bei der Nutzung für Familien mit Kleinkindern oder für ältere Menschen eher beschwerlich ist. Insofern dürfte die Nachfrage nach dieser Wohnform bei den genannten Nutzergruppen gering sein, es sei denn, die Nachteile werden ganz bewusst zugunsten der hohen Individualität in Kauf genommen.

Als Beispiele für diese Wohnform werden der Stadtmauerturm in Luxemburg, der Wasserturm in Spremberg, der Wasserturm in Uhyst und die Holländermühle im Ostseebad Graal-Müritz aufgeführt.[99]

Stadtmauerturm in Luxemburg

In die im 13. und 14. Jahrhundert gebauten Stadtmauer sind mehrere Türme integriert, die von der Stadt Luxemburg vermietet werden. In jedem der Türme ist eine kleine Wohnung errichtet, die vorwiegend für touristische Zwecke genutzt wird. Auf jeder Ebene des Turms befindet sich ein Raum mit einem Radius von vier Metern. Die erste Ebene beinhaltet die Küche. In der

99 vgl. Kothe, Wendy, S. 32ff.

Ebene darüber ist das Wohnzimmer untergebracht und in den darüber liegenden Ebenen befinden sich zwei Schlafräume. Die Ebenen sind über eine schmale Treppe miteinander verbunden. Das Bad befindet sich im Kelleraum des Turms.[100]

Wasserturm in Spremberg (Land Brandenburg)
Dieser Wasserturm wurde im Jahr 2006 für Wohnzwecke umgebaut. In diesen Turm ist eine Wohnung mit einer Wohnfläche von 210 Quadratmetern auf sechs Ebenen untergebracht. Auf jeder Ebene befinden sich ein bis zwei Wohnräume. Die Treppe zur Verbindung der Ebenen ist mittig angelegt.

Wasserturm in Uhyst (Sachsen)
Der unter Denkmalschutz stehende zwölf Meter hohe Wasserturm wurde zu Wohnzwecken umgebaut. Es wurde eine Wohnung mit 70 Quadratmetern Wohnfläche geschaffen. Auf jeder Ebene befindet sich ein Raum. Auf der untersten Ebene sind das Bad, ein Wirtschaftsraum sowie die Haustechnik untergebracht. Auf der darüber liegenden Ebene liegt das Schlafzimmer. Auf der dritten Ebene ist die Küche. Die oberste Ebene im Bereich des ehemaligen Wasserbehälters wird als Wohnzimmer genutzt.[101]

Holländermühle im Ostseebad Graal-Müritz (Mecklenburg – Vorpommern)
Die Mühle ist auf einem kleinen Hügel gelegen, beinhaltet vier Ebenen und weist eine Wohnfläche von 120 Quadratmetern auf. Im Erdgeschoss sind die Diele, ein Bad und ein Gästezimmer mit kleiner Küche untergebracht. Im darüber liegenden Geschoss befinden sich die Küche, das Wohnzimmer und die Toilette. Im zweiten Obergeschoss sind das Schlafzimmer sowie ein Bad mit Toilette und Dusche untergebracht. Im dritten Obergeschoss befindet sich das Arbeitszimmer mit Bibliothek.

Wohnen im Erdreich (Höhlen und Erdhäuser)

Die ursprünglichste aller Wohnformen ist das Wohnen in Erdsenken und Höhlen. Der Vorteil dieser Wohnform besteht in den gleichmäßigen klimati-

100 vgl. ebenda, S. 32 Interview mit einer Bewohnerin
101 ebenda, S. 34 Interview mit den Bewohnern

schen Verhältnissen im Erdreich. Von wesentlichem Nachteil ist die eingeschränkte Besonnung und Belüftung der Räume.

Höhlenwohnungen sind in Europa nur noch selten zu finden. Beispielhaft hierfür wird auf die Höhlenwohnungen im Nordwesten von Gran Canaria in der Nähe von Agaete verwiesen.

Im Gegensatz zu den Höhlen, bei denen natürlich vorhandene „Räume" genutzt werden, werden die Erdhäuser künstlich geschaffen. Charakteristisches Merkmal der Erdhäuser ist die vollständige oder vorwiegende Bedeckung des Hauses mit Erde und Gras. Bei den Erdhäusern wird zwischen zwei Grundtypen unterschieden: Hanghäuser und Atriumhäuser[102].

Hanghäuser sind, wie aus der Bezeichnung hervorgeht, an einem Hang gelegen. Alle Fenster dieser Häuser sind zum freien Hang hin ausgerichtet. Die Erschließung der Räume erfolgt über den rückwärtig angeordneten Flurbereich. Für eine bessere Besonnung und vor allem Durchlüftung der hinteren Bereiche können Dachluken oder Oberlichter eingebracht werden.

Atriumhäuser bilden eine Variante von Erdhäusern, die auch auf ebenen Grundstücken errichtet werden können. Das Atrium bildet den inneren Hofbereich, um den die Zimmer gruppiert sind. Über den zentralen Innenhof ist die Besonnung und Belüftung der Wohnung möglich. Der Vorteil eines Innenhofes besteht in der Luftzirkulation zwischen den Räumen und in der Schaffung einer nicht einsehbaren Privatsphäre für die Bewohner.

In Europa hat sich der Schweizer Architekt Peter Vetsch auf den Entwurf von Erdhäusern spezialisiert.

Die Vorteile der Erdhäuser bestehen in den bereits erwähnten gleichmäßigen klimatischen Verhältnissen und in der besseren Schalldämmung gegenüber konventioneller Bauweise aufgrund der dicken Erdbeschichtung. Der Nachteil besteht im fehlenden Freiblick durch die Innenausrichtung der Fenster.

Diese Wohnform wird ein Nischenprodukt bleiben, das vor allem von ökologisch orientierten Zielgruppen nachgefragt wird.

Wohnen auf dem Wasser

Das Wohnen auf dem Wasser ist in Europa vor allem in den Niederlanden aufgrund der natürlichen Lage dieses Landes von Bedeutung. Regelmäßig

102 vgl. ebenda, S. 19ff.

auftretende Überflutungen ließen diese Wohnform entstehen. So entstand am Fluss Maas eine Siedlung mit schwimmenden Häusern. Diese haben eine wasserdichte Betonwanne, die bei Hochwasser als Schwimmkörper funktioniert. Bei Hochwasser steigen jeweils zwei miteinander verbundene Häuser an Führungspfählen nach oben. Alle Versorgungsleitungen sind so gestaltet, dass sie diese Bewegungen mitmachen.

Neben dieser Form des Wohnens auf dem Wasser besteht auch die Möglichkeit des Wohnens auf so genannten Hausbooten.

Foto 5: Wohnen auf dem Wasser

Foto 6: Wohnen auf dem Wasser

In Deutschland ist das Wohnen auf dem Wasser aus natürlichen Gegebenheiten heraus nicht notwendig. Dennoch entstanden erste Projekte dieser Wohnform. Natürliche Wohnlagen am Wasser sind beliebt, aber objektiv begrenzt. Mit Wohnangeboten auf dem Wasser kann ein größeres Angebot für diese Nachfrager geschaffen werden.

Beispielhaft für diese Wohnform sei das Projekt der Wasserstadt GmbH in Berlin aufgeführt. In der Rummelsburger Bucht und am Spandauer See sollen schwimmende Häuser, so genannte „Floating Homes" auf Potons entstehen. Die Bauten sollen bis zu 180 Grad drehbar sein, was eine Ausrichtung nach dem Sonnenstand zulässt. Vorgesehen ist die Errichtung von acht bis zwölf schwimmenden Häusern. Sie sind zweigeschossig mit Dachterrassen oder Balkonen, Sonnendeck und Liegeplatz für Boote. Die Wohnflächen liegen zwischen 135 und 211 Quadratmetern bei flexibler Grundrissgestaltung.[103]

103 ebenda, S. 25 (Originalquelle: „Wasserstadt Journal")

Dem Vorteil dieses individuellen und naturnahen Wohnens stehen die Kosten entgegen. Die Baukosten sind gegenüber Häusern auf festem Grund und Boden vergleichsweise hoch. Das Preisniveau der Angebote in Berlin bewegt sich zwischen 2.000 bis 2.700 Euro pro Quadratmeter Wohnfläche[104]. Ein weiterer Nachteil wird in der Nutzung von Familien mit Kleinkindern gesehen. Die Gefahr, die sich aus der unmittelbaren Wassernähe für Kleinkinder ergibt, wird bei dieser Zielgruppe eher zur Zurückhaltung führen. Hinzu kommen die zu erwartenden hohen laufenden Bewirtschaftungskosten. Die dauerhaft hohe Luftfeuchtigkeit wird mit höheren Instandhaltungskosten für die „mobile" Immobilie verbunden sein.

Als Zielgruppe für diese Wohnform werden Personen gesehen, die gleichermaßen naturverbunden und sportlich ambitioniert wie individualistisch sind.

Wohnen in Mobilien

Weitere atypische Wohnform sind die mobilen. Unter mobilen Wohnformen sind all jene zu verstehen, bei denen mit vergleichsweise geringem Aufwand der Standort der genutzten Wohnung verändert werden kann.

Klassischerweise gehören hierzu alle Wohnformen in Wohnwagen. Diese Wohnform beschränkt sich bisher auf Zielgruppen, die aus beruflichen Gründen dauerhaft mobil sind wie beispielsweise Schausteller oder Zirkusmitarbeiter. Die Nutzung von Wohnwagen als dauerhafte Wohnsitze, mit der in der Regel keine Standortveränderung verbunden ist, beschränkt sich ansonsten auf Nutzer, die aus sozialen und ökonomischen Gründen heraus diese Wohnform gewählt haben.

Das Wohnen in Mobilien geht jedoch über diese Form hinaus. So entwickelte das Architekturbüro Studio Aisslinger so genannte mobile Lofts, die ein Lastenhubschrauber auf flache Hochhausdächer setzen kann. „Als Käufer in Betracht kommen Menschen, die temporäres, innerstädtisches Wohnen schätzen ... Rooftop Communities heißen diese Leute im Designerdeutsch. Sie begnügen sich mit 36 Quadratmetern Wohnfläche, die dafür mit 55.000 Euro aber weit unter dem Preis herkömmlicher Dach- und Loftwohnungen zu haben sind ..."[105]. Diese mobile Wohnform ist zwar interessant, die Umsetzung dürfte sich aus wirtschaftlichen und aus technischen Gründen aber

104 ebenda, S. 39
105 Immobilien Zeitung Nr. 11/ 2003 vom 22.05.2003

als schwierig erweisen. So muss eine Anbindung des mobilen Lofts an die Haustechnik vorgenommen werden. Das Wohnappartement auf dem Dach muss gefahrenfrei erreichbar sein, und es muss zunächst erstmal überhaupt ein Angebot von Hauseigentümer vorliegen, die für diesen Zweck das Dach ihres Hauses zur Verfügung stellen, ganz abgesehen von statischen Anforderungen.

Ein ähnliches Konzept der mobilen Nutzung beinhaltet das so genannte „I-Home". Es handelt sich hierbei um einen Wohnwürfel mit Abmaßen von 2,60 Meter Höhe, Breite und Tiefe. Der Würfel wurde von Chris Hainzlmeier zusammen mit acht Münchener Architekturstudenten entwickelt und bietet auf kleinstem Raum Platz zum Schlafen, Arbeiten, Duschen und Kochen. Der Anstoß zu dieser Entwicklung resultierte aus der akuten studentischen Wohnungsnot in München. Die Kosten für die Wohnwürfel liegen bei kompletter Ausstattung mit 15.000 bis 20.000 Euro unter denen herkömmlicher Wohnheimplätze. Die einzelnen Würfel lassen sich ohne großen Aufwand an einen anderen Standort transportieren, miteinander verbinden oder auch stapeln. Es können auf diese Weise mobile Studentenstädte entstehen.[106]

Mit Ausnahme der zuletzt genannten mobilen Wohnformen, die eher aus ökonomischen Zwängen heraus gewählt werden, lassen sich bei allen anderen dargestellten Wohnformen in „atypischen baulichen Hüllen" Zusammenhänge zur synchronen Identität herstellen. Synchrone Identität bedeutet, dass man sich mit einem bestimmten Lebensstil oder mit einer bestimmten gesellschaftlichen Gruppe identifiziert. Das heißt, dass das Wohnen Status verleihende Bedeutung hat. Die Wohnung wird somit zum Träger sozialer Information nach außen, d.h. zur Information an Dritte. Gleichzeitig trägt die Wohnung zur sozialen Regulation nach innen, d.h. für den Bewohner selbst, maßgeblich bei. Mit der äußeren gegenständlichen Wohnform kann dabei das Ziel verfolgt werden, die Zugehörigkeit zu einer bestimmten Bevölkerungsgruppe zum Ausdruck zu bringen. Danach werden Standort und äußere Wohnformen gewählt. Ein anderes Ziel kann darin bestehen, sich bewusst von der „Masse" abgrenzen zu wollen. Zielgruppen, die Wohnformen wählen, die in ihrer äußeren Gestalt eher ungewöhnlich sind, sind bestrebt, ihre Individualität nach außen zu demonstrieren. Die Zielgruppe mit diesem Bestreben wird vermutlich tendenziell steigen, da der Individualismus in der gegenwärtigen Gesellschaft einen hohen Stellenwert genießt. Hintergrund wiederum ist die marktwirtschaftliche Prägung der Gesellschaft, in der die Freiheit des Individuums eine höhere Wertigkeit

106 vgl. Marusczyk, Ivo, S. 35

gegenüber gemeinschaftlichen Zielen hat. Bei aller Vielfältigkeit und Individualität wird dennoch erwartet, dass das Wohnen in „atypischen baulichen Hüllen“ immer ein Nischenprodukt bleiben wird und die individuellen Wohnvorstellungen primär zielgruppenbezogen in den „typischen baulichen Hüllen“ verwirklicht werden.

3 Wohnen aus psychologischer Sicht

3.1 Einführung in die psychologische Sichtweise

Die Psychologie hat zum Wissenschaftsgegenstand die Analyse des Erlebens und Verhaltens von Individuen und Gruppen. Es handelt sich somit um ein sehr breites Forschungsgebiet, das sämtliche Inhalte, die im Zusammenhang mit individuellen Entscheidungs- und damit Handlungsprozessen stehen, umfasst. Im Kapitel 1 „Einführung in die Themenstellung" unter 1.3 „Dimension des Forschungsthemas" wird ausgehend von der allgemeinen Psychologie (Wahrnehmung – Denken – Motivation) über die Untersuchungsaspekte Persönlichkeits-, Entwicklungs- und Sozialpsychologie zu den angewandten Psychologien übergeleitet. Die Wohnpsychologie wurde hier als Bereich der Umweltpsychologie oder im Schnittpunkt von Umwelt- und Sozialpsychologie definiert.

Wohnen aus psychologischer Sicht umfasst das Erleben der Umwelteinheit Wohnen und das Verhalten in der Umwelteinheit Wohnen. Die Umwelteinheit Wohnen, die synonym mit dem Begriff Wohnumwelt gesetzt wird, beinhaltet die Wohnung und das Wohnumfeld. Unter Wohnumfeld wird die Umgebung um die Wohnung verstanden, die die Wohnqualität maßgeblich mit prägt.

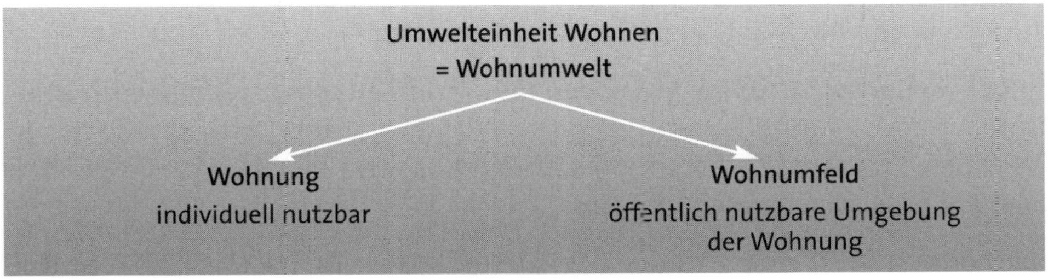

Wohnen aus psychologischer Sicht hat zum Gegenstand:

- **die Wahrnehmung von Wohnung und Wohnumfeld,**
- **die Verarbeitung dieser Wahrnehmung (Denken, kognitive Bewertung der Wohnumfeldkriterien) und**
- **die Analyse der Motivation (z.B. Sesshaftigkeit, Wegzug) von Individuen und von Kleingruppen in Bezug auf das Wohnen.**

Die Wohnpsychologie beinhaltet somit die Interaktion des Menschen:

- mit der gebauten Umwelt als Reaktion auf die natürliche, klimatisch bedingte Umwelt;
- mit der kulturellen Umwelt, die ihren Ausdruck unter anderem in Baustilen, Stadtentwicklungsprozessen und Ausstattungsqualitäten findet;
- mit der sozialen Umwelt, die sich in den zwischenmenschlichen Beziehungen innerhalb der Wohnung und im Wohnumfeld ausdrückt.

Während die soziologische Betrachtung stärker das Wohnverhalten im Kontext gesellschaftlicher Veränderungen und von Menschengruppen zum Gegenstand hat, konzentriert sich die psychologische Sichtweise stärker auf das Individuum, insbesondere auf die individuelle Wahrnehmung des Wohnens sowie auf das Verhalten zum Wohnen. Der Zusammenhang zur Soziologie wird dann wiederum hergestellt, wenn die individuellen Verhaltensweisen auf Dritte mit vergleichbaren sozio-demographischen Merkmalen oder Werteorientierungen und damit auf Gruppen übertragen werden. Der Übergang zu soziologischen Untersuchungen ist somit fließend. Sowohl aus soziologischer als auch aus psychologischer Sicht sind empirische Erhebungen notwendig, um zu Erkenntnissen gelangen zu können, welchen Stellenwert das Wohnen hat, welche Anforderungen an das Wohnen gestellt werden, welche Faktoren zu Wohnzufriedenheit bzw. zu Unzufriedenheit führen, aus welchen Motiven heraus Bewohner umziehen und welche Rahmenbedingungen maßgeblich zur Mieterbindung beitragen.

In den weiteren Ausführungen sollen diese Fragstellungen systematisch bearbeitet werden. Damit sollen theoretisch fundierte, aber auch praktisch anwendbare Erkenntnisse für empirische Erhebungen zu wohnpsychologischen Fragestellungen behandelt werden.

Methodisch wird vom Ansatz der „Allgemeinen Psychologie“ (Wahrnehmung, Denken, Motivation) ausgegangen. Um den Bezug zum Wohnen bzw. zur Umwelteinheit Wohnen herstellen zu können, muss definiert werden, was die Umwelteinheit Wohnen beinhaltet bzw. muss die Umwelteinheit Wohnen abgegrenzt werden. Auf dieser Grundlage sind die Indikatoren herauszuarbeiten, die in dieser Umwelteinheit wahrgenommen und kognitiv verarbeitet, d.h. bewertet werden. Schließlich ergibt sich aus der Bewertung ein bestimmtes Verhalten in Bezug auf das Wohnen. Schematisch lässt sich der methodische Ansatz folgendermaßen darstellen:

Definition und Abgrenzung der Umwelteinheit Wohnen

↓

Indikatoren, die die Umwelteinheit Wohnen prägen

↓

Subjektive Wahrnehmung der objektiven Indikatoren, die die Umwelteinheit Wohnen prägen, mit Schlussfolgerungen auf die Wohnzufriedenheit oder Wohnunzufriedenheit

↓

Motivation, d.h. Handeln des Individuums in Bezug auf das Wohnen

3.2 Umwelteinheit Wohnen

3.2.1 Abgrenzung und Indikatoren der Umwelteinheit Wohnen

Wenn Wohnen aus psychologischer Sicht die Analyse des Erlebens der Umwelteinheit Wohnen und des Verhaltens in der Umwelteinheit Wohnen zum Gegenstand hat, muss definiert werden, was konkret unter der Umwelteinheit Wohnen zu verstehen ist und welche Merkmale diese kennzeichnen.

Nach Ansicht des Philosophen Heidegger beinhaltet die Wohnumwelt (und damit die Umwelteinheit Wohnen) die allumfassende menschliche Lebenswelt. „Der Mensch wohnt, wo immer er sich befindet, die gesamte Erde ist seine Wohnumwelt, wobei Wohnen die Art und Weise ist, wie Menschen auf der Erde sind.“[107] Für Heidegger sind demnach „leben“ und „wohnen“ synonym. Die fehlende begriffliche Trennung im Englischen unterstützt auch sprachlich diesen Ansatz Heideggers.

Wenn auch unbestritten ist, dass prinzipiell die gesamte Erde zur Wohnumwelt gehört, ist die Abgrenzung derselben für die Analyse des Wohnens aus psychologischer Sicht unumgänglich.

Für eine Abgrenzung der Wohnumwelt bietet sich der territoriale Ansatz an. Noch heute verwendete Begriffe deuten auf den historischen Ursprung der territorialen Abgrenzungen in Bezug auf das Wohnen hin. So stammt das Wort Revier von „riviere“, d.h. der Ufergegend bzw. der Flussnähe, ab. Diese bildeten die ersten Siedlungsgebiete von Menschen. Die Begriffe „Quartier“ oder „Viertel“ beschreiben ursprünglich ein Gebiet mit einer Ausdehnung,

107 Flade, Antje, S. 14

das in einer Viertelstunde zu Fuß durchquert werden kann. Im heutigen Sprachgebrauch wird, infolge der geringeren fußläufigen Erschließung von Territorien, darunter eher die unmittelbare Wohnumgebung mit einem Radius von ca. 500 Metern verstanden.

Eine weitere territoriale Differenzierung der Umwelteinheit Wohnen lässt sich nach folgenden drei Zonen vornehmen:

1. „Personal Space" als innerste, ganz individuelle Zone, die sich auf ein Zimmer, aber auch innerhalb des Zimmers auf einen bestimmten Sitzplatz oder Sessel beschränken kann.
2. „Home Space" als mittlerer, privat genutzter Bereich, der die Wohnung einschließlich Terrasse oder Garten an der Wohnung umfasst.
3. „Territorial Range" beinhaltet das Wohnumfeld mit halböffentlichen und öffentlichen Räumen. Dieser Bereich umfasst die Umgebung der Wohnung.

„Personal Space" und „Home Space" bilden individuell nutzbare Areale. Ihre Abgrenzung ist eindeutig, schließlich sind Wohnungen durch ihre Abgeschlossenheit gekennzeichnet. Für diesen Teil der Umwelteinheit Wohnen besteht die größte Einflussnahme durch individuelle Gestaltung. Die Möglichkeiten der Anpassung an die individuellen Bedürfnisse ist hier größer als bei dem Teil der Umwelteinheit Wohnen, der das Wohnumfeld („Territorial Range") umfasst. Die Abgrenzung ist hier keineswegs eindeutig. Individuell wird der Radius, den das Wohnumfeld umfasst, in Abhängigkeit von den individuellen Lebensgewohnheiten unterschiedlich sein. Das Wohnumfeld kann sich auf die gesamte Stadt erstrecken und kann auch noch darüber hinausgehen. Eine solche Abgrenzung kann im Zusammenhang mit der Beschreibung von Freizeitaktivitäten und mit der Nutzung kultureller Einrichtungen relevant sein. Für Menschen, die in ihrer Mobilität gesundheitsbedingt eingeschränkt sind, kann sich dagegen das Wohnumfeld auf einen wesentlich kleineren Radius beziehen. Entscheidendes Kriterium für die individuelle Abgrenzung ist die Nutzung des jeweiligen Territoriums für das Wohnen, d.h. für die physische und psychische Reproduktion. Das Wohnumfeld des Einzelnen hängt unmittelbar von den Handlungszielen, die er mit dem Wohnen verwirklichen will, ab.

Dieser psychologischen Sichtweise zur Abgrenzung der Umwelteinheit Wohnen steht die immobilienwirtschaftliche, raum- und städteplanerische sowie architektonische Sicht, die mit der administrativen Gebietsgliederung korrespondiert, gegenüber.

Abbildung 3–1: Sichtweisen zur Abgrenzung der Umwelteinheit Wohnen

Immobilienwirtschaftliche Sichtweise Standort- und Objektfaktoren	Raum- und städteplanerische, baurechtliche und architektonische Sichtweise	Administrative Gliederung
Makrostandort	Raumordnung Flächennutzungsplanung	Bundesland Kreise Kommune
Mesostandort	Bebauungsplan Erhaltungsgebiet Sanierungsgebiet Entwicklungsgebiet	Stadtbezirk Ortsteil
Mikrostandort	Baugenehmigung	Grundstück (im rechtlichen Sinne)
Immobilie	Architektur Grundrissgestaltung farbliche Gestaltung Ausstattungskriterien	

Die in Abbildung 3–1 aufgezeigten Sichtweisen sind typisch, um im Rahmen von Standort- und Marktanalysen einen Investitionsstandort zu untersuchen. Üblicherweise werden hierfür die Standort- und Objektfaktoren, die aus Sicht des Investors für den Nutzer relevant sind, mit Hilfe der Erhebung von Sekundärdaten und von Primärdaten bewertet. Diese Herangehensweise ist mit dem Problem behaftet, dass der Investor darüber entscheidet, welche Faktoren erfasst werden und damit aus seiner Sicht besondere Relevanz haben. Der Investor hat eine bestimmte Vorstellung, welche Kriterien für den Nutzer von Bedeutung sein könnten, um mit dem Wohnen seine individuellen Handlungsziele erreichen zu können. Diese können jedoch erheblich von den Vorstellungen des Nutzers abweichen. Hierin besteht eine wesentliche Ursache für fehlerhafte Investitionsentscheidungen. Hintergründe für diese unterschiedlichen Bewertungen sind:

1. Differenzierte Nutzeranforderungen hinsichtlich der Umwelteinheit Wohnen:

Welche Kriterien für oder gegen die Anmietung oder den Kauf einer Wohnung sprechen, hängt von den konkreten Anforderungen an die Wohnung und an das Wohnumfeld ab. Wer Freizeitaktivitäten in der Natur bevorzugt, wird auch dieses Wohnkriterium als sehr wichtig einstufen, während für einen anderen Nutzer, der gern ins Theater oder Kino geht, die Nähe zur Innenstadt mit den adäquaten Einrichtungen einen besonders hohen Stellenwert hat. Wer gern Freunde in den eigenen vier Wänden empfängt, benötigt einen größeren Raum für kommunikative Treffen, was für einen anderen Nutzer keine Bedeutung haben kann.

Ein weiteres Beispiel betrifft die Planung von Seniorenwohnanlagen. Im Glauben, dass ältere Menschen besonders ruhebedürftig seien, werden betreute Wohnformen gern in entsprechenden Lagen geplant. In der Vermarktung solcher Anlagen werden jedoch regelmäßig die Wohnungen zuerst nachgefragt, die der Straße und damit dem öffentlichen Leben zugewandt sind.

2. Differenzierte Vorstellungen zu den Qualitätskriterien:
Empirisch konnte nachgewiesen werden, dass Architekten hinsichtlich der Qualitätskriterien ästhetischen und bautechnischen Ansprüchen den höchsten Stellenwert beimessen, dagegen für Nutzer funktionale Kriterien wesentlich bedeutsamer sind[108].

3. Eingeschränkte Verständigung zwischen Anbieter und Nachfrager:
Verständigungsprobleme resultieren aus dem unterschiedlichen Wissensstand und Erfahrungsschatz der am Bau Beteiligten. Während sich der Architekt oder der professionelle Anbieter fachsprachlich artikulieren kann, ist der Nachfrager als Nichtexperte auf dem Gebiet von Bauen und Wohnen auf die Alltagssprache begrenzt. Im Ergebnis dieser kulturellen Kluft zwischen Anbieter und Nachfrager wird das Phänomen sichtbar, dass architektonisch anspruchsvolle und attraktive Immobilien aufgrund unterschiedlicher Prioritätensetzung in den Wohnkriterien mitunter nicht oder nur sehr schwer vermarktet werden können.

Der Erkenntniszuwachs im Rahmen der Standort- und Marktanalysen lässt sich insofern erhöhen, wenn die bisherige primär ökonomisch und architektonisch determinierte Sichtweise um die psychologische ergänzt wird. Konkret erforderlich hierfür ist, dass die Verbindung zwischen den objektiv existierenden Merkmalen der Umwelteinheit Wohnen und deren subjektiver Wahrnehmung hergestellt wird. Für eine solche Verbindung von immobilienwirtschaftlicher und psychologischer Sichtweise wird auf die umweltpsychologischen Aspekte nach Hellpach Bezug genommen.

108 Vgl. Walden, Rotraut, S. 298

Abbildung 3–2: Verbindung zwischen immobilienwirtschaftlicher und psychologischer Sichtweise in Bezug auf die Umwelteinheit Wohnen

Immobilienwirtschaftliche Sichtweise	Administrative Gliederung	Psychologische Sichtweise – Subjektive Wahrnehmung und Interaktion mit: der natürlichen Umwelt	der kulturellen Umwelt	der sozialen Umwelt
Makrostandort	Bundesland Kreise Kommune	Architektur in Abhängigkeit von den klimatischen Bedingungen (z.B. Iglu, Spitzdach, Flachdach)	Baustile Baunormen	Kulturkreis Sprache Dialekt Mentalität
Mesostandort	Stadtbezirk Ortsteil		Kulturelle Infrastruktur (z.B. Freizeitangebote, Grünflächen, Parks, Theater, Kino, Restaurants)	Segregation Gentrifikation
Mikrostandort	unmittelbares Wohnumfeld			Nachbarschaftsbeziehungen Kommunikationsmöglichkeiten
Immobilie	Grundstück		Architektur Grundrisse Ausstattung	Kommunikations- und Rückzugsmöglichkeiten individuelle Verwirklichung

Aus immobilienwirtschaftlicher Sicht stehen die messbaren Standort- und Objektfaktoren, die den Makro-, Meso- und Mikrostandort und die Immobilie prägen, im Mittelpunkt. Typischerweise wird bei der Analyse der Standortfaktoren unterschieden zwischen:

- ökonomischen Faktoren,
- infrastrukturellen Faktoren,
- sozio-demographischen Faktoren und
- sonstigen qualitativen Faktoren.

Die **ökonomischen Faktoren** umfassen messbare ökonomische Rahmendaten wie:

- Wirtschaftswachstum in der Region (z.B. Zuwachs des Bruttoinlandsprodukts),
- Arbeitsmarktsituation (z.B. Arbeitslosen- und Beschäftigtenquote),
- Einkommenssituation (z.B. Entwicklung der Bruttoverdienste oder der Haushaltsnettoeinkommen),

- Fördermittelgewährung,
- Kaufpreisentwicklung für Immobilien,
- Mietpreisentwicklung,
- Wettbewerbssituation (Angebote der Mitwettbewerber).

Zu den **infrastrukturellen Faktoren** zählen:

- Verkehrsinfrastruktur (überregionale Verkehrsanbindung, Nahverkehrsanbindung),
- technische Infrastruktur (mediale Anbindung über Glasfaser, ISDN etc.),
- kulturelle Infrastruktur (Hochschul- und Forschungseinrichtungen, Freizeiteinrichtungen wie z.B. gastronomische Einrichtungen, Sportstätten, Fortbildungsmöglichkeiten, Theater, Kino).

Ausdruck der **sozio-demographischen Faktoren** sind:

- Entwicklung der Bevölkerung mit Haupt- und mit Nebenwohnsitz,
- Altersstruktur der Bevölkerung,
- Haushaltsgrößen der Bevölkerung,
- Sozialstruktur der Bevölkerung (Qualifikation und Einkommenssituation),
- Wanderungsbewegungen (Zu- und Wegzüge in der Region).

Zu den **sonstigen qualitativen und damit schwer quantifizierbaren Faktoren** gehören:

- Image der Region, des Ortsteils, des Quartiers,
- Verwaltungsklima,
- Umweltfaktoren,
- städtebauliche Aspekte (z.B. Stadtstrukturen, Denkmalschutzobjekte bzw. Immobilien mit hohem kulturellem Wert),
- Freizeitwert.

Als **Objektfaktoren** können herangezogen werden:

- Baualter (Neubau/Altbau),
- Baustil,
- Bauzustand,
- Objektgröße (Anzahl der Wohnungen),
- Wohnungsgröße,
- Grundrissgestaltung,
- Größe einzelner Räume,

- Ausstattungskriterien (z.B. Bad, Gäste-WC, Aufzug, Balkon, Heizungssystem),
- Innenarchitektur (z.B. verwendete Materialien, farbliche Gestaltung).

Mit der hier vorgenommene Aufzählung wird nicht der Anspruch auf Vollständigkeit erhoben, vielmehr soll ein Einblick gegeben werden, welche Faktoren bei einer Standort- und Marktanalyse üblicherweise erfasst und ausgewertet werden.

Ausgangspunkt für eine grundsätzliche Investitionsentscheidung bildet die Analyse des Makro- und des Mesostandortes. Erst nach der zu treffenden Grundsatzentscheidung für ein Investitionsvorhaben ist unter Zuhilfenahme quantitativer und qualitativer Analysen des Mikrostandortes und der Objektfaktoren diese Entscheidung zu konkretisieren.

In der praktischen Umsetzung kann die Verbindung zwischen der immobilienwirtschaftlichen und der psychologischen Herangehensweise hergestellt werden, indem die Standortfaktoren für den Mikrostandort und die Objektfaktoren nicht nur quantitativ erfasst werden, sondern darüber hinaus qualitativ durch die potenziellen Nachfrager bzw. Nutzer der Wohnung bewertet werden.

Um eine solche Verbindung herstellen zu können, sind folgende Fragestellungen zu bedenken:

1. Auswahl relevanter Indikatoren für den Mikrostandort und das Objekt
Während für die grundsätzliche Standortentscheidung auf ökonomische und sozio-demographische Rahmendaten sowie auf grundlegende infrastrukturelle Kriterien zurückgegriffen werden kann, muss zunächst eine möglichst vollständige Auswahl relevanter Kriterien für den Mikrostandort und für das Objekt erfolgen.

2. Erfassung der Bedeutsamkeit der Indikatoren
Im nächsten Schritt muss ermittelt werden, welchen Stellenwert welche Indikatoren für die Wohnentscheidung haben. Das heißt, dass in der Befragung die Relevanz der einzelnen Kriterien über die Vergabe von Punkten erfolgen sollte. Eine andere Möglichkeit besteht in der Festlegung einer Rang- und Reihenfolge zu den befragten Indikatoren. Der Vorteil bei dieser Herangehensweise besteht im Zwang, sich zur Bedeutsamkeit der einzelnen Kriterien eindeutig zu positionieren. Der Nachteil besteht jedoch darin, dass bei Gleichwertigkeit von Indikatoren eine willkürliche Reihenfolge gewählt wird, was schließlich zu einer verzerrten Darstellung führt.

3. Anforderungen an die Erfassung der subjektiven Wahrnehmung objektiver Indikatoren

Die Anforderungen resultieren daraus, dass bei der subjektiven Wahrnehmung alle Facetten des Wahrnehmungsprozesses berührt werden. Der Wahrnehmungsprozess als solcher vollzieht sich zunächst spontan und ist nicht beeinflussbar. Die Wahrnehmung hängt somit maßgeblich von der aktuellen Situation ab. Helligkeit oder Dunkelheit, Gerüche, Lärm etc. werden sehr schnell im Unterbewusstsein wahrgenommen und erst zeitverzögert im Bewusstsein verarbeitet.[109]

Des Weiteren beeinflusst das vorhandene Vorwissen mit den daraus resultierenden Erwartungshaltungen ganz maßgeblich das subjektive Wahrnehmungsbild. Werden die Erwartungen übertroffen, ist das Wahrnehmungsbild positiv. Wird die Erwartungshaltung nicht erfüllt, dann wird das Wahrnehmungsbild entsprechend schlechter ausfallen.

Ein anderer Aspekt, der die subjektive Wahrnehmung entscheidend prägt, resultiert aus dem Vergleich mit den Wohnverhältnissen Dritter innerhalb der eigenen sozialen Schicht. Werden die Wohnverhältnisse vergleichsweise besser eingestuft, wird es zu einer positiven Reflexion des Wahrnehmungsbildes kommen, werden sie vergleichsweise schlechter eingestuft, wird eine negative Reflexion die Folge sein.

Bei der Erfassung der subjektiven Wertung objektiver Indikatoren kann außerdem das Problem der kognitiven Dissonanz bestehen. Kognitive Dissonanz bezeichnet die Nichtübereinstimmung von gefühlsmäßigem Erleben und kognitiver Einschätzung. Im Bestreben um eine widerspruchsfreie harmonische Sicht der Welt wird versucht, diese Dissonanz zu überwinden. Da die gefühlsmäßige Wahrnehmung kaum zu beeinflussen ist, wird die Einstellung, d.h. die kognitive Bewertung verändert. Erweisen sich bestimmte Vorstellungen zum Wohnen oder Ansprüche an das Wohnen als nicht realisierbar, werden diese Aspekte als weniger wichtig eingestuft. Insofern können die gegebenen Antworten von den tatsächlich gewünschten Wohnvorstellungen abweichen.

109 vgl. Abschnitt 3.3. Wahrnehmungsprozess und Wahrnehmung der Umwelteinheit Wohnen

3.2.2 Praktische Lösungsansätze zur Erfassung der subjektiven Wertung objektiver Indikatoren

In den bisherigen immobilienwirtschaftlichen Analyseansätzen dominiert die Erfassung und Quantifizierung der Standort- und Objektfaktoren. Eine neue Qualität in der Erhebung und Interpretation empirisch gewonnener Daten ließe sich durch eine enge Zusammenarbeit zwischen Wirtschaftswissenschaftlern, die auf immobilienwirtschaftliche Fragstellungen spezialisiert sind, und anwendungsorientiert arbeitenden Psychologen herstellen. Die bisherige Trennung der Wissenschaftsgebiete ließe sich mit einem solchen interdisziplinären Forschungsansatz auch für den Bereich des Wohnens überwinden. Das erfordert die Aufnahme der objektiven Standortfaktoren im Zusammenhang mit der individuellen Bewertung durch die Nachfrager nach Immobilien. Dabei werden ähnlich urteilende Personen mit Hilfe einer Clusteranalyse zusammengefasst. Parallel werden die sozio-demographischen Daten erhoben, um feststellen zu können, inwieweit hier Übereinstimmungen bestehen[110]. Auf diese Weise lässt sich die Verbindung zwischen Wohnpräferenzen und der jeweiligen Zielgruppe herstellen.

Für die subjektive Bewertung hat der Mikrostandort und haben die Objektfaktoren die höchste Bedeutung, beeinflussen diese doch am stärksten die Wohnqualität. Insofern sollten sich Erhebungen zur subjektiven Wahrnehmung auf diese Faktoren begrenzen. In einem ersten Schritt ist der Mikrostandort abzugrenzen. Für Analysezwecke sollten hier die Standortfaktoren, die in unmittelbarer Umgebung fußläufig erreichbar sind, erfasst werden. Es wird dabei von einem Radius von ca. 500 Metern ausgegangen. Darüber hinaus sind alle relevanten Objektfaktoren einzubeziehen.

Nachstehende Übersicht gibt eine Anregung zur Erfassung der Indikatoren.

110 vgl. Berekoven, Ludwig; Eckert, Werner; Ellenrieder, Peter, S. 367

Abbildung 3–3: Bewertung von Mikrostandort- und Objektfaktoren

Erfassung der Indikatoren Wichtigkeit nachstehender Indikatoren bei Operationalisierung der Fragestellungen	Individuelle Wertigkeit der Indikatoren von völlig unwichtig (1) bis höchste Relevanz für die Entscheidung (6) 1	2	3	4	5	6
Mikrostandort						
• Anbindung an den öffentlichen Nahverkehr						
• Nähe von Kindertageseinrichtungen						
• Nähe von Schulen						
• Nähe von Einkaufsmöglichkeiten						
• Nähe von gastronomischen Einrichtungen						
• Nähe von Parkanlagen						
• Nähe von kulturellen Einrichtungen wie Kino, Theater, Kabarett etc.						
• Verkehrsberuhigte Zone						
• Bauzustand der Umgebungsbebauung						
• Sozialstruktur der Bewohner						
• ...						
Objektfaktoren						
• Neubau						
• Altbau						
• Baustil						
• Bauzustand						
• Objektgröße – Anzahl der Wohnungen im Objekt						
• Wohnungsetage						
• Ausrichtung der Wohnung nach den Himmelsrichtungen						
• Besonnung der Wohnung						
• Wohnungsgröße						
• Größe von:						
– Wohnzimmer						
– Küche						
– Kinderzimmer						
– Schlafzimmer						
– Bad						
• Bedeutung von:						
– Arbeitszimmer						
– Hobbyraum						
– Sauna						

Abbildung 3–3: Bewertung von Mikrostandort- und Objektfaktoren

Erfassung der Indikatoren Wichtigkeit nachstehender Indikatoren bei Operationalisierung der Fragestellungen	Individuelle Wertigkeit der Indikatoren von völlig unwichtig (1) bis höchste Relevanz für die Entscheidung (6)					
	1	2	3	4	5	6
• Grundrissgestaltung						
– Hierarchisch						
– Nicht hierarchisch						
• Ausstattungskriterien						
– Küche mit Fenster						
– Bad mit Fenster						
– Bad mit Wanne						
– Bad mit Dusche						
– Bad mit Wanne und Dusche						
– Aufzug						
– Balkon						
– Ausrichtung des Balkons nach der Himmelsrichtung						
– Sparsames Heizsystem						
– Hohe Wärmeisolierung						
• Innenarchitektur						
– Farbliche Gestaltung						
– Materialien (Fliesen, Parkett, Teppich)						
• Nachbarschaftsbeziehungen,						
• Rückzugsmöglichkeiten						
• Kommunikationsmöglichkeiten						
• ...						

Eine höhere Qualität der Aussagefähigkeit von Erhebungen kann dabei mit der Operationalisierung der Fragestellungen zu Standort- und Objektfaktoren erreicht werden. Bei dieser Vorgehensweise wird nicht direkt, sondern indirekt zur Bedeutung einzelner Faktoren gefragt (anstelle von: „Sind Ihnen Nahverkehrsanbindung wichtig?" könnte gefragt werden. „Wie wichtig ist es für Sie, ohne Nutzung eines privaten Pkws die Wohnung zu erreichen?"). Damit wird versucht, die tatsächlich relevanten Entscheidungskriterien herauszufiltern und nicht zu erfassen, was generell wünschenswert sein könnte.

Wird erhoben, welche Personen nach Alter, familiärerer Situation, Einkommenssituation, Qualifikationsniveau und Werteorientierung welchen dieser Indikatoren einen besonders hohen oder niedrigen Stellenwert bemessen, kann dann erfasst werden, wie objektive Wohnumweltkriterien subjektiv bewertet werden. Damit können Immobilien zielgerichteter entwickelt und vermarktet werden. Der wirtschaftliche Effekt einer solchen Herangehensweise besteht in der Vermeidung von Fehlinvestitionen und einer effizienten Zielgruppenansprache. Gleichzeitig ließen sich hiermit interessante anwendungsorientierte Aufgabengebiete für Psychologen erschließen. Bereits vorhandene verkaufspsychologische Erkenntnisse ließen sich auf das spezielle Themengebiet Wohnen und Wohnimmobilien anwenden.

3.3 Wahrnehmungsprozess und Wahrnehmung der Umwelteinheit Wohnen

3.3.1 Wahrnehmungsprozess

„Ich sehe, Sie sind in Afghanistan gewesen."

Sherlock Holmes, der von Sir Arthur Conan Doyle geschaffene Romandetektiv, war berühmt für seine verblüffenden Schlüsse, die er aus scheinbar dürftigen Hinweisen zu ziehen vermochte ... Ohne etwas von Watson zu wissen, bemerkte Holmes sofort, dass Watson gerade aus Afghanistan komme. Erstaunt, dass Holmes dies weiß, glaubt Watson natürlich, jemand habe Holmes erzählt, dass er als Militärarzt dort gedient hatte. „Nichts dergleichen", widerspricht Holmes und fährt fort: „Ich wusste einfach, dass Sie in Afghanistan gewesen sind. Aus alter Gewohnheit heraus liefen mir die Gedankenfolgen so schnell durch den Sinn, dass ich mir der dazwischen liegenden Schritte gar nicht mehr bewusst wurde, bevor ich schon zum Schluss gekommen war. Aber es gab diese Schritte jedenfalls. Die Folge meiner Gedanken war etwa so: Hier ist ein Gentleman, ein Mediziner, aber er hält sich soldatisch stramm. Ganz klar, er ist Militärarzt. Er ist gerade aus den Tropen zurückgekehrt, denn sein Gesicht ist braun. Das ist aber nicht die natürliche Färbung seiner Haut, denn seine Handgelenke sind hell. Er hat eine schwere Zeit und Krankheit hinter sich, wie sein eingefallenes Gesicht deutlich aussagt. Er hat eine Verletzung am linken Arm, denn er hält ihn auf steife, unnatürliche Weise. Wo in den Tropen könnte ein englischer Militärarzt sich eine Armverwundung geholt und eine schwere Zeit durchgemacht haben? Sicherlich doch in Afghanistan. Die Gedankenfolge dauerte keine Sekunde. Ich habe dann gesagt, Sie kämen aus Afghanistan, und Sie waren erstaunt."[111]

111 vgl. Goldstein, Bruce E., S. 1

Die kleine Geschichte verdeutlicht die Geschwindigkeit und die Vielfältigkeit, die die Wahrnehmung bestimmen. Für die Wahrnehmung von Objekten und Sachverhalten spielen gleichermaßen kognitive Fähigkeiten, das vorhandene Vorwissen sowie die konkrete Situation eine Rolle.

Die Komplexität, mit der Umwelteinflüsse wahrgenommen und bewertet werden, wird an der folgenden Übersicht deutlich. Aus dieser Komplexität ergibt sich die Schwierigkeit der Verallgemeinerung von Wahrnehmungsprozessen auf Dritte. Aufgrund der Individualität, die eine Resultante der genetischen Prägung, erlebter Erfahrungen und der konkreten Situation ist, kann ein und derselbe Sachverhalt ganz unterschiedlich wahrgenommen und interpretiert werden.

Abbildung 3–4: Einflussfaktoren auf den Wahrnehmungsprozess

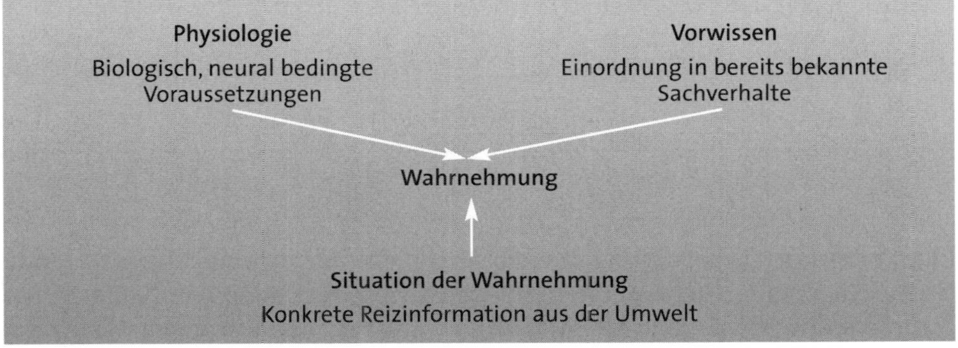

Der Wahrnehmungsprozess lässt sich aus einer physiologischen und aus einer psychologischen Sichtweise beschreiben.

Die physiologische Sichtweise beschreibt den Wahrnehmungsprozess aus biologischer Sicht. Erfasst wird hierbei, wie Umweltreize über Rezeptoren zu den Nervenfasern weitergeleitet, in chemische bzw. physikalische Impulse verwandelt werden und schließlich in einem bestimmten Hirnareal registriert, d.h. wahrgenommen werden. Dieser Prozess lässt sich mittlerweile aufgrund fortgeschrittener Medizintechnik nachweisen. Die daraus resultierende Reaktion jedoch hängt von einer Vielzahl weiterer Einflussfaktoren ab. Mit der psychologischen Sichtweise wird versucht, den Wahrnehmungsprozess um diese Komponenten ergänzt zu analysieren. Das heißt, dass bei der psychologischen Sichtweise nicht nur die biologischen Prozesse, die primär im Bereich der Neurologie anzusiedeln sind, erfasst werden, sondern darüber hinaus persönliche Bedürfnisse, Erwartungen, Motive, Stimmungen und Situationen mit einfließen.

Der Wahrnehmungsprozess vollzieht sich zu 90 Prozent im Unterbewusstsein sehr schnell und ist damit an sich nicht beeinflussbar. Nach der Wahrnehmung beginnt der Prozess der Informationsverarbeitung. Hier kommen die bereits genannten Faktoren wie Erfahrungen und Vorwissen zum Tragen. Wesentlich für Entscheidungsprozesse und damit für die Motivation und schließlich für das Handeln ist das Wahrnehmungsbild. Mit diesem geht die unbewusste Wahrnehmung in das Bewusstsein über. Dieser Prozess ist von außen insofern nicht beeinflussbar, als er auf individuellem Erfahrungswissen basiert. Bis zu einem gewissen Grad kann jedoch auf die konkrete Situation der Wahrnehmung Einfluss genommen werden. Beeinflussbar von außen ist die optische, akustische, olfaktorische und haptische Wahrnehmung. Die Sinneswahrnehmung kann gezielt gesteuert werden.

Abbildung 3–5: Möglichkeiten der Sinneswahrnehmung

Auge – optisch	Ohr – akustisch	Nase – olfaktorisch	Tastsinn – haptisch
optischer Eindruck eines räumlich begrenzten Gebietes	akustischer Eindruck, dauerhafte Wahrnehmung	Geruchseindruck, örtlich charakteristisch, dauerhafte Wahrnehmung	Berührungseindruck, Oberflächen machen Angebote zum Verhalten

Eine Wohnungsbesichtigung, in der helle sonnige Räume ohne störende Geräusche oder Gerüche mit dem Verwendungszweck adäquaten Materialien wahrgenommen werden, führt logischerweise zu einem anderen Wahrnehmungsbild, als wenn die gleiche, aber mit qualitativ weniger geeigneten Materialien ausgestattete Wohnung an einem Regentag bei lauten Außengeräuschen und abgestandenen Gerüchen besichtigt wird.

Aus psychologischer Sicht läuft der Wahrnehmungsprozess immer parallel bildhaft – emotional und formal – informativ ab.

Abbildung 3–6: Entstehung des Wahrnehmungsbildes

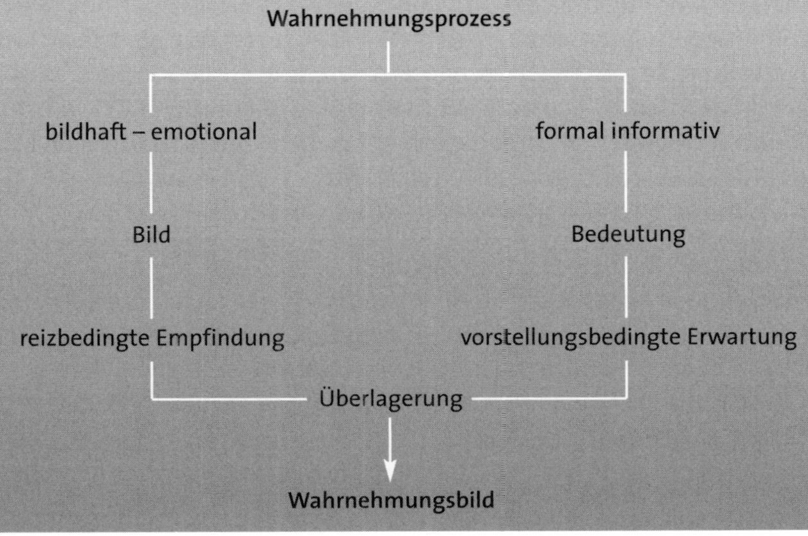

Da die Wahrnehmung sich sehr schnell im Unterbewusstsein vollzieht, ist verständlich, dass die bildhaft emotionale Seite zunächst dominiert. Erst danach und damit zeitverzögert wird durch die kognitiven Fähigkeiten, durch das Vorwissen und durch die Erwartungshaltung die formal informative Seite angesprochen. Diese Erkenntnis ist nicht neu und wird regelmäßig im Rahmen der Werbung genutzt. Die emotionale Ansprache potenzieller Kunden steht hier im Mittelpunkt. Der Produktinformation kommt eine untergeordnete Bedeutung zu. Diese Erkenntnis wird nicht nur im Rahmen der Verkaufs- und Werbepsychologie, sondern mittlerweile in allen Lebensbereichen genutzt, in denen die gezielte individuelle Beeinflussung angestrebt wird. Besonders augenscheinlich ist die Nutzung dieser psychologischen Erkenntnisse bei der Vermittlung politischer Botschaften. Sei es im Rahmen der Inszenierung des amerikanischen Präsidenten George W. Bush oder im Rahmen der Nutzung von Video-Botschaften bei der Geiselnahme zur Durchsetzung politischer Ziele. Die gleiche Denkweise wird genutzt, wenn in Zeitungsartikeln mit der Wahl der Überschrift oder mit Fotos die Meinungsbildung vorweggenommen wird. In allen Fällen wird primär auf die bildhaft-emotionale Seite abgezielt und steht die formal-informative Botschaft im Hintergrund.

Wahrnehmung gegenständlicher Formen

Grundlage für die Wahrnehmung von gegenständlichen Formen sind die allgemeingültigen Gestaltgesetze der Objektwahrnehmung. Diese Gestaltgesetze umfassen Regeln, nach denen Einzelteile wahrgenommen und zusammengefügt werden.[112] Erstmals wurden sie zu Beginn des 20. Jahrhunderts von Max Wertheimer systematisch beschrieben. Aus der Untersuchung von Sehvorgängen erarbeitete und strukturierte er die Prinzipien der visuellen Wahrnehmung. Die von ihm entwickelten Gestaltgesetze sind:

- Gesetz der Nähe (law of proximity)
- Gesetz der Ähnlichkeit (law of similitary)
- Gesetz der guten Fortsetzung (law of continuity)
- Gesetz der Geschlossenheit (law of closure)
- Gesetz des gemeinsamen Schicksals (law of common fate)[113]
- Prägnanzgesetz[114]

Das **Gesetz der Nähe** besagt, dass Wahrnehmungselemente in raum-zeitlicher Nähe als zusammengehörig erlebt werden. Das kann gleichermaßen auf Gegenstände und Personen bezogen werden. Beieinander sitzende Personen werden als Gruppe gesehen. Das Gleiche betrifft die Bewohner eines Hauses oder eines Quartiers. Die Gemeinsamkeit dieser Personen besteht in der räumlichen Nähe zueinander.

Nach dem **Gesetz der Ähnlichkeit** werden ähnliche Elemente eher als zusammengehörig gesehen als einander unähnliche. Gebäude gleichen Baustils, auch wenn sie nicht unmittelbar nebeneinander gelegen sind, werden als Einheit betrachtet.

Wer eine Wohnung in einer Villa sucht, wird sich in dieser Beziehung ähnliche Objekte ansehen, auch wenn sie sich in unterschiedlichen Lagen befinden. Gerade bei der Auswahl der „äußerlichen", d.h. gestalterischen Wohnform kommt das Gesetz der Ähnlichkeit zum Tragen.

In Bezug auf das Wohnen ist dieses Gesetz darüber hinaus unter dem Aspekt der Assoziationen interessant. Wenn mit der angebotenen Wohnung bestimmte positive oder negative Assoziationen infolge der Ähnlichkeit mit Bekanntem verbunden sind, wird das unmittelbar die Entscheidungsfindung zur Anmietung oder zum Kauf beeinflussen. Die bildhaft-emotionale Seite dominiert auch hier im ersten Moment der Wahrnehmung.

112 vgl. Richter, Peter G. (Hrsg.), S. 72
113 vgl. Fröhlich, Werner D., S. 204f.
114 vgl. Richter, Peter G. (Hrsg.), S. 72

Das **Gesetz der guten Fortsetzung** wird auch als Gesetz der durchgehenden Linie oder als Gesetz der Kontinuität bezeichnet. Bei diesem Gesetz werden Linien nach dem Prinzip der Einfachheit fortgesetzt.[115]

In der Darstellung werden zwei in sich geschlossene Linien und eine darüber führende Linie sichtbar.

Abbildung 3–7: Darstellung des Gesetzes der guten Fortsetzung[116]

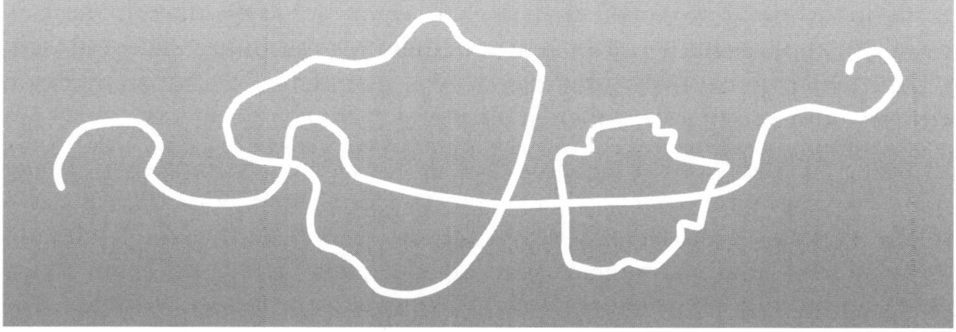

Dieses Gestaltungsgesetz ist im Rahmen der Orientierung bedeutsam. Straßenverläufe, die nicht einer klaren Ausrichtung folgen, d.h. nicht wie üblich geradlinig verlaufen, sondern willkürlich den Verlauf verändern, werden als solche nicht oder nur schwer erkannt. Das Gleiche gilt für die Gestaltung von Gebäuden. Eine Orientierung setzt hier ebenso die systematische Nachvollziehbarkeit der Raumanordnung voraus. Verwinkelte Korridore mit unterschiedlichen Abzweigungen erschweren die Orientierung, überfordern den Nutzer, was in Konsequenz eher zur Ablehnung führt.

Nach dem **Gesetz der Geschlossenheit** werden nicht vorhandene Teile einer Figur ergänzt. Ein Kreis, in dem ein Stück ausgespart ist, wird als solcher erkannt. Ein im Bau befindliches Haus, wird im Rohbau auch ohne Dach als solches wahrgenommen. Das Erfahrungswissen spielt bei diesem Gesetz eine wesentliche Rolle.

In Bezug auf eine Wohnungsbesichtigung resultieren aus diesem Gesetz ganz unterschiedliche Wahrnehmungen. Ein nicht ausgebauter Dachraum erfordert ein bestimmtes Erfahrungswissen, um sich eine attraktive Dachgeschosswohnung vorstellen zu können. Fehlt dieses Erfahrungswissen, kann aus der unfertigen Ausgangssituation nicht auf das künftige Erscheinungsbild ge-

115 vgl. Richter, Peter G. (Hrsg.), S. 76
116 Schönpflug, Wolfgang, S. 335

schlussfolgert werden. An dieser Stelle muss mangels Erfahrungswissen auf andere Visualisierungsmöglichkeiten wie Musterwohnungen, Computersimulationen etc. zurückgegriffen werden.

Das **Gesetz des gemeinsamen Schicksals** beinhaltet die Aussage, dass Elemente oder Gegenstände, die sich gleichmäßig bewegen oder verändern, als zusammengehörig gesehen werden. Als zusammengehörig wird betrachtet, wenn sich Fahrzeuge oder Menschen in die gleiche Richtung bewegen. Als zusammengehörig wird aber auch gesehen, wenn sich Individuen in der gleichen Situation befinden. Verstreut in einem Wartezimmer sitzende Menschen werden genauso als zusammengehörig gesehen wie Personen in einem Fitnessstudio an unterschiedlichen Geräten.

In Bezug auf das Wohnen lassen sich hier vor allem Zusammenhänge über sozial-ökonomische Faktoren herstellen. Es kann eine Gemeinsamkeit zwischen gleichaltrigen Personen, zwischen Personen mit vergleichbarer Einkommens- und Vermögenssituation oder zwischen Personen mit gleichem ethnischen Hintergrund bestehen oder wahrgenommen werden. Die Entwicklung von positiven Nachbarschaftsbeziehungen hängt maßgeblich von dieser Gesetzmäßigkeit und ihrer Wahrnehmung ab.

Zentrales Gesetz der Gestaltungspsychologie ist das **Prägnanzgesetz**. „Nach ihm erfolgt die Ausbildung von Wahrnehmungseinheiten stets so, dass das Ergebnis eine möglichst einfache und einprägsame Gestalt darstellt."[117] Im übertragenen Sinn kann dieses Gesetz auch in der Richtung interpretiert werden, dass das, was prägnant ist und bei der Wahrnehmung dominiert, maßgeblich den Wahrnehmungs- und damit Entscheidungsprozess beeinflusst. Dies können Formen, Farben oder Gerüche sein. Die Schwierigkeit der Erfassung besteht in der Individualität der Wahrnehmung aufgrund der individuellen Assoziationen, die mit dem jeweiligen Umweltreiz verbunden werden.

3.3.2 Wahrnehmung der Umwelteinheit Wohnen

Die Wahrnehmung der Umwelteinheit Wohnen aus psychologischer Sicht fand bisher relativ wenig Beachtung. Fragen zur Ortsbindung von Menschen, zum Territorialverhalten, zu Auswirkungen, die mit einem Ortswechsel verbunden sind, zur Beeinflussung des Sozialverhaltens durch bestimmte Grundriss- oder Siedlungsgestaltungen sind nur in Ansätzen erforscht. Ausführungen zu wohn- bzw. zu architekturpsychologischen Fragestellungen,

117 Brockhaus Psychologie, S. 212

die über die Behandlung von Einzelfragen hinausgehen, sind bei Antje Flade „Wohnen psychologisch betrachtet“ und bei Peter G. Richter „Architekturpsychologie – eine Einführung“ zu finden. Flade beschäftigt sich mit einzelnen Themen zum Wohnen, wobei die Themen und ihre Strukturierung scheinbar willkürlich gewählt wurden.

Richter wendet psychologische Grundkenntnisse auf Aspekte von Architektur und Stadtentwicklung an. Dieser Ansatz ist logisch nachvollziehbar. Der praktische Bezug bzw. Hinweise zur Umsetzung der architekturpsychologischen Erkenntnisse bleiben jedoch relativ gering.

In den weiteren Ausführungen wird versucht, die psychologischen Kenntnisse zur Wahrnehmung der Umwelt im Allgemeinen auf die Wahrnehmung der Umwelteinheit Wohnen im Besonderen zu beziehen. Damit soll ein Schritt über die bisher vorliegenden Erkenntnisse hinausgegangen werden. Insbesondere sollen Anregungen zur praktischen Anwendung bei der Planung von Wohnungen und des Wohnumfeldes, bei der Präsentation der Wohnungen und bei der Zielgruppenansprache gegeben werden.

Die wesentliche Frage ist, wie die objektiven Merkmale der Umwelteinheit Wohnen subjektiv wahrgenommen werden. Dabei hängt die subjektive Wahrnehmung ab:

- von der Bedeutung der die Wohnqualität bestimmenden Indikatoren für den Einzelnen,
- von der Erwartungshaltung, die an die Wohnverhältnisse im Vergleich zu den bisherigen Wohnverhältnissen gestellt werden und
- vom Vergleich der Wohnverhältnisse innerhalb der sozialen Schicht, in die sich das Individuum selbst einordnet.

Die Entscheidung für oder gegen eine Wohnung hängt somit nicht allein von den objektiv vorzufindenden Merkmalen ab, sondern wird maßgeblich vom subjektiven Anspruch beeinflusst.

Hinsichtlich der subjektiven Wahrnehmung kann von allgemeingültigen Kriterien ausgegangen werden, die auf die Wahrnehmung der Umwelteinheit Wohnen bezogen werden können.

Diese allgemeingültigen Kriterien zur Wahrnehmung der Umwelteinheit Wohnen umfassen:

1. **das Informationsangebot,**
2. **die Wirkung von Farben und von Licht,**

3. **die Wirkung von Schall und Lärm,**
4. **die Wirkung von Gerüchen,**
5. **die Wirkung von Materialien,**
6. **die Verfügbarkeit über die Umwelteinheit,**
7. **die Aneignung der Umwelteinheit,**
8. **die Umweltkontrolle.**

Während es sich bei den ersten fünf allgemeingültigen Kriterien um die unmittelbare Sinneswahrnehmung handelt, umfassen die Kriterien Verfügbarkeit, Aneignung und Umweltkontrolle die Wahrnehmung durch Interaktion mit der Umwelteinheit Wohnen.

1. Informationsangebot

Unter Informationsangebot der Umwelteinheit Wohnen werden sämtliche Reize, die in der Umwelt aufgenommen werden, verstanden. Diese Reize können gleichermaßen optischer, akustischer, olfaktorischer oder haptischer Art sein. Für alle diese Reize gilt, dass sie in Abhängigkeit von ihrer konkreten Art und Intensität nicht, nur gering, positiv oder negativ wahrgenommen werden können. Eine positive Wahrnehmung besteht bei einer Reizvielfalt, die anregend ist, jedoch nicht zu einer Reizüberflutung führt. In der Reizvielfalt müssen Strukturen erkennbar bleiben. Ein positives Informationsangebot besteht demnach dann, wenn die Umwelteinheit nachvollziehbar strukturiert und damit als ästhetisch empfunden wird.

Diese Reizvielfalt kann durch eine abwechslungsreiche Gestaltung des öffentlichen Raumes, von Fassaden oder von Grundrissen erreicht werden. Die Reizvielfalt ist zur Orientierung in der Umwelteinheit Wohnen unabdingbar. Die Orientierung erfolgt über das kognitive Kartieren. „Unter kognitivem Kartieren (cognitive mapping) versteht man kognitive oder geistige Fähigkeiten, die es dem Menschen ermöglichen, Informationen über die räumliche Umwelt zu sammeln, zu ordnen, zu speichern, abzurufen und zu verarbeiten ... Die kognitive Karte (cognitive map) ist das Produkt dieses Prozesses, d.h. sie ist die strukturelle Abbildung der räumlichen Umwelt."[118] Die Existenz solcher kognitiver Karten wird deutlich, wenn es um die Wegbeschreibung geht. Es werden hier weniger exakte Maßangaben in Form von Meterdistanzen, Winkeln oder Himmelsrichtungen verwendet, als eine Orientierung an signifikanten Umweltmerkmalen gegeben. An Stelle der Beschreibung:

118 Richter, Peter G. (Hrsg.), S. 94

„Sie gehen 200 Meter nach Norden, biegen dann 30 Grad östlich ab, laufen 120 Meter weiter und gehen danach 50 Meter in südliche Richtung" wird die Wegbeschreibung eher in der Art gegeben: „Sie laufen jetzt gerade aus bis zum Haus mit den blauen Fensterläden und der Sitzbank vor der Tür. Dort gehen Sie halb schräg nach rechts, bis sie zur nächsten Kreuzung kommen. An dieser Kreuzung gehen sie dann nochmals nach rechts in die Straße, wo am Anfang der Briefkasten steht. Von dort sind es noch ca. 50 Meter." Umweltmerkmale in Form und Farbe sind eine wesentliche Voraussetzung für das Erkennen und damit für die Orientierung in der Umwelteinheit Wohnen. Das setzt die Unterscheidung zwischen den Umweltmerkmalen voraus. Ein monoton gestalteter Straßenraum mit architektonisch identischen Gebäuden mit gleicher Fassaden- und Eingangsgestaltung wirkt monoton und erschwert die Erkennbarkeit. Die Orientierung wird auch dann erschwert, wenn Straßenverläufe nicht nachvollziehbar sind. Das ist beispielsweise der Fall, wenn in einem Wohngebiet ein Teil der Straßen erwartungsgemäß in eine Richtung verläuft, ein anderer Teil der Straßen jedoch Abzweigungen enthält. Die hier genannten Probleme können in einigen Neubaugebieten aus den siebziger und achtziger Jahren des 20. Jahrhunderts beobachtet werden. Mit einer erschwerten Orientierung wird die Wahrnehmung der Um-

Foto 7: Monotonie

welteinheit Wohnen mehr oder weniger bewusst negativ beeinflusst. Die Orientierungsprobleme von Kleinkindern in äußerlich monotonen und verwirrenden Umgebungen verdeutlichen dieses Problem. Mit einer unterschiedlichen Gestaltung von Fassaden und Eingangsbereichen, mit der so genannten Möblierung des öffentlichen Raums, d.h. mit Hilfe von Bepflanzungen, Skulpturen oder Sitzgelegenheiten, kann diesem Problem begegnet werden.

Eine abwechslungsreiche Gestaltung der Umwelteinheit Wohnen, die schließlich zu einer positiven Wahrnehmung führt, kann mit der Verwendung unterschiedlicher Materialien und mit der Kombination künstlicher und natürlicher Stoffe erreicht werden. Die damit verbundene Reizvielfalt kann gleichermaßen im öffentlichen Raum, am Objekt und in der Wohnung erreicht werden. Gehwege, Freiflächen oder Uferzonen lassen sich abwechslungsreich durch die Nutzung von Stein, Holz oder Sanden gestalten. Fassaden können wirkungsvoll in Szene gesetzt werden, wenn an Stein- oder Betonelementen Holzelemente angefügt werden. Die Innengestaltung der Objekte lässt sich durch die parallele Nutzung von Stein, Holz und Metall in Szene setzten.

Ein Informationsangebot, das zu einer positiven Wahrnehmung der Umwelteinheit Wohnen führt, ist durch folgende Merkmale gekennzeichnet:

- Abwechslung in Farben und Formen von Fassaden,
- Vielfalt baulicher Materialien,
- Orientierungspunkte (kognitive Kartierung),
- überschaubare und damit nachvollziehbare Strukturen.

2. Wirkung von Farben und Licht

Aus architektur- und wohnpsychologischer Sicht ist die Wirkung von Farben und von Licht vergleichsweise umfassend analysiert. Farben sind der schnellste Informationsträger der Sinneswahrnehmung. Sie aktivieren auf der Ebene des Unterbewusstseins Instinkte und Überlebensmuster, die prähistorisch geprägt sind. Genau aus diesem Grund erfolgt die Regelung des Straßenverkehrs mit farblichen Ampeln. Farben und Licht beeinflussen unseren Tagesrhythmus und beeinflussen das räumliche Orientierungsvermögen. Farben haben aber auch eine unmittelbar physische Wirkung, indem sie die Muskelanspannung, den Blutdruck und auch die nervliche Aktivität beeinflussen können.

Unterschieden wird zwischen den Primärfarben rot, gelb und blau, den Sekundärfarben, die aus der Mischung von zwei Primärfarben entstehen, nämlich grün (aus gelb und blau), orange (aus gelb und rot) und lila (aus rot und blau). Tertiärfarben entstehen dann aus der Mischung von Primär- und Sekundärfarben.

Abbildung 3–8: Symbolik und Wirkung von Farben[119]

Farbe	Assoziation	Symbolik	Farbwirkung
Gelb	Sonne	Kommunikation Interesse Neid Glück Reichtum	heiter strahlend anregend wärmend
Rot	Blut	Gefühl Leidenschaft Aggression Lebenskraft	aktiv aufregend lebhaft
Blau	Himmel	Treue Weisheit Denken Vernunft Frische	kühl zurückhaltend entspannend beruhigend
Orange	Orangen	Südländisches Flair	anregend vital leuchtend
Braun	Erde	Wärme	trittsicher einengend erdrückend
Grün	Natur	Blattpflanzen Natur Hoffnung	beruhigend ausgleichend entspannend
Weiß	Unschuld	Reinheit Verlassenheit	unpersönlich auflösend entleerend
Schwarz	Trauer	Tod Leid Magie	dunkel schwer

119 vgl. u.a. Richter, Peter G. (Hrsg.), S. 170ff.

Die oben beschriebenen Farbwirkungen können nur als sehr allgemein gesehen werden. Wichtiger noch als die Farbe an sich ist die Intensität und damit der exakte Farbton, durch den eine bestimmte Wirkung erzielt wird. Hinzu kommen individuelle Vorlieben oder Abneigungen zu Farben, was die Wirkung auf den Einzelnen unmittelbar beeinflusst. „Welche Bedeutung einer Farbe zukommt, hängt erstens davon ab, wie sie auf allen Sinnen empfunden wird, zweitens, wie sie individuell erfahren wird, und drittens davon, was über sie gedacht wird. Die Symbolik der Farben ist entstanden aus der Verallgemeinerung emotionaler Farbwirkungen und der Bedeutungsüberlieferung über Jahre hinweg. Auf die Frage, welche Farbe die Hoffnung habe, antworten die meisten Menschen mit Grün, und auf die Frage nach der Liebe mit Rot. Allerdings gibt es keine kulturübergreifende Einheitlichkeit. So ist zum Beispiel in Europa Schwarz und in Japan Weiß die Farbe der Trauer.“[120]

Und nicht zuletzt wird das farbliche Empfinden durch modische Trends beeinflusst. Dominierten in den neunziger Jahren in der Innenarchitektur starke Kontraste durch Schwarz-Weiß-Gestaltungen (weiße Wände und schwarze Möbel) oder anderweitige Kontraste, haben nunmehr sehr warme Gelb- und Rottöne Renaissance in der Innengestaltung von Räumen, teilweise auch bei der Fassadengestaltung. Die Wärme der südlichen Sonne soll hier offensichtlich in das graue Mittel- und Nordeuropa geholt werden.

Allgemeingut jeglicher Innenarchitektur ist, dass dunkle Farben raumverkleinernd wirken und helle Farben Räume größer erscheinen lassen. Bei sehr hohen Räumen bietet sich durchaus eine dunklere Deckengestaltung an. Auch kann ein länglicher schmaler Raum durch die dunkle Gestaltung der schmalen hinteren Wand optisch kürzer gestaltet werden. Helles Gelb wirkt kommunikationsfördernd, während Blau eher eine beruhigende, entspannende Wirkung nachgesagt wird. Mit diesen Erkenntnissen lassen sich durchaus in Abhängigkeit vom konkreten Nutzungszweck der Räume unterschiedlich gewollte Akzente setzen. Ein weiterer Vorteil in der bewussten unterschiedlichen Farbgestaltung von Räumen liegt in der damit verbundenen Abwechslung und auch Orientierung. Dem unter Punkt 1 genannten Informationsangebot, das zu einer positiven Wahrnehmung der Umwelteinheit Wohnen führen kann, wird damit Rechnung getragen. So kann durch die bewusste farblich differenzierte Gestaltung von Räumen einer Wohnung einerseits Abwechslung und andererseits ein bestimmtes Raumgefühl vermittelt werden.

120 ebenda, S. 169f.

„Insgesamt betrachtet, muss man konstatieren, dass wissenschaftliche Untersuchungsergebnisse zur Wirkung von farblicher Raumgestaltung auf das Erleben und auch auf das Leistungsverhalten widersprüchlich sind ... Mit verbindlichen Empfehlungen sollte man daher vorsichtig sein. Es lässt sich allenfalls sagen, dass Arbeitsräume, in denen eher monotone Arbeit verrichtet wird, durch buntere Gestaltung aufgelockert werden können und Arbeit, die hohe Konzentration und Feinmotorik erfordert, eher nach Zurückhaltung bei der farblichen Raumgestaltung verlangt."[121]

Ebenso wie Farbe ist Licht für das Empfinden und die Motivation maßgeblich. Natürliches Licht ist, trotz aller Fortschritte in der Erzeugung von künstlichem Licht hinsichtlich des Farbspektrums und der Helligkeit, in der positiven Wirkung nicht zu übertreffen. Hintergrund sind hier offensichtlich tief verwurzelte Erfahrungen im chronobiologischen System des Menschen. Um dem natürlichen Licht sehr nahe zu kommen, ist es erforderlich, die Blauanteile im künstlichen Licht herauszufiltern. Die Lösung könnte in einer so genannte Melatonin-Leuchte, deren Lichtspektrum dem des Feuers ähnelt, bestehen.[122]

Beleuchtungsstärke und Reflexionsgrade beleuchteter Flächen bestimmen die Leuchtdichte, die schließlich den Helligkeitseindruck vermitteln. In nach Norden gerichteten Räumen, in denen wenig oder keinerlei Sonneneinstrahlung erfolgt, kann durch helle Wände der Reflexionsgrad des Lichtes erhöht werden. In nach Süden ausgerichteten Räumen mit hoher Sonneneinstrahlung kann eine etwas dunkler getönte Wandgestaltung sinnvoll sein, um die Leuchtdichte zu vermindern.

Mit der Beleuchtung von Gebäuden und von Räumen lassen sich gezielt Akzente setzen und Stimmungen vermitteln. Gebäude erstrahlen im wahrsten Sinne des Wortes in einem ganz anderen Licht, wenn Fassadenteile mit Scheinwerfern ausgeleuchtet oder beleuchtet werden. In öffentlichen Räumen, insbesondere in Restaurants, kann mit Licht eine warme, gemütliche oder eher kalte, sachliche Atmosphäre erzeugt werden.

Nicht zuletzt wird mit der Farb- und Lichtgestaltung das Wärmeempfinden beeinflusst. Räume in warmen Gelbtönen oder gelblichen Lichttönen werden subjektiv wärmer empfunden. Kalt wirkende Blautöne oder Licht mit einem höheren blauen Lichtspektrum dagegen wirken kühler.

121 Hellbrück, Jürgen; Fischer, Manfred, S. 206f.
122 vgl. Immobilien Zeitung Nr. 16, 2005, S. 9

3. Wirkung von Schall

Die Wirkung von Schall, d.h. die akustische Sinneswahrnehmung, beeinflusst die Wohnqualität maßgeblich, da es sich hierbei um einen dauerhaften Wahrnehmungsprozess handelt, der nicht oder nur begrenzt beeinflusst werden kann. Während Farb- und Lichtgestaltung in der Wohnung mitbestimmt werden können, lässt sich die akustische Einwirkung nicht immer verhindern. Mit dem Schall werden die territorialen individuellen Grenzen überschritten. Damit wird die Privatsphäre maßgeblich beeinflusst. In Abhängigkeit von der konkreten Wohnlage, von der Bauqualität (Dicke der Wände zwischen benachbarten Wohnungen, Schallschutzfenster) und vom Nachbarschaftsverhalten gehört Schall den wichtigsten die Wohnqualität beeinflussenden Faktoren. Hinzu kommt auch hier die ganz unterschiedliche subjektive Wahrnehmung, ob Schall bzw. Geräusche als störend oder als nicht störend empfunden werden. Nicht allein die Reizintensität, sondern die subjektive Wahrnehmung dieser akustischen Reize ist entscheidend. Wer in einer sehr verkehrsreichen und eher lauten Gegend seine Kindheit verbracht hat, wird auf diese Geräusche anders reagieren als derjenige, der in einer ruhigen, ländlichen Wohngegend aufgewachsen ist.

Von der subjektiven Wahrnehmung hängt ab, inwieweit mit der Schallwirkung für den Bewohner eine Stresssituation verbunden ist. Umweltstress beinhaltet die nicht gelungene Anpassung des Organismus an Umgebungsreize. Befindet sich der Organismus im Gleichgewicht zwischen äußeren Reizen und seinen individuellen Bedürfnissen, so befindet er sich in einem Zustand der Homöostase. Das biologischen System ist dann in der Lage, sich selbst zu regulieren. Eine solche Anpassung führt zu physischem und psychischem Wohlbefinden. Gelingt sie nicht, entsteht Stress. Belastende Umweltreize sind ein typischer Stressor. Die Wirkung auf die Psyche und auf die Physis des Menschen hängt maßgeblich davon ab, inwieweit es sich um einen akuten oder um einen chronischen Stressor handelt. Auf eine dauerhafte Lärmbelästigung kann in Abhängigkeit von der Intensität und von der subjektiven Wahrnehmung entweder mit Anpassung oder mit Erschöpfung reagiert werden. Im ersten Fall wird das Geräusch gar nicht mehr wahrgenommen, ein Phänomen, das bei Bewohnern in der Nähe von Eisenbahnlinien oder Flughäfen mitunter feststellbar ist. Im anderen Fall wird mit Krankheitssymptomen reagiert oder wird, sofern die Möglichkeit dazu besteht, ein Wohnortwechsel erfolgen. Handelt es sich um einen akuten Stressor, dann hängt die subjektive Wahrnehmung maßgeblich davon ab, inwieweit man sich auf diesen Umweltreiz einstellen konnte. Kündigt der

Nachbar eine laute Feier für den Abend an, kann man sich darauf einstellen und die Lärmbelästigung wird wesentlich weniger stressreich empfunden, als wenn man plötzlich und völlig unerwartet um seine Nachtruhe gebracht wird.

Aus immobilienwirtschaftlicher Sicht lässt sich auf die Wirkung von Lärm mit nutzerspezifischen, mit architektonischen, mit bautechnischen und mit sozialen Maßnahmen reagieren. In bestimmten Lagen schließen sich von vornherein wohnwirtschaftliche Nutzungskonzepte, sofern es sich um eine Neuentwicklung von Immobilien handelt, aus. Ist bereits eine wohnwirtschaftliche Nutzung gegeben, muss bei der Grundrissgestaltung die akustische Beeinträchtigung berücksichtigt werden. Räume, in denen ein höherer Ruhebedarf besteht, wie Schlafzimmer, Arbeits- oder Kinderzimmer müssen schallabgewandt errichtet werden. Bautechnisch kann auf die Lärmbelästigung mit der Verwendung adäquater Materialien und Schallschutzfenster reagiert werden. Aus sozialer Sicht kann dadurch Einfluss genommen werden, dass die Wohnungen an Bewohner mit ähnlichem Sozialverhalten vermietet werden.

Ein Aspekt der Wirkung von Schall fand bisher in der Immobilienwirtschaft noch kaum Beachtung: das Akustikdesign. Unter Akustikdesign wird die zielgerichtete funktionale Nutzung von Geräuschen verstanden. Dabei wird eine Einheit zwischen Geräusch und Funktion angestrebt. In der Automobilindustrie wird Akustikdesign ganz bewusst eingesetzt. Die Anlassergeräusche eines Sportwagens müssen die PS-Zahl und die Geschwindigkeit zum Ausdruck bringen. Das Zuklappen einer Autotür muss die Solidität der Verarbeitung verdeutlichen. Akustikdesign wird darüber hinaus genutzt, um andere Geräusche zu maskieren. Das ist beispielsweise in Restaurants oder in Kaufhäusern der Fall. Mit beruhigender Musik kann darüber hinaus der Anspannungsgrad in (Zahn-) Arztpraxen gesenkt werden.

Inwieweit bestimmte funktionale Geräusche, sei es das Schließen von Türen und Fenstern oder der Trittschall von Holz, Parkett, Kork, Laminat oder Teppichboden, die Miet- oder Kaufentscheidung von Immobilien beeinflusst, ist bisher kaum erprobt, geschweige denn erforscht. Anzunehmen ist jedoch, dass mit Geräuschen verbundene angenehme oder unangenehme Assoziationen unbewusst oder auch bewusst einen nicht zu unterschätzenden Einfluss auf die Wohnentscheidung haben.

4. Wirkung von Gerüchen

Ebenso wie akustische sind auch olfaktorische Reize dauerhaft. Das heißt man kann die Wahrnehmung nicht verhindern, da sich die Nase prinzipiell nicht verschließen lässt. Der Geruchssinn des Menschen ist im Vergleich zu dem des Hundes wenig ausgeprägt. Während der Hund über eine Milliarde Riechzellen hat, verfügt der Mensch nur über annähernd 10 Millionen. Dennoch ist nachweisbar, dass Wohlgerüche zu höherem Wohlbefinden, zu effizienteren Arbeitsstrategien, zu Zugeständnissen in Verhandlungen und zu höherer Produktivität beitragen. Diese Erkenntnis wird bei der Anwendung von Aromatherapien, aber auch bei der gezielten Beduftung von Verkaufsräumen genutzt. Umgekehrt führen unangenehme Gerüche zu Ablehnung oder gar Ekel. Die hohe Bedeutung olfaktorischer Wahrnehmung resultiert aus der assoziativen Kraft von Gerüchen. Gerüche wirken im Unterbewusstsein und können an lang zurückliegende Ereignisse erinnern. Charakteristische Gerüche aus der Kindheit erinnern auch Jahre oder Jahrzehnte später an bestimmte Ereignisse. Unterschiede in der Geruchswahrnehmung bestehen nachweisbar zwischen Männern und Frauen. Frauen reagieren in der Regel wesentlich sensibler auf Gerüche.

Aus immobilienwirtschaftlicher Sicht könnten die vorliegenden Erkenntnisse anderer Branchen durchaus erfolgreich angewendet werden. So wie in der Automobilindustrie versucht wird, unangenehme Gerüche durch die im Innenausbau des Autos verwendeten unterschiedlichen Materialen zu vermeiden, müsste die gleiche Überlegung beim Neubau, Umbau oder bei der Modernisierung von Gebäuden eine Rolle spielen. Dass diesem Wahrnehmungsaspekt bisher relativ geringe Bedeutung beigemessen wird, kann bei Wohnungsbesichtigungen beobachtet werden. Wenig gelüftete Räume führen zwangsläufig zu abgestandenen Gerüchen, mit denen keine positiven Assoziationen erreicht werden können. Noch negativer wirken unsanierte Wohnungen mit Rauch- oder sonstigen Gerüchen des Vormieters.

In einer empirischen Erhebung im Rahmen einer Diplomarbeit wurde versucht, den Einfluss von Gerüchen bei Wohnungsbesichtigungen und schließlich bei der Entscheidung für die Anmietung der Wohnung nachzuweisen[123]. Dabei wurde von folgender Versuchsanordnung ausgegangen: Es wurden zwei übereinanderliegende Wohnungen in ein und demselben Haus mit identischen Grundrissen ausgewählt. Eine Wohnung wurde leicht mit einem Zitronengras beduftet. Dabei wurde darauf geachtet, dass die Duftverbreitung

123 vgl. Meißner, Juliane, S. 32ff.

sehr dezent war und damit primär nur über das Unterbewusstsein wahrgenommen werden konnte. Im Rahmen der durchgeführten Wohnungsbesichtigungen wurden die Mietinteressenten unter anderem befragt, für welche der beiden Wohnungen sie sich spontan entscheiden würden, wenn sie eine Wohnung anmieten würden. Verblüffend war, dass sich 77 Prozent der Befragten für die beduftete Wohnung entschieden. Dabei hatte die Mehrzahl der Testpersonen den Zitrusduft nicht bewusst wahrgenommen. Auf die Frage, warum sie diese Wohnung wählen würden, wurde als Grund genannt, dass die Wohnung größer oder heller sei. Beide Wohnungen hatten identische Größen und Grundrisse. Die Besonnung war bei der nicht bedufteten Wohnung sogar besser. Es wurden 94 Personen befragt. Angestrebt wurde die doppelte Anzahl. Der Versuch konnte nicht fortgesetzt werden, da die beduftete Wohnung nach fast zwei Jahren Leerstand vermietet wurde.

Die empirische Erhebung verdeutlicht die durchaus gegebene Chance eines gezielten Duftmarketings in der Immobilienwirtschaft.

5. Wirkung von Materialien

Die Wahrnehmung der Umwelteinheit Wohnen wird maßgeblich durch die verwendeten Materialien und vor allem durch die damit verbundenen Assoziationen beeinflusst. Materialien und Flächen machen bestimmte Angebote an das Verhalten. „Die Anordnungen von Oberflächen legen fest, was mit ihnen gemacht werden kann und was nicht. Diese Handlungsmöglichkeiten oder Einschränkungen nennt Gibson Affordanz.“[124] Weiche Oberflächen wie Holz, Textilen (z.B. Teppich) oder Moos fordern zur Berührung auf. Wie instinktiv dieser Aufforderung gefolgt wird, wird sichtbar, wenn Menschen in Möbelhäusern beobachtet werden. Raue Oberflächen stoßen ab. Eine Sitzbank aus rauem und kaltem Stein lädt kaum zum Hinsetzen ein. Glatte, spiegelnde Oberflächen vermitteln den Eindruck von Rutschgefahr. Instinktiv wird man solche Flächen vorsichtiger betreten.

Die Wirkung von Materialen hängt darüber hinaus maßgeblich von der Nutzungsangemessenheit ihrer Verwendung ab. Holz ist nicht immer gut und Beton ist nicht immer schlecht. Glatte, gepflegte Holzflächen wirken warm und damit einladend zur Berührung. Verwitterte raue Holzflächen dagegen wirken verfallen und abstoßend. Unbearbeitete Betonflächen und -säulen im Foyer einer Hochschule können eine Tiefgaragenatmosphäre assoziieren.

124 Richter, Peter G. (Hrsg.), S. 62

Beton kann jedoch z.B. in einer Form als Kuppel ausgebildet, auch eine völlig andere Wirkung hervorrufen. Darüber hinaus können bestimmte Materialien ganz bewusst verwendet werden, um Wiedererkennungseffekte zu erreichen. Sichtbar wird das in der Gestaltung von Szenekneipen oder Ladeneinrichtungen.

Foto 8: Wirkung von Holz

Aus immobilienwirtschaftlicher Sicht ist die Nutzungsangemessenheit der Materialen sowohl aus ästhetischer als auch aus wirtschaftlicher Sicht von Bedeutung. Aus ästhetischer Sicht kann darüber hinaus mit der Vielfalt eingesetzter Materialien eine bestimmte anregend positive Wirkung erreicht werden. Aus wirtschaftlicher Sicht sind die Nutzungsdauer der Materialien gemäß Verwendungszweck und die Kosten für Pflege und Instandhaltung zu berücksichtigen. Für Bereiche mit hohem Publikumsverkehr sind härtere Materialen mit geringerem Abrieb zu verwenden als für wenig frequentierte Räume. Parallel dazu ist die bereits genannte assoziative Wirkung der verwendeten Materialien mit zu berücksichtigen.

6. Verfügbarkeit über die Umwelteinheit Wohnen

Unter Verfügbarkeit über die Umwelteinheit Wohnen wird die individuelle Nutzungsmöglichkeit verstanden. Diese betrifft die Wohnung, aber auch die Wohnumgebung. Von der Verfügbarkeit hängt maßgeblich ab, welche Interaktion mit Wohnung und Wohnumgebung möglich wird. Die Möglichkeit der Interaktion mit der Umwelteinheit Wohnen beeinflusst wiederum die Wahrnehmung derselben.

Die Nutzungsmöglichkeit hängt zum einen von der räumlichen Ausdehnung (nutzbare Flächen in der Wohnumgebung, Grundstücksgrößen, Wohnungsgrößen, Raumgrößen), zum anderen von der qualitativen Nutzungsmöglichkeit ab. Welchen Nutzen hat ein Balkon, der einer Straße mit hoher Lärm- und Abgasbelastung zugewandt ist? Was nutzt der Spielplatz vor der Haustür, wenn dort nur zeitlich befristet gespielt werden darf? Welchen Nutzen hat eine Rasenfläche vor dem Haus, die nicht betreten werden darf? Welchen Wert hat ein See in der Wohnungsnähe, in dem aufgrund privater Eigentumsverhältnisse nicht gebadet und an dessen Ufer nicht spazieren gegangen werden darf?

Die Verfügbarkeit der Umwelt steht in unmittelbarer Verbindung mit den Konzepten der Mensch-Umwelt-Beziehungen von **persönlichem Raum und Territorialität**[125].

Jeder Mensch hat einen bestimmten **Anspruch auf persönlichen Raum** und verfügt über ein individuelles Enge-Empfinden. Der Anspruch an den persönlichen Raum hängt von Erfahrungswerten und von der jeweiligen konkreten Situation ab. Erfahrungswerte betreffen in Bezug auf das Wohnen bereits gemachte Wohnerfahrungen. Die Kindheitserfahrungen sind hier zweifelsfrei prägend. Ist jemand in einer großzügigen Altbauwohnung mit hohen Wänden und großen Räumen aufgewachsen, wird er eine kleine, wenn auch sehr funktional gestaltete Neubauwohnung anders empfinden als jemand, der eher in engeren Wohnverhältnissen aufgewachsen ist.

Mit der Verfügbarkeit der Umwelteinheit Wohnen ist der Anspruch auf Privatheit verbunden. Privatheit kann mit einer abgeschlossenen Wohnung oder mit einem individuell nutzbaren Zimmer erreicht werden. Ist eine solche Zurückgezogenheit nicht möglich, d.h. ist die individuelle Verfügbarkeit eingeschränkt, führt das zu Wohnunzufriedenheit.

125 vgl. Hellbrück, Jürgen; Fischer, Manfred, S. 335ff.; Richter, Peter G. (Hrsg.), S. 193ff.

Unter **Territorialität** wird die individuelle räumliche Inanspruchnahme verstanden. Diese räumliche Inanspruchnahme kann dauerhaft sichtbar markiert sein, kann aber auch ohne Markierung nach außen durch die zeitweilige Inanspruchnahme vermittelt werden. Eine sichtbare Abgrenzung kann gegenüber dem Nachbarn erfolgen, innerhalb der Wohnung mit der Zuordnung von Räumen zu bestimmten Personen geschehen und innerhalb eines Raums durch die gewohnheitsmäßige Inanspruchnahme beispielsweise von Sitzplätzen zum Ausdruck kommen. Dass der Wunsch nach territorialer Abgrenzung kulturspezifisch unterschiedlich geprägt ist, wird deutlich, wenn man Einfamilienhaussiedlungen in Deutschland und in anderen Ländern betrachtet. Während in der Regel in Deutschland das Territorium (am besten schon vor dem Hausbau) mit einem Zaun „abgesteckt" wird, ist eine solche Einzäunung in anderen Regionen weniger üblich. Unterschiede bestehen darüber hinaus in der territorialen Abgrenzung nach innen. Hier kann eine strikte Trennung zwischen den Raumnutzungen festgelegt werden, können aber die Übergänge auch fließend gestaltet werden. Im asiatischen Raum besteht eher eine Abschirmung nach außen und weniger nach innen. Die Sicht in den privaten Bereich wird durch Mauern oder Hecken eingegrenzt. Innerhalb des Hauses jedoch erfolgt keine so strikte Abgrenzung zwischen den Räumlichkeiten. Im nordamerikanischen Kulturkreis dagegen kann tendenziell eine umgekehrte Verhaltensweise beobachtet werden. Die Grundstücke sind seltener mit Zäunen, Hecken oder Mauern voneinander getrennt. Dagegen besteht eine räumliche Trennung nach innen.

Eine zeitlich begrenzte Inanspruchnahme erfolgt durch die individuelle Nutzung von Territorien. Damit geht die Territorialität weit über den abgeschlossenen privaten Bereich hinaus und umfasst gleichermaßen halböffentliche und öffentliche Räume. Hierzu gehören die zum Wohnquartier gehörigen Grünflächen oder in Wohnnähe befindliche Park-, Sport- und Freizeitanlagen. In dem Maße, wie solche Räume nutzbar sind, gehen die objektiven Umweltmerkmale in subjektiv bedeutsame über. Damit ist die Voraussetzung dafür gegeben, sich mit der Umwelteinheit Wohnen zu identifizieren.

Die Verfügbarkeit über Räume, über die Wohnung und über das Wohnumfeld beeinflusst maßgeblich den Wahrnehmungsprozess. Ist eine solche Verfügbarkeit gegeben, wird der Wahrnehmungsprozess eher positiv verlaufen, da individuelle Handlungsziele mit dem Wohnen erfüllt werden können. Die Umwelteinheit Wohnen unterstützt in diesem Fall die Selbstverwirklichung des Individuums. Werden Innenflächen von Wohnquartieren gleichermaßen als Kommunikationszone durch begrünte Sitzecken neben Trockenplätzen für die Wäsche und Spielmöglichkeiten für Kleinkinder gestaltet, können in ein und demselben Quartier ganz unterschiedliche Zielgruppen angesprochen werden. Die Verfügbarkeit des Wohnumfelds wird erhöht, was schließlich zu einer höheren Wohnzufriedenheit und damit zur Mieterbindung beiträgt.

7. Aneignung der Umwelteinheit Wohnen

Unter Aneignung wird der Prozess verstanden, in dem die objektive Wohnumwelt in eine subjektiv bedeutsame übergeht. Die Aneignung der Umwelteinheit Wohnen erfolgt als ein Prozess der Identifikation mit derselben. Die Aneignung kann gleichermaßen eine Region, eine bestimmte Landschaft, eine Stadt, einen Ortsteil oder auch ein bestimmtes Quartier bis hin zum Gebäude, zur Wohnung, zum Zimmer oder auch zu bestimmten Gegenständen innerhalb des Zimmers betreffen. Die Bewohner ergreifen durch Aneignung nicht nur physisch, sondern vor allem auch gedanklich und gefühlsmäßig von ihrer Umwelteinheit Wohnen Besitz. Dieser Aneignungsprozess wird deutlich, wenn der Ort der Kindheit dauerhaft als Heimat verstanden wird. Aneignung setzt voraus, dass mit der Umwelteinheit Wohnen bestimmte Erfahrungen und Erlebnisse verbunden werden. Dieser Erfahrungsschatz führt zur Identifikation und damit auch zum Interesse an diesem konkreten Ort. Dieses Interesse wiederum führt zum Engagement für die Erhaltung des jeweiligen Raums.

Augenscheinlich wird dieser Prozess, wenn Sponsoren oder Mäzene ihre Heimatstadt unterstützen, wenn ehrenamtlich Funktionen im Interesse der Stadt- oder Ortsteilentwicklung übernommen werden oder wenn die Pflege der Freiflächen und des Quartiers durch die Bewohner erfolgt. Eine solche Identifikation der Bewohner erfordert jedoch, dass diese auch Einfluss auf die Entwicklung ihrer Umwelteinheit Wohnen nehmen können. Dieser Prozess wird als partizipatorische Planung bezeichnet. Ein solches Herangehen wird zunehmend durch Wohnungsunternehmen praktiziert, die Balkone erst nach Zustimmung der Bewohner bauen und Freiflächen nach den Vorstellungen der Mieter gestalten. Der Vorteil dieser Handlungsweise liegt in der Identifikation mit dem Geschehen. Es vollziehen sich hier analoge Prozesse wie in allen Lebensbereichen. Engagement und Interesse kann nur dann geweckt werden, wenn der Einzelne die Möglichkeit hat, die Entwicklung zu beeinflussen und dazu auch mit bestimmten Entscheidungsbefugnissen ausgestattet wird. Das betrifft gleichermaßen den beruflichen, den privaten und schließlich auch den wohnwirtschaftlichen Bereich. Auch wenn der Prozess der partizipatorischen Planung zunächst mit einem höheren Aufwand verbunden ist, bietet er doch wirtschaftliche Chancen. Werden die Bewohner aktiv in Entscheidungsprozesse zur Entwicklung des Quartiers einbezogen, kann damit eine nachhaltige Mieterbindung, Werterhaltung und Wertsteigerung der Immobilie erreicht werden.

8. Umweltkontrolle

Unter Umweltkontrolle wird die Steuerbarkeit der sozialen Interaktion in der Umwelteinheit Wohnen verstanden. Umweltkontrolle umfasst die Art und Menge ausgetauschter Informationen, die räumliche Distanz zum Nachbarn und die Verfügbarkeit über räumlich abgegrenzte Territorien. Umweltkontrolle kann am besten dann erreicht werden, wenn fließende Übergänge zwischen der individuellen Privatsphäre und dem öffentlichen Raum hergestellt werden.

Umweltkontrolle lässt sich mit einer adäquaten architektonischen Gestaltung erreichen. Nachgewiesen ist, dass die Kommunikation zwischen Reihenhausbewohnern, bei denen die Häuser in einer geraden Reihe angeordnet sind, weniger ausgeprägt ist als bei halbkreisförmiger Anordnung der Häuser. Besonders positiv für die Entwicklung sozialer Kontakte ist die Schaffung so genannter halböffentlicher Räume. Halböffentliche Räume stehen dabei entweder zur individuellen Nutzung, wie zum Beispiel bei der Schaffung von Mietervorgärten, oder auch für die gemeinschaftliche Nutzung ausschließlich für die Bewohner des Quartiers, wie zum Beispiel Sitzecken, Grillplätze etc., zur Verfügung. Der positive Effekt resultiert nicht nur aus der damit verbesserten Kommunikationsmöglichkeit, sondern auch aus der besseren Kontrolle über die Wohnumgebung. Fehlen solche halböffentlichen Räume und besteht eine strikte Trennung zwischen privatem und öffentlichem Raum, ist die Kontrolle objektiv geringer und die Kriminalität in diesen Räumen tendenziell höher. Als besonders negatives Beispiel diesbezüglich ist die Wohnsiedlung Pruitt-Igoe in St. Louis (USA) in die Geschichte eingegangen. Diese Neubausiedlung wurde in den siebziger Jahren des 20. Jahrhunderts abgerissen, da sie völlig verwahrlost und durch eine hohe Kriminalität geprägt war. Als eine Ursache für diese negative Entwicklung wurde das Fehlen halböffentlicher Räume und damit die fehlende Kommunikationsmöglichkeit zwischen den Bewohnern gesehen[126].

126 vgl. Richter, Peter G. (Hrsg.), S. 205

Der Aspekt der Umweltkontrolle vereint im Prinzip die Verfügbarkeit und die Aneignung der Umwelteinheit Wohnen. Mit der Möglichkeit, die Entwicklung der Wohnung und auch der Wohnumgebung zu beeinflussen, und mit der Möglichkeit zum Aufbau sozialer Kontakte vollzieht sich parallel die Identifikation mit der Umwelteinheit Wohnen. Damit sind beste Bedingungen für die Mieterbindung gegeben. Die positive Atmosphäre eines Wohnumfeldes im Sinne eines Kiez-Charakters kann zur Mietergewinnung maßgeblich beitragen.

3.4 Wohnzufriedenheit und Wohnbedürfnisse

3.4.1 Bedeutung und Inhalt von Wohnzufriedenheit

Die Erfassung von Kriterien, die zu Wohnzufriedenheit oder auch -unzufriedenheit führen, ist gleichermaßen aus betriebswirtschaftlicher und aus volkswirtschaftlicher Sicht bedeutsam.

Aus betriebswirtschaftlicher Sicht ist die Kenntnis dieser Kriterien wichtig, um mit Investitionsentscheidungen in die Wohnimmobilienbestände erfolgreich zu agieren und nicht erst im Nachgang auf Mieterfluktuation zu reagieren. Bekanntlich ist die Mieterbindung immer preiswerter als die Mieterneugewinnung. Die Kenntnis der Kriterien, die zu einer hohen Mieterzufriedenheit führen, ist unabdingbar für eine erfolgreiche und nachhaltige Kundenpflege.

Aus volkswirtschaftlicher Sicht wirkt Wohnzufriedenheit in hohem Maße sozial stabilisierend. Wohnzufriedenheit ist die Voraussetzung für die Identifikation mit der Wohnung und mit dem Wohnumfeld. Wird sich mit diesem identifiziert, besteht gleichermaßen Interesse und Bereitschaft zur Pflege und Erhaltung. Individuelles Engagement vermindert Instandhaltungsaufwendungen und führt zu niedrigen sozialen Folgekosten. Aus dieser volkswirtschaftlichen Sicht heraus sind städtebauliche Investitionen in die Gestaltung von Parks, Grünanlagen und anderweitigen öffentlichen Freizeitflächen sowie ein gezieltes Quartiersmanagement eine wesentliche Investition in die Zukunft, um Ortsteile und Quartiere sozial zu stabilisieren.

Mit dieser Betrachtung sind somit gleichermaßen betriebswirtschaftliche und volkswirtschaftliche Zielstellungen verbunden. „Zufriedenheit ist nicht nur ein individuell erstrebenswerter Zustand, sondern es besteht auch ein gesellschaftliches Interesse daran, denn unzufriedene Menschen reagieren häufiger ungehalten und sozial unerwünscht. Sie ziehen überdurchschnittlich häufig um und lehnen jegliche Verantwortung für das Wohnumfeld ab."[127]

Im Wort „Zufriedenheit" steckt das Wort Frieden, d.h. in Frieden mit sich und seiner Umgebung sein. Die Frage ist, unter welchen Bedingungen ist das Individuum mit sich und seiner Wohnung und seinem Wohnumfeld zufrieden? Und worin unterscheidet sich Zufriedenheit vom Wohlbefinden im Sinne von sich wohl fühlen und vom Behagen?

Wohlbefinden oder sich wohl fühlen ist primär Ausdruck eines emotionalen Zustandes, der aus einer Vielzahl das Leben beeinflussender Faktoren resultiert. Man fühlt sich „wohl in seiner Haut" als Resultante der privaten (familiären) Voraussetzungen, der beruflichen Situation, der sozialen Kontakte, des gesundheitlichen Zustandes und auch der Wohnsituation. Selbst wenn einer der genannten Faktoren nicht optimal ist, kann dennoch Wohlbefinden geäußert werden, sofern die positiven Teilaspekte dominieren.

Behagen beschreibt dagegen eine konkrete Situation, die als behaglich empfunden wird. Es geht hier um eine aktuelle gefühlsmäßige Äußerung. Behagen wird empfunden, wenn man an einem kalten Wintertag gemütlich und bequem im Warmen sitzt. Behagen wird ebenso empfunden, wenn im Frühjahr die warmen Sonnenstrahlen zu einem ersten Sonnenbad oder Spaziergang im Grünen locken.

Die Frage nach Zufriedenheit im Allgemeinen und Wohnzufriedenheit im Besonderen ist sehr facettenreich. Zufriedenheit resultiert sowohl aus den objektiven Merkmalen der Umwelteinheit Wohnen als auch aus den ganz individuellen Personenmerkmalen, die zur subjektiven Bewertung führen.

Um Zufriedenheit zu erlangen, ist es notwendig, sich an einem Mittelmaß positiver Gefühle zu orientieren. Zufriedenheit erfordert eine bestimmte Kompromissbereitschaft. Orientiert man sich an einem Maximum, ist Zufriedenheit objektiv kaum erreichbar. Es wird immer eine gewisse Unzufriedenheit bestehen bleiben. Finanzielle Begrenzungen oder das konkret vorliegende Angebot erfordern Kompromisse bei den individuellen Wohnansprüchen.

Wohnzufriedenheit wird dann erreicht, wenn die Wohnumwelt so geschaffen ist, dass der Nutzer im Wesentlichen seine Handlungsziele, die er mit dem Wohnen verbindet, erfüllen kann. Dabei wird sich nicht an einem Maximum orientiert, sondern vielmehr an einem Mittelmaß von subjektiv Erstrebenswertem und objektiv Machbarem.

127 Flade, Antje, S. 50

3.4.2 Möglichkeiten und Grenzen der Ermittlung von Wohnzufriedenheit

Wenn Wohnzufriedenheit dann besteht, wenn die individuellen Handlungsziele der Bewohner erreicht werden können, ist es notwendig, sich mit diesen zu beschäftigen. Auf Grundlage dieser Kenntnis sind Wohnung und Wohnumfeld zu gestalten.

Allgemeine Handlungsziele, die mit dem Wohnen verbunden sind, sind die physische und die psychische Reproduktion, was zum Bedürfnis nach Ruhe und Zurückgezogenheit führt. Ein weiteres allgemeines Handlungsziel ist die Pflege von sozialen Kontakten, was das Bedürfnis nach Kontaktpflege, d.h. nach Kommunikation, beinhaltet. Ein viertes allgemeines Handlungsziel besteht in der „Organisation" täglicher Handlungsabläufe, die privat-familiär und berufsbedingt notwendig sind. Im Einzelnen lassen sich diese allgemeinen Handlungsziele mit konkreten Inhalten unterlegen.

Abbildung 3–9: Handlungsziele, die mit dem Wohnen verbunden werden

Rückzug	Kommunikation in der Wohnung	Kommunikation im Wohnumfeld	Organisation täglicher privater Handlungsabläufe
• schlafen/ruhen • pflegen • entspannen • Hobby allein oder mit Freunden • Weiterbildung • Ruhe und Rückzugsmöglichkeiten in der Natur	• Gespräche/Essen in der Familie • Spiele mit der Familie • Verwirklichung gemeinsamer Hobbys • Gespräche mit Freunden • Kochen mit Freunden	• Kontakte mit Nachbarn • Nähe von gastronomischen Einrichtungen • Spielen mit anderen Kindern • Sicherheit für spielende Kinder • Sicherheitsgefühl im Wohnumfeld • Treffen mit Freunden • Sportliche Aktivitäten • Freizeiteinrichtungen wie Kino, Fitness-Studio, Sportplatz etc. • Nähe zur Innenstadt	• Nähe zur Arbeitsstätte (Arbeitsweg) • Einkaufsmöglichkeiten • Nähe von Kindertagesstätten • Nähe von Schulen • Nahverkehrsanbindung

Die in Abbildung 3–9 aufgeführten einzelnen Handlungsziele hängen in ihrer Bedeutsamkeit von der konkreten Lebenssituation ab. Für Paare oder Alleinstehende ohne Kinder haben die mit Kindern genannten Handlungsziele keine Bedeutung, dagegen kann die Nähe zu gastronomischen oder zu Freizeiteinrichtungen einen hohen Stellenwert haben.

Wohnzufriedenheit setzt die Verwirklichung der individuellen Handlungsziele in der Wohnung und im Wohnumfeld voraus. Ob die Handlungsziele innerhalb oder außerhalb der Wohnung eine höhere Priorität haben, hängt von der konkreten Lebenssituation und dem Lebensstil der Bewohner ab. Hiervon hängt auch ab, ob bei der Entscheidung für eine Wohnung eher Lagekriterien oder die Wohnung an sich betreffende Kriterien ausschlaggebend sind. Für eine Person, die jeden Morgen joggen geht, ist möglicherweise die Nähe zu Parkanlagen wichtiger als der konkrete Grundriss oder einzelne Ausstattungskriterien der Wohnung. Für eine Person, die mit dem Wohnen ihre Status-Zugehörigkeit verdeutlichen möchte, kann eine imageträchtige Wohnlage Hauptentscheidungskriterium sein.

In der Regel lassen sich die individuellen Handlungsziele, die mit der Wohnung verbunden sind, besser erfüllen als die Handlungsziele, deren Verwirklichung vom Wohnumfeld abhängt. In der Wohnung besteht ein prinzipiell größerer Gestaltungsspielraum in der Raumaufteilung, -nutzung und -abgrenzung. Ebenso können durch die konkrete Wohnungsausgestaltung (farbliche Gestaltung, Möblierung etc.) die individuellen Vorstellungen verwirklicht werden. Die Beeinflussbarkeit des Wohnumfeldes ist dagegen vergleichsweise gering. Hier lassen sich die individuellen Handlungsziele nur primär durch die Anpassung an die Wohnumfeldkriterien verwirklichen. Befinden sich in der Nähe keine oder nur unzureichende Einkaufsmöglichkeiten, muss man sich darauf eingestellen, dass das Einkaufen zeitaufwendiger ist. Besteht keine Möglichkeit zur Erholung in Parks oder Wäldern in der unmittelbaren Wohnumgebung, muss zur Erfüllung dieses Handlungsziels mit öffentlichen oder privaten Verkehrsmitteln erst zu diesen Orten gelangt werden.

Wenn sich Wohnzufriedenheit an einem Mittelmaß von subjektiv Erstrebenswertem und objektiv Machbarem orientiert, stellt sich die Frage, wie nun konkret Wohnzufriedenheit erfasst und gemessen werden kann.

Für die Erforschung der Zufriedenheit mit der Lebens- und Wohnsituation liegen zwar eine Reihe theoretischer Forschungsansätze vor, die jedoch nur teilweise empirisch unterlegt sind. Die vergleichsweise geringe Erforschung der Themenstellung hat ihre Ursache in der bisherigen geringen ökonomischen Notwendigkeit aufgrund des jahrzehntelangen tendenziellen Nachfrageüberhangs nach Wohnungen. In den weiteren Ausführungen sollen nicht die verschiedenen Forschungsansätze im Einzelnen im Mittelpunkt stehen. Vielmehr geht es darum, aus den vorliegenden theoretischen Erkenntnissen einen praktikablen Forschungsansatz zu entwickeln. Im Ergebnis davon wird eine Handlungsorientierung für die Marktteilnehmer angestrebt.

Für die Erfassung von Wohnzufriedenheit oder auch Wohnunzufriedenheit wird von der psychischen Grundfunktion Wahrnehmung ausgegangen. Aus der Wahrnehmung der Wohnung und des Wohnumfeldes, einem Prozess, der sich sehr schnell und zunächst im Unterbewusstsein vollzieht, entsteht durch die Einbeziehung von Vorwissen und der konkreten Erwartungshaltung schließlich ein Wahrnehmungsbild im Bewusstsein. Die bewusste Wahrnehmung vollzieht sich als ein Prozess der Informationsverarbeitung[128]. Maßgeblich beeinflusst wird der bewusste Wahrnehmungsprozess durch die individuelle Erwartung, die an die Wohnung und an das Wohnumfeld gestellt wird. Diese Erwartungshaltung ist maßgeblich geprägt durch:

1. das Vorwissen, d.h. die vorhandenen Wohnerfahrungen und
2. die Vergleichsnorm, die aus dem Vergleich der Wohnverhältnisse innerhalb der sozialen Schicht, in die sich der Wahrnehmende einordnet, resultiert.

Das Informationsverarbeitungsmodell von R.W. Marans ("Perceived quality of residential environments – some methodical issues") wurde 1976 publiziert[129]:

Abbildung 3–10: Informationsmodell nach Marans

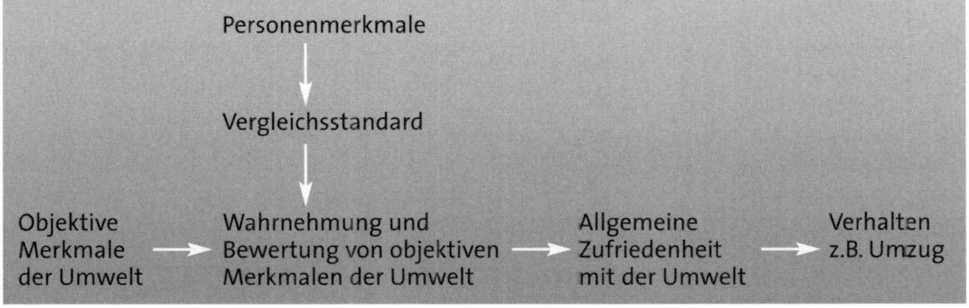

128 vgl. Abschnitt 3.3 Wahrnehmungsprozess und Wahrnehmung der Umwelteinheit Wohnen
129 vgl. Flade, Antje, S. 52

Die Wahrnehmung der Umwelteinheit Wohnen erfolgt immer durch die Wahrnehmung von Einzelmerkmalen. Die Wohnzufriedenheit ergibt sich über die Zufriedenheit mit einzelnen Merkmalen der Wohnung und des Wohnumfeldes. Somit resultiert Wohnzufriedenheit aus einer Vielzahl von Teilzufriedenheiten. Die sehr allgemeine Frage, ob man mit seiner Wohnsituation zufrieden oder unzufrieden ist, ist wenig hilfreich für die Akteure auf den Wohnimmobilienmärkten. Vielmehr ist es notwendig zu erfassen, bei welchen Wohnkriterien eine hohe oder eine geringe Zufriedenheit besteht und welche Relevanz diese Kriterien jeweils haben. Um aus empirischen Erhebungen praktikable Schlussfolgerungen für das konkrete Wohnraumangebot und für die Zielgruppenansprache zu ziehen, ist es darüber hinaus erforderlich zu ermitteln, welche Wohnkriterien bei welchen Zielgruppen eine sehr hohen, einen mittleren oder einen geringen Stellenwert haben. Das heißt, dass die Wohnzufriedenheit über einen vielschichtigen Prozess zu erfassen ist. Es geht dabei um die Kombination von objektiven Merkmalen der Umwelteinheit Wohnen mit ihrer subjektiven Bewertung. Als theoretische Grundlage für eine solche praktische Umsetzung bietet sich das Modell von G. Francescato, S. Weidemann und J. Anderson an: „Evaluating the built environment from the users' point of view: An attitudinal model of residential satisfaction", das 1989 an der School of Architecture an der University of Illinois entwickelt wurde.

Abbildung 3–11: Modell der Umwelt-Zufriedenheit-Verhaltens-Beziehung nach Francescato, Weidemann und Anderson

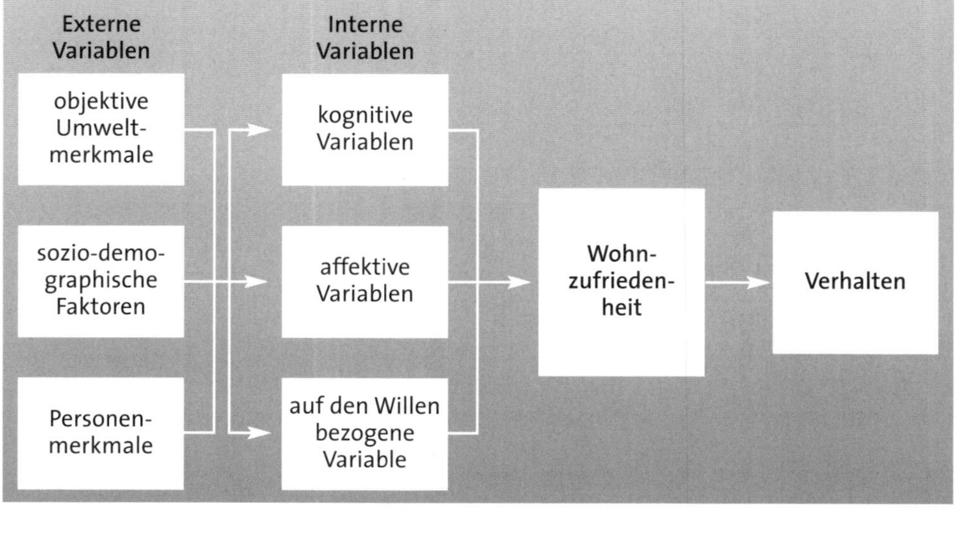

Die „externen Variablen“ bilden den Ausgangspunkt für die Zufriedenheitserfassung. In der praktischen Umsetzung bedeutet das, dass mit den objektiven Umweltmerkmalen die Wohnkriterien, die die Wohnung und das Wohnumfeld betreffen, zusammengestellt werden müssen. Ein weiterer Ausgangspunkt umfasst die Erfassung der sozio-demographischen Indikatoren der Befragten. Diese beinhalten Angaben zum Alter, zum Familienstand, zur Haushaltsgröße, zur Bildungs- und zur Einkommenssituation. Als Personenmerkmale werden ganz individuelle Verhaltensweisen, die sich aus der Persönlichkeitsstruktur ergeben, erfasst. Hierzu gehören Wertorientierungen und daraus resultierende Lebensstile[130].

Bei den „internen Variablen“ beinhalten die kognitiven Variablen die Faktoren, die zur Informationsverarbeitung bei der Wahrnehmung der objektiven Umweltmerkmale führen. Es handelt sich hier um Grundeinheiten der Informationsverarbeitung des Denkens, Erinnerns und Wissens. Maßgeblichen Einfluss hierauf haben das Vorwissen und die daraus resultierende Erwartung an das Wohnen und an das Wohnumfeld. Um Informationen darüber zu erhalten, woraus die Wohnzufriedenheit oder auch Unzufriedenheit resultiert, ist es daher wichtig zu wissen, wie die bisherigen Wohnverhältnisse waren oder welcher Vergleichsmaßstab an die jetzigen Wohnverhältnisse angelegt wird.

Die affektiven Variablen umfassen die gefühlsmäßigen, emotionalen Aspekte der Wahrnehmung. Diese gefühlsmäßige Wahrnehmung vollzieht sich primär im Unterbewusstsein und wird erst mit Hilfe der kognitiven Variablen einer Bewertung unterzogen. Die gefühlsmäßige Wahrnehmung (das so genannte „Bauchgefühl“) lässt sich nicht oder nur in Ansätzen begründen. Im Nachgang wird mitunter im Zuge der Verarbeitung der gefühlsmäßigen Wahrnehmung nach Erklärungsansätzen gesucht.

Auf den Willen bezogene Variablen implizieren bestimmte Handlungsziele, die mit dem Wohnen erreicht werden sollen. Welche das sind, hängt maßgeblich von sozio-demographischen Faktoren und von den Personenmerkmalen ab. Hier geht es um die Prioritätensetzung bei der Bewertung der objektiven Merkmale der Umwelteinheit Wohnen. Erfasst werden können diese, indem ermittelt wird, welche Relevanz einzelne Merkmale der Wohnung oder des Wohnumfeldes haben. Neben der zielgerichteten Gestaltung der Wohnung und des Wohnumfeldes anhand dieses Wissens sind diese Informationen ebenso relevant, wenn es um eine gezielte Ansprache der Miet- oder Kaufinteressenten von Wohnimmobilien geht.

130 vgl. Abschnitt 2.2.1.2 Zielgruppenbildung nach Werteorientierungen und Lebensstilen

Abbildung 3–12: Struktur eines Fragebogens zur Erfassung von Wohnzufriedenheit

<table>
<tr><th colspan="2">Objektive Wohnumweltmerkmale
(beispielhafte Merkmale)</th><th>Subjektive Bewertung
Methode: Direkte oder indirekte Befragung</th></tr>
<tr><td rowspan="3">Wohnung
• Balkon/Terrasse
• Küche mit Fenster
• Bad mit Fenster
• Bad mit Wanne und separater Dusche
• Gäste-WC
• Aufzug
• Parkett/Laminat
• Energiesparhaus
• ...</td><td rowspan="3">Wohnumfeld
• Pkw-Stellplatz
• Öffentliche Verkehrsmittel
• Kindergarten
• Schule
• Einkaufs-möglichkeiten
• Parkanlagen
• Restaurants
• Halböffentliche Räume
• Verkehrslärm
• ...</td><td>Befragung zur Wichtigkeit der Kriterien?
Kognitive Bewertung, d.h. Prioritäten, Wertigkeit</td></tr>
<tr><td>Befragung zur Zufriedenheit mit einzelnen Wohnkriterien</td></tr>
<tr><td>Erfassung der Kriterien, die ausschlaggebend für Umzugserwägungen sind
• Preis
• Größe der Wohnung
• Ausstattungskriterien
• Nachbarschaften/Segregation
• ...</td></tr>
<tr><td colspan="2">Sozio-demographische Faktoren</td><td>Direkte Befragung und skalierte Erfassung</td></tr>
<tr><td colspan="2">• Alter
• Haushaltsgröße
• Anzahl der Kinder im Haushalt
• Alter der Kinder
• Höchster Bildungsabschluss
• Haushaltsnettoeinkommen</td><td></td></tr>
<tr><td colspan="2">Personenmerkmale</td><td>Indirekte Befragung</td></tr>
<tr><td colspan="2">• Stellenwert von Beruf
• Stellenwert von Familie – Zeit mit der Familie zu verbringen – Kommunikationsmöglichkeiten
• Stellenwert von Treffen mit Freunden in der Wohnung
• Freizeitaktivitäten in den eigenen vier Wänden
• Freizeitaktivitäten außerhalb</td><td></td></tr>
<tr><td colspan="2" rowspan="3">Auswertung</td><td>Nach sozio-demographischen Merkmalen gebildete Zielgruppen
• Wichtigkeit von Wohnkriterien
• Zufriedenheit mit Wohnkriterien</td></tr>
<tr><td>Nach Lebensstilen und nach Freizeitverhalten gebildete Zielgruppen
• Wichtigkeit von Wohnkriterien
• Zufriedenheit mit Wohnkriterien</td></tr>
<tr><td>Ableitung von zielgruppenspezifischen Präferenzen</td></tr>
</table>

Das von Francescato, Weidemann und Anderson entwickelte Modell kann mit dem Strukturaufbau eines Fragebogens (vgl. S. 190) empirisch unterlegt werden.

Die Erfassung der Wohnzufriedenheit stößt insofern an Grenzen, als die Antworten durch eine mögliche Nichtübereinstimmung von kognitiven Einschätzungen und gefühlsmäßigem Erleben beeinflusst werden. Der amerikanische Sozialpsychologe Leon Festinger (1919–1989) bezeichnete diese Nichtübereinstimmung als kognitive Dissonanz[131]. Besteht ein Widerspruch zwischen der kognitiven Bewertung und dem gefühlsmäßigen (affektiven) Erleben, befindet sich das Individuum in einer widersprüchlichen Situation, die als unangenehm empfunden wird. Zur Überwindung wird versucht, eine Übereinstimmung zu entwickeln. Da das gefühlsmäßige Erleben, das primär vom Unterbewusstsein gesteuert wird, nur schwer beeinflussbar ist, lässt sich der Widerspruch eher über eine veränderte kognitive Einschätzung überwinden. Eine bestehende kognitive Dissonanz beeinflusst die Beantwortung der Frage zur Wohnzufriedenheit im Allgemeinen oder zur Zufriedenheit zu einzelnen Wohnkriterien im Besonderen. So kann beispielsweise Verkehrslärm als störend empfunden werden. Die kognitive Umbewertung kann jedoch in der Richtung erfolgen, dass die damit verbundene sehr gute Verkehrsanbindung als wichtiger bewertet wird. Nutzer eines Einfamilienhauses in ländlicher Gegend werden selbst dann ihre Wohnsituation als positiv werten, wenn sich im Verlaufe der Nutzung wesentliche Nachteile aufgrund langer Wege, mangelnder Infrastruktur oder Fahrdienste für die Kinder als zeit- und kostenintensiv erweisen. Die Umbewertung dieser Nachteile erfolgt dann möglicherweise durch die Betonung der ländlichen Stille und Abgeschiedenheit. Bei einer Befragung würde in beiden Fällen die Wohnsituation positiver beschrieben werden, als sie tatsächlich empfunden wird. Das Ziel ist schließlich, zu kognitiver Konsistenz zu gelangen, d.h. zu einer widerspruchsfreien harmonischen Sicht der Welt und damit auch zu einer harmonischen Sicht der Wohnumwelt[132].

Dem hier geschilderten Problem kann bis zum gewissen Grad begegnet werden, indem sehr detailliert nach der Zufriedenheit mit einzelnen Wohnkriterien gefragt wird.

Bei der Messung von Wohnzufriedenheit besteht ein weiteres konzeptionelles Problem. Es resultiert aus der eingangs erarbeiteten Definition von Zufrie-

131 vgl. Fröhlich, Werner D., S. 259
132 vgl. Hellbrück, Jürgen; Fischer, Manfred, S. 399

denheit, die sich an einem Mittelmaß positiver Gefühle orientiert. Damit verbunden ist das Phänomen des „Unzufriedenheitsdilemmas“ bzw. des „Zufriedenheitsparadoxons“. Das Unzufriedenheitsdilemma lässt sich immer dann feststellen, wenn ein sehr hohes individuelles Anspruchsniveau an die Wohnverhältnisse gestellt wird. Menschen mit sehr hohem Anspruchsniveau sind nur schwer zufriedenzustellen bzw. sind mit der erreichten Situation regelmäßig nicht zufrieden. Das kann de facto alle Lebensbereiche betreffen und bezieht sich nicht nur auf die Wohnverhältnisse. Sie vergleichen ihre Lebens- und auch Wohnsituation mit Dritten, die sich tatsächlich oder nur scheinbar in einer besseren Situation befinden. Dieser Vergleichsmaßstab, der individuell gesetzt wird, führt dazu, dass sich Bewohner in objektiv besserer Wohnsituation (größere ruhigere Wohnung mit besserem Ausstattungsniveau) unzufriedener fühlen können als Bewohner in objektiv schlechteren Wohnbedingungen. Die Ersteren befinden sich in einem Unzufriedenheitsdilemma. Vergleichsmaßstab bildet die individuelle Einordnung in eine soziale Schicht.

Das Zufriedenheitsparadoxon dagegen beschreibt genau die gegenteilige Situation. Hier fühlen sich die Bewohner in objektiv schlechteren Wohnbedingungen subjektiv besser und bewerten damit ihre Wohnsituation positiver. Insofern ist auch aus dieser Sicht die allgemeine Frage nach der Wohnzufriedenheit wenig aussagekräftig, um hieraus Handlungsansätze für Wohnungseigentümer und Investoren abzuleiten.

In einer empirischen Erhebung des iSt. Institut für immobilienwirtschaftliche Studien in Leipzig wurde die Wohnzufriedenheit nach Zielgruppen über die Erfassung und Auswertung der Zufriedenheit zu einzelnen Wohnkriterien ermittelt. Insgesamt konnte eine höhere Wohnzufriedenheit mit der Wohnung als mit dem Wohnumfeld festgestellt werden. Die Möglichkeiten der „Aneignung“ der Wohnung durch den Gestaltungsspielraum, der für die Wohnumfeldkriterien nicht oder nur sehr begrenzt gegeben ist, trug offensichtlich zu diesem Ergebnis bei. Die höchste Wohnzufriedenheit wurde bei den „Oldies“, d.h. bei den über siebzigjährigen Paaren und Alleinstehenden festgestellt. Von den Befragten dieser Zielgruppe waren 93 Prozent mit ihrer Wohnsituation zufrieden oder sehr zufrieden. Die geringste Zufriedenheit wurde bei der Zielgruppe der „Traditionellen Familie“ festgestellt. Zufrieden oder sehr zufrieden äußerten sich hier nur 75 Prozent. Auch dieser Zufriedenheitswert wurde aus der Summierung von Teilzufriedenheiten festgestellt. Diese Zielgruppe war auch die einzige, die eine höhere Unzufriedenheit mit der Wohnung als mit dem Wohnumfeld äußerte. Die unterschiedlichen Wohnvorstellungen der Familienmitglieder oder die mit steigender Personenzahl höheren Ansprüche an die Möglichkeiten zur Kommunikation und zum Rückzug führten wahrscheinlich zu diesem Ergebnis.

3.4.3 Definition und Systematisierung von Wohnbedürfnissen

> *„Ja das möchste:*
> *Eine Villa im Grünen mit großer Terrasse,*
> *vorn die Ostsee, hinten die Friedrichstraße,*
> *mit schöner Aussicht, ländlich mondän,*
> *vom Badezimmer ist die Zugspitze zu sehen –*
> *aber abends zum Kino hast du's nicht weit."*
>
> KURT TUCHOLSKY (1890–1935)

Wie schwierig die Erfassung von Wohnbedürfnissen ist, wird am aufgeführten Zitat deutlich. Während sich Zufriedenheit an einem Mittelmaß von subjektiv Erstrebenswertem und objektiv Machbarem orientiert, sind Bedürfnisse immer Ausdruck eines Mangelzustandes, dessen Überwindung angestrebt wird. Die Bedürfnisbefriedigung kann dabei nach zwei Prinzipien erfolgen:

1. Vollständige Behebung des Mangelzustandes, d.h. Regelung auf einen Sollwert von Null. Das ist beispielsweise der Fall, wenn bei Hunger oder Durst dieses Bedürfnis durch Nahrungs- und Flüssigkeitsaufnahme vollständig befriedigt wird.
2. Bedürfnisbefriedigung durch Regelung auf einen Sollwert mittlerer Ausprägung. Dieses Prinzip der Bedürfnisbefriedigung wird als Homöostaseprinzip[133] bezeichnet. Das Ziel besteht in der Erreichung eines Gleichgewichtszustandes im Körperhaushalt. Es wird mit der Bedürfnisbefriedigung eine Balance zwischen Extremen angestrebt. Das kann gleichermaßen die Befriedigung physiologischer wie auch sozial-kultureller Bedürfnisse betreffen.

Unterschieden wird zwischen primären und sekundären Bedürfnissen. Primäre Bedürfnisse sind biologisch-physiologische Bedürfnisse. Die Erfüllung dieser Bedürfnisse ist überlebensnotwendig. Es handelt sich hierbei um anthropologisch konstante Bedürfnisse.

133 vgl. Fröhlich, Werner D., S. 224

Sekundäre Bedürfnisse sind sozial und kulturell geprägte Bedürfnisse. Sie werden erst relevant, wenn die primären Bedürfnisse befriedigt sind. Die Ausprägung dieser Bedürfnisse steht in Interdependenz zum ökonomischen und kulturellen Entwicklungsniveau einer Gesellschaft. Sie variieren dadurch im historischen Zeitablauf. Deutlich wird das bei der Ausprägung von Wohnbedürfnissen. Die Veränderung im Zeitverlauf wurde im „Historischen Abriss" aufgezeigt[134].

Abbildung 3–13: Bedürfnispyramide nach Maslow

Mit der Bedürfnispyramide des amerikanischen Psychologen Abraham Harold Maslow (1908–1970) werden die primären und sekundären Bedürfnisse weiter differenziert. Diese Bedürfnispyramide bildet eine praktikable Grundlage zur anschaulichen Darstellung der schrittweisen Entwicklung höherer Bedürfnisse, nachdem die Bedürfnisse auf der darunterliegenden Stufe erfüllt sind.

Die Erfüllung der **biologisch-physiologischen Bedürfnisse**, d.h. der primären Bedürfnisse, bildet die unterste Stufe in der Bedürfnisbefriedigung. Mit Erfüllung dieser Bedürfnisse wird das Überleben gesichert. Die Nahrungs- und Flüssigkeitsaufnahme steht hier im Mittelpunkt. Ist dieses Bedürfnis erfüllt, wird die Befriedigung des Sicherheitsbedürfnisses angestrebt. Sicherheit kann dabei sehr weit gefasst werden.

Das **Bedürfnis nach Sicherheit** umfasst den Schutz vor der natürlichen und vor der sozialen Umwelt. Schutz vor der natürlichen Umwelt bedeutet die

134 vgl. Abschnitt 2.1.2 Wohnen als Ausdruck gesellschaftlicher Veränderungen – historischer Abriss

Kontrolle der Nahrungsaufnahme (Wenn der Hunger gestillt ist, wird bei weiterer Nahrungsaufnahme die Güte der Lebensmittel auf Verderblichkeit geprüft). Schutz vor der natürlichen Umwelt beinhaltet den Schutz vor Witterung, Kälte und Sonne. Schutz vor der sozialen Umwelt beinhaltet die Abschirmung vor Feinden, d.h. vor sozial unerwünschten Kontakten. Sind diese Bedürfnisse erfüllt, gewinnen soziale Bedürfnisse an Bedeutung.

Die Erfüllung **sozialer Bedürfnisse** ist für eine positive menschliche Entwicklung zwingend notwendig. Nachgewiesen ist, dass fehlende oder mangelnde soziale Kontakte zu Verhaltensstörungen führen. Für den Mensch als soziales Wesen ist die Interaktion mit anderen Menschen für eine gesunde physische und psychische Entwicklung zwingend erforderlich.

Ich-Bedürfnisse, auch als psychologische Bedürfnisse bezeichnet, beinhalten das Bedürfnis nach persönlicher Anerkennung. Dieses Bedürfnis kann in verschiedenen Lebensbereichen erfüllt werden. Persönliche Anerkennung ist wichtig innerhalb der Familie durch Akzeptanz bzw. Wertschätzung des Partners, durch berufliche Anerkennung oder aber durch Anerkennung im Rahmen von Freizeitaktivitäten oder durch Freunde. Das psychische Wohlbefinden hängt von der Befriedigung dieses Bedürfnisses maßgeblich ab. Bei Nichtbefriedigung sinkt die eigene Wertschätzung, was schließlich auch zu gesundheitlichen Beeinträchtigungen führen kann.

An der Spitze der Bedürfnispyramide steht das **Bedürfnis nach Selbstverwirklichung**. Diesem Bedürfnis wird in hoch entwickelten Gesellschaften ein so hoher Stellenwert beigemessen, da im Wesentlichen die darunterliegenden Bedürfnisse befriedigt werden können. Die Bedeutung dieses Bedürfnisses resultiert darüber hinaus aus der Betonung der Individualität. Das heißt, dass in einer marktwirtschaftlich geprägten Gesellschaft das Individualwohl tendenziell über das Gemeinwohl gestellt wird. Inwieweit diesem Bedürfnis entsprochen werden kann, hängt maßgeblich von den individuellen Voraussetzungen in Form der vorhandenen materiellen und kulturellen Ressourcen ab. Die Optionen der Selbstverwirklichung steigen tendenziell mit einer höheren Bildung und einer besseren Vermögenssituation.

Die Bedürfnispyramide von Maslow kann auf die Wohnbedürfnisse bezogen werden. Unbestritten ist, dass in heutiger Zeit mit dem Wohnen Schutz- und Sicherheitsbedürfnisse erfüllt werden. Selbst bei einfachsten Wohnverhältnissen sind der Schutz vor der natürlichen Umwelt und die Sicherheit vor der sozialen Umwelt gegeben. Inwieweit die darüberliegenden Bedürfnisse mit dem Wohnen befriedigt werden, hängt von den konkreten Wohnverhältnissen ab.

Die Befriedigung sozialer Bedürfnisse erfordert gleichermaßen Kommunikations- und Rückzugsmöglichkeiten in der Umwelteinheit Wohnen. Rückzugsmöglichkeiten betreffen vor allem die Wohnung an sich und gegebenenfalls den eigenen Garten oder Balkon. Die Rückzugsmöglichkeit und das Bedürfnis nach Individualzeit haben vor allem dann einen hohen Stellenwert, wenn der Alltag als sehr kommunikativ oder gar hektisch empfunden wird. Mit der Wohnung soll das Bedürfnis nach Entspannung und Zurückgezogenheit befriedigt werden. Soziale Bedürfnisse umfassen aber gleichermaßen das Bedürfnis nach Kommunikation. Dieses Bedürfnis kann sowohl innerhalb der Wohnung als auch im Wohnumfeld befriedigt werden. Für eine Familie ist es wichtig, über einen größeren Raum zu verfügen, in dem man sich über die Tagesereignisse austauschen kann, gemeinsam isst oder gemeinsam Freizeitaktivitäten nachgeht. Für Alleinlebende hat die Befriedigung des Kommunikationsbedürfnisses ebenfalls einen hohen Stellenwert. Freunde in den eigenen vier Wänden empfangen zu können oder die räumlichen Voraussetzungen zu haben, um mit den Nachbarn soziale Kontakte zu pflegen, ist für die Erfüllung dieses Bedürfnisses unabdingbar. Untersucht wurde diese Problemstellung bisher vorwiegend aus der Sichtweise des Wohnens im Alter. Die Vereinzelung alter Menschen, deren Partner nicht mehr lebt, deren Kinder in einer anderen Region leben und deren Freunde gesundheitsbedingt schwer erreichbar sind, beschäftigt seit geraumer Zeit Soziologen, Psychologen und auch Architekten. Wenig Beachtung fand diese Fragestellung bisher für alle anderen Zielgruppen.

Ich-Bedürfnisse können mit dem Wohnen dann optimal befriedigt werden, wenn die Wohnung und das Wohnumfeld die Voraussetzungen für die individuellen Handlungsziele erfüllen. Individuelle Handlungsziele können gleichermaßen extrinsisch und intrinsisch sein. Extrinsisch sind sie insofern, als die Anerkennung von außen bedeutsam ist. Diese äußere Anerkennung kann im Bezug auf das Wohnen durch eine imageträchtige Lage, durch die Größe oder auch Ausstattung der Wohnung oder des Hauses erreicht werden. Intrinsisch können Ich-Bedürfnisse dadurch befriedigt werden, dass den individuellen Vorstellungen nach ästhetischen und funktionalen Kriterien entsprochen wird bzw. die individuellen Wohnvorstellungen durch eigenes Handeln verwirklicht werden können. Der Übergang von der Befriedigung des Ich-Bedürfnisses zum Bedürfnis nach Selbstverwirklichung ist hier in Bezug auf das Wohnen fließend. Dem Bedürfnis nach Selbstverwirklichung wird dann entsprochen, wenn Wohnung und Wohnumgebung angeeignet werden, d.h. wenn man sich mit der Umwelteinheit Wohnen identifizieren kann. Objektive Wohnumweltmerkmale werden subjektiv bedeutsam und damit als zur Person zugehörig empfunden. Wohnen trägt somit zur Identitätssicherung bei. Diese Identitätssicherung wird über eine synchrone Identität oder über eine diachrone Identität erreicht.

Bei der synchronen (gleichzeitigen) Identität bildet die Wohnung ein Ausdrucksmittel der psychischen Gegebenheiten des Nutzers. Die Wohnung wird zum Träger sozialer Information und sozialer Regulation. Die Wohnung hat für den Nutzer statusverleihende Bedeutung. Mit der Auswahl einer bestimmten Wohngegend, Wohnungsgröße und Ausstattung wird mit den Wohnverhältnissen eine soziale Information an Dritte gegeben, was gleichzeitig zur sozialen Regulation beiträgt. Mit dem Wohnen kann die Zugehörigkeit zu einer bestimmten gesellschaftlichen Schicht zum Ausdruck gebracht werden.

Die diachrone Identität beinhaltet die Verbindung zeitlich getrennter Ereignisse mit Hilfe des Wohnens. Sie ist wichtig, um sich der biographischen und kulturellen Identität zu versichern. Diese Identität kann erreicht werden, wenn Möbel, Bilder oder andere Gegenstände aus vergangenen Zeiten ganz bewusst in die Wohnung integriert werden. Das kann ein Möbelstück der Großeltern sein, das Kuscheltier aus Kindertagen, Bilder von Verwandten oder Freunden oder Plakate und Fotos von früheren, für das Individuum wichtigen Ereignissen.

Die empirische Erfassung von Wohnbedürfnissen als Entscheidungsgrundlage für Investitionen von Akteuren auf dem Wohnimmobilienmarkt ist daher so schwierig, da zwar bestimmte Wohnbedürfnisse bestehen können, diese jedoch erst sichtbar werden, wenn sie als Bedarf zum Ausdruck kommen. Der Bedarf ist im Unterschied zum Bedürfnis eine ökonomische Größe, die eine zielgerichtete Verhaltensabsicht ausdrückt.[135] Damit sind die tatsächlich vorhandenen Bedürfnisse viel umfangreicher als der in Erscheinung tretende Bedarf. Das Bedürfnis nach einer größeren Wohnung äußert sich als Bedarf insofern, als Wohnungsangebote eingeholt werden, sich über die Angebotssituation informiert wird. Die kauffähige Nachfrage kommt mit dem Vertragsangebot und schließlich Vertragsabschluss zum Ausdruck. Die ökonomischen Voraussetzungen, d.h. die finanziellen Spielräume, sind hier letztlich ausschlaggebend, ob das Bedürfnis nach einer größeren oder schöneren Wohnung tatsächlich befriedigt werden kann.

Das „Aufspüren“ von Wohnbedürfnissen ist für Wohnungsanbieter wichtig, um sich damit einen Wettbewerbsvorteil in tendenziell gesättigten Märkten zu sichern.

135 vgl. Bruhn, Manfred; Homburg, Christian (Hrsg.), S. 62

3.4.4 Möglichkeiten und Grenzen der Erfassung von Wohnbedürfnissen

Die Erfassung von Wohnbedürfnissen als Entscheidungsgrundlage für Akteure auf dem Wohnimmobilienmarkt ist empirisch schwierig und kann nur über eine schrittweise Annährung erfolgen. Wohnbedürfnisse können dabei aus „vergangenen" und aus „zu erwartenden Entwicklungsprozessen" abgeleitet werden.

Ableitung von Wohnbedürfnissen aus „vergangenen Entwicklungsprozessen"

Bei dieser Ermittlung geht es primär darum festzustellen, welche bereits existierenden Wohnbedürfnisse noch nicht oder nur unzureichend befriedigt werden. Der Ansatzpunkt für die Bedürfnisforschung wird hier in der Ermittlung der Wohnzufriedenheit gesehen. Bei dieser Herangehensweise werden die Wohnbedürfnisse indirekt ermittelt, indem die Zufriedenheit mit einzelnen Wohnkriterien erhoben wird[136]. Indirekt werden dann hieraus die Wohnbedürfnisse abgeleitet, die es im Interesse von Mieterbindung oder auch Mieterneugewinnung zu erfüllen gilt. Die detaillierte Wohnzufriedenheitsanalyse oder besser die Feststellung von Unzufriedenheiten führt zum angestrebten Ergebnis. Mit der unter 3.4.2 skizzierten Struktur eines Fragebogens kann zu diesen Erkenntnissen im Allgemeinen und darüber hinaus nach Zielgruppen differenziert gelangt werden.

Ableitung von Wohnbedürfnissen aus „zu erwartenden Entwicklungsprozessen"

Prinzipiell geht es hierbei um das Erkennen künftiger Wohnbedürfnisse. Die Ermittlung ist wesentlich schwieriger und lässt sich empirisch gesichert nur in Ansätzen realisieren. Grundlage hierfür muss die Analyse gesellschaftlicher Entwicklungsprozesse im Allgemeinen und die Entwicklung des jeweiligen Immobilienteilmarktes im Besonderen sein. Indikatoren gesellschaftlicher Entwicklungsprozesse, die die Wohnbedürfnisse bestimmen, sind beispielsweise:

136 vgl. Abschnitt 3.4.2 Möglichkeiten und Grenzen der Ermittlung von Wohnzufriedenheit

- Einkommensentwicklung;
- Einkommensverteilung zwischen den privaten Haushalten;
- Entwicklung der Haushaltsgrößenstruktur;
- Entwicklung der Formen des Zusammenlebens;
- Entwicklung der Verwendungsstruktur des Einkommens;
- Entwicklung der Verwendungsstruktur von Zeit;
- Entwicklungen im Freizeitverhalten;
- berufsbedingte Anforderungen an die Wohnung und an das Wohnumfeld;
- ...

Die heute dominierende Wohnung mit Wohn-, Schlaf-, Kinderzimmer, Küche und Bad entstand im Zuge des Industrialisierungsprozesses. Diese Wohnungen sind in ihrer Struktur auf die traditionelle Familie zugeschnitten. Veränderte Formen des Zusammenlebens (Patchwork-Familien, Alleinstehende mit Kind, Wohngemeinschaften) führen zu veränderten Ansprüchen an Wohnungsgröße und Grundriss. Logische Konsequenz ist, dass mit der Differenzierung der Formen des Zusammenlebens auch unterschiedliche Wohnungsgrößen, flexible Grundrisse und die Verfügbarkeit von Gemeinschaftsräumen geschaffen werden könnten, mit denen das bisher vorliegende Wohnraumangebot ergänzt wird. Dieses Bedürfnis wird insofern bisher nicht als Nachfrage sichtbar, da nur ein geringes adäquates Angebot existiert. Welche ganz konkreten Bedürfnisse bei veränderten Formen des Zusammenlebens bestehen, ist jedoch – nach Kenntnisstand der Autorin – bisher kaum empirisch erforscht.

3.4.5 Wohnbedürfnisse unterschiedlicher Nutzergruppen

Abschnitt 2.2 beschäftigte sich bereits mit den Varianten der Zielgruppenbildung und der Erfassung zielgruppenspezifischer Anforderungen an das Wohnen. Prinzipiell können Zielgruppen nach sozio-demographischen Indikatoren gebildet werden, nach Werteorientierungen und daraus resultierenden Lebensstilen oder als Kombination aus diesen beiden Ansatzpunkten heraus. Die hierzu bisher vorliegenden Ergebnisse wurden bereits dargestellt[137].

Nutzergruppen unterscheiden sich von den dargestellten Zielgruppen dahingehend, dass innerhalb einer Zielgruppe unterschiedliche Nutzeranforderun-

137 vgl. Abschnitt 2.2.2 Erfassung zielgruppenspezifischer Wohnraumanforderungen – Stand der Forschung und praktische Anwendbarkeit

gen bestehen. So haben beispielsweise innerhalb der Zielgruppe „Traditionelle Familie“ Eltern andere Wohnvorstellungen als ihre Kinder bzw. wechseln die Wohnbedürfnisse im Zeitablauf infolge des Heranwachsens der Kinder. Ebenso können unterschiedliche Wohnbedürfnisse bei Männern und Frauen bestehen oder sich mit fortschreitendem Alter herausbilden. In den weiteren Ausführungen sollen nur exemplarisch ausgewählte unterschiedliche Wohnbedürfnisse verschiedener Nutzergruppen aufgezeigt werden.

Wohnbedürfnisse von Kindern und von Jugendlichen

Die Wohnbedürfnisse von Kindern und Jugendlichen resultieren aus dem erreichten Entwicklungsstand. Je kleiner das Kind, desto höher ist das Bedürfnis nach Schutz, Sicherheit und Beständigkeit. Zunächst das Bett, dann das Zimmer und schließlich die Wohnung sind der zentralste Umweltbereich für Babys und Kleinkinder. Der Aktionsradius dehnt sich mit zunehmendem Alter aus. Das erfordert nicht nur eine sichere Umgebung innerhalb der Wohnung, sondern auch im unmittelbaren Wohnumfeld. Das gefahrlose Spielen von Kindern in der Nähe der Wohnung erfordert einen vom Straßenverkehr geschützten Bereich, in dem auch eigene Erfahrungen ohne die unmittelbare Anwesenheit von Eltern oder anderen Aufsichtspersonen gemacht werden können und in dem soziale Kontakte zu anderen Kindern hergestellt werden können. In diesem Zusammenhang konnte empirisch belegt werden, dass Kinder, die in oberen Etagen von Häusern oder in Hochhäusern aufgewachsen sind, weniger im Freien mit anderen Kindern spielen und Verzögerungen in der Entwicklung von Eigenständigkeiten in ihrem alltäglichen Verhalten aufzeigten[138]. Die enge Wechselwirkung zwischen kindlichem Entwicklungsstand und Wohnsituation wird damit deutlich.

Die sich ändernden Wohnbedürfnisse und daraus resultierenden Anforderungen an das Kinder- bzw. Jugendzimmer werden nachstehend aufgezeigt.

138 vgl. Flade, Antje, S. 133

Abbildung 3–14: Entwicklungsaufgaben in den verschiedenen Lebensphasen und Anforderungen an das Kinderzimmer[139]

Entwicklungsphase	Entwicklungsaufgaben	Anforderungen an das Kinderzimmer
Kleinkinder 0–2 Jahre	Aufbau gefühlsmäßiger Bindungen an Bezugspersonen; Erwerb von Urvertrauen; Ausbildung motorischer Koordination (Krabbeln, Aufrechtstehen, Hand-Augen-Koordination)	Abschirmung und Schutz vor Lärm, Unruhe und anderen störenden Einflüssen; Nähe und Kontakt zu den Bezugspersonen; Dinge zum Greifen und Platz zum Krabbeln
Vorschulalter 2–6 Jahre	Gefühl von Autonomie; Eigeninitiative; Aneignung der Umwelt durch Spielen	Größere Spielfläche; Dinge zum Spielen; Ungestörtheit beim Spielen
Schulalter 6–12 Jahre	Zusammenspiel mit Gleichaltrigen; schulische Leistungen; Leistungsmotivation	Platz für den Besuch von Schulfreunden; Große Spielfläche zum gemeinsamen Spiel mit Gleichaltrigen; Arbeitsplatz für Schularbeiten; Besuchsraum
Jugend (Übergang zwischen Kindheit und Erwachsenenalter)	Aufbau von Freundschaften; Ausbildung eines eigenen Lebensstils; Identitätsfindung; Autonomie von den Eltern; Finden eines Partners/einer Partnerin	Ein eigener Raum, der nicht mit einer anderen Person geteilt werden muss; maximale Entfernung von den Aufenthaltsräumen der Eltern; Raum, der nach eigenen Vorstellungen gestaltet werden kann

Die unterschiedliche subjektive Wertung der Umwelteinheit Wohnen besteht darüber hinaus auch innerhalb der Nutzer einer Wohnung. Bei einer Familie mit zwei Kindern unterschiedlichen Alters dürften die Vorstellungen an die Wohnumgebung und an die Wohnung mit hoher Wahrscheinlichkeit sehr differenziert sein. Während die Eltern möglicherweise ein ruhiges Umfeld mit Spielmöglichkeit für das kleine Kind bevorzugen, steht für das größere Kind die Erreichbarkeit von Freunden oder die Ausübung des Hobbys außerhalb der Wohnung im Vordergrund. Auch innerhalb der Wohnung stehen unterschiedliche Anforderungen an die Zimmeraufteilung und -nutzung. In der Studie des iSt. Institut für immobilienwirtschaftliche Studien wurde empirisch erfasst, dass die Wohnunzufriedenheit in Haushalten mit Kindern

139 ebenda S. 129

signifikant höher war als in Single-Haushalten oder bei Zwei-Personen-Haushalten. Wesentliche Ursache dürfte in den unterschiedlichen Wohnanforderungen der Nutzer der Wohnung gesehen werden. Aus dieser relativ höchsten Wohnunzufriedenheit ergab sich dann konsequenterweise bei diesen Haushalten (Alleinstehende mit Kind/ern oder Familien mit Kindern) die höchste Umzugswilligkeit.[140]

Um den differenzierten Wohnvorstellungen von Nutzergruppen in einer Wohnung gerecht werden zu können, ist es erforderlich solche Raumstrukturen zu schaffen, die im Zeitverlauf verändert werden können. Das erfordert die Schaffung von Wohnungen, in denen mit geringem baulichem Aufwand der Grundriss verändert werden kann. Eine Möglichkeit würde hier bestehen, wenn mit der Planung von Heizung, Sanitär, Elektroanschlüssen und Fenstern sowie durch Nutzung der Trockenbauweise bei nicht tragenden Wänden (analog der Schaffung von Büroimmobilien) die Wohnungsgrundrisse der veränderten Bedürfnissituation angepasst werden könnten. Die andere Möglichkeit bestünde in der strikten Vermeidung hierarchischer Grundrisse, um dadurch vollständige Entscheidungsfreiheit in der Raumnutzung zu haben.

Wohnbedürfnisse von Frauen

Den Wohnbedürfnissen von Frauen wird in der psychologischen und soziologischen Forschung insofern ein höherer Stellenwert gegenüber den Wohnbedürfnissen von Männern beigemessen, da Frauen traditionsgemäß einen größeren Teil ihrer Zeit in der Wohnung und Wohnumgebung verbringen. In der Vergangenheit waren Frauen weniger berufstätig als heute. Außerdem unterbrechen Frauen nach wie vor häufiger ihre Berufstätigkeit als Männer, wenn es um die Betreuung der Kinder geht. Spezielle Bedürfnisse an die Wohnung und an das Wohnumfeld stellen Frauen außerdem, wenn sie Familie und Berufstätigkeit miteinander verbinden möchten. Hinzu kommt, dass Frauen häufiger allein erziehend sind. Für Frauen hat die Funktionalität von Wohnung und Wohnumgebung einen besonderen Stellenwert. Arbeits- und Einkaufswege sollten kurz sein, ebenso die Wege zu Kindereinrichtungen oder für die Freizeitgestaltung. Zimmergrößen und Grundriss müssen die effiziente Erledigung täglich anfallender Arbeiten ermöglichen. Wohnküchen als paralleler Kommunikations- und Arbeitsraum sind genauso wichtig wie die Anordnung des Kinderzimmers in Abhängigkeit von der Entwicklungsphase des Kindes. Ein Hauswirtschaftsraum, der nicht nur als dunkle Abstellkam-

140 vgl. iSt. Institut für immobilienwirtschaftliche Studien, S. 42f.

mer fungiert, sondern in dem auch das Bügelbrett stehen bleiben kann, oder ein begehbarer Kleiderschrank, der massive Möbel überflüssig macht und daher die übrigen Räume heller und größer erscheinen lässt, gehören ebenso dazu. Da Frauen häufig die Entscheidung treffen, wenn es um die Anmietung oder um den Kauf einer Wohnung oder eines Hauses geht, sind Investoren gut beraten, die speziellen Wohnbedürfnisse von Frauen stärker in ihre Planungen einzubeziehen.

Wohnbedürfnisse von älteren Menschen

Die demographische Entwicklung, dass der Anteil älterer Menschen im Verhältnis zur Gesamtbevölkerung stetig wächst, ließ diese Nutzer– und Zielgruppe mittlerweile in den Fokus aller Branchen gelangen. Wohnbedürfnisse älterer Menschen werden bisher primär hinsichtlich der Funktionalität bei eingeschränkten körperlichen Möglichkeiten analysiert (fehlende Schwellen zwischen den Zimmern, ebenerdige Duschen, Aufzüge, breitere Türen für Rollstühle oder anderweitige Gehhilfen). Der andere Aspekt der Wohnbedürfnisse älterer Menschen bezieht sich auf die sozialen Kontakte. Die Vereinsamung älterer Menschen, die zu weiterem körperlichem und geistigem Abbau führen kann, wurde als ein wesentliches Wohnproblem im Alter erkannt. Die Umzugswilligkeit ist bei dieser Zielgruppe im Vergleich zu anderen relativ gering, was für Wohnungsanbieter gute Chancen der Mieterbindung bietet, sofern den Bedürfnissen der Bewohner mit dem Angebot Rechnung getragen wird. Einen besonders hohen Stellenwert haben die Nähe von Einkaufsmöglichkeiten, die Anbindung an öffentliche Verkehrsmittel, eine Küche mit Fenster sowie Balkon oder Terrasse[141]. Bisher werden allerdings die Wohnbedürfnisse älterer Menschen relativ homogen gesehen. Dass unterschiedliche kulturelle und materielle Ressourcen zur Ausprägung unterschiedlicher Lebensstile mit differenzierten Wohnbedürfnissen auch im Alter führen, fand bisher relativ wenig Beachtung, dürfte aber für künftige Seniorengenerationen mit unterschiedlichen privaten und beruflichen Lebensverläufen an Bedeutung gewinnen.

141 vgl. iSt. Institut für immobilienwirtschaftliche Studien Leipzig, S. 47

Fazit:

Wohnzufriedenheit und Wohnbedürfnisse hängen immer von der subjektiven Wertung objektiver Merkmale der Umwelteinheit Wohnen ab. Die Probleme in der Erfassung resultieren aus der sehr individuellen Wahrnehmung und Informationsverarbeitung der Merkmale der Umwelteinheit Wohnen. Die Erfassung von Wohnbedürfnissen als Grundlage für Investitionsentscheidungen in der Immobilienwirtschaft setzt umfangreiche und detaillierte empirische Erhebungen zur Bedeutsamkeit einzelner Wohnkriterien, zur Zufriedenheit mit diesen Wohnkriterien sowie zu gesellschaftlichen Trends und den daraus resultierenden Anforderungen an das Wohnen voraus.

Resümee zum Wohnen aus soziologischer und psychologischer Sicht

In den vorstehenden Ausführungen wurde versucht, soziologische und psychologische Erkenntnisse im Bezug das Wohnen systematisch aus ökonomischer Sicht aufzuarbeiten und damit den Akteuren am Wohnungsmarkt verfügbar zu machen.

Aus methodischen Gründen wurde zwischen der soziologischen und der psychologischen Sichtweise getrennt, wohl wissend, dass eine solche strikte Trennung in der Praxis nicht besteht. Vielmehr sind die Übergänge fließend. So können Individuen mit ihren Wohnvorstellungen in Zielgruppen zusammengefasst werden. Ebenso kann das Verhalten in der gebauten Umwelt aus sozialpsychologischer Sicht und aus soziologischer Sicht analysiert werden.

Im Zuge der Auseinandersetzung mit vergangenen, gegenwärtigen und möglichen künftigen Entwicklungsprozessen sollte aufgezeigt werden, welchen Einfluss gesellschaftliche Veränderungen auf das Wohnen haben. Damit sollten Anregungen für die Entwicklung von Wohnimmobilien gegeben werden, die nachhaltig nachgefragt werden. Einen weiteren Schwerpunkt aus soziologischer Sicht umfassten die Darstellungen zur Zielgruppenbildung. Hier wurden die bestehenden Forschungsansätze systematisch aufgearbeitet und auf ihre Praktikabilität hin überprüft.

Im Mittelpunkt der psychologischen Sichtweise stand die Wahrnehmung der Umwelteinheit Wohnen und die daraus resultierende Wohnzufriedenheit oder auch -unzufriedenheit. Indirekt lässt sich aus der Unzufriedenheit mit einzelnen Merkmalen der Umwelteinheit Wohnen auf Wohnbedürfnisse schlussfolgern. Ein anderer Ansatz, um sich den Wohnbedürfnissen zu nähern, besteht in der Analyse gesellschaftlicher Veränderungen und den damit verbundenen Anforderungen an das Wohnen. Mit dieser Herangehensweise wird der Bogen zur soziologischen Sichtweise gespannt.

In den Ausführungen zur Wohnzufriedenheit und zu den Wohnbedürfnissen standen die gegenständlichen Wohnmerkmale im Mittelpunkt der Überlegungen. Einen signifikanten Einfluss auf die Wohnzufriedenheit haben darüber hinaus Fragen der Stadtentwicklung und nachbarschaftliche Beziehungen. Insofern haben diese Themen aus städtebaulicher und aus wohnwirtschaftlicher Sicht einen besonderen Stellenwert, werden doch damit die Rahmenbedingungen für die Akteure am Wohnungsmarkt geschaffen. Aus diesem Grund beschäftigt sich der sich anschließende Exkurs mit dem sozialen Verhalten in der gebauten Umwelt und den sich daraus ergebenden Anforderungen an die Entwicklung von Städten, Gemeinden und Dörfern.

Exkurs: Gebaute Umwelt und soziales Verhalten

Von Ulrike Hausmann

1. Gebaute Umwelt

1.1 Siedlung – Gemeinde – Kommune – Stadt – Dorf

Wohnen findet immer an ganz bestimmten Orten statt. Dieser Exkurs ist daher dem Wohnen in der gebauten Umwelt in ihrer Verschiedenartigkeit der Großstädte, Städte, Stadtregionen sowie Dörfer und Kleinstädte und den Auswirkungen auf die gebaute Umwelt sowie auf das soziale Verhalten der Bewohner gewidmet.

Die gebaute Umwelt unterliegt einem historisch-gesellschaftlichen Wandel, der sich auch in den Veränderungen der Begrifflichkeiten widerspiegelt. Zunächst sollen deshalb Orte des Wohnens mit ihrer Bestimmung vorgestellt werden:

Siedlung[1] bezeichnet jede Art der menschlichen Niederlassung. Die Siedlungen der sesshaften Bevölkerung werden vorrangig von zwei grundlegenden Funktionen bestimmt. Die städtischen Siedlungen besitzen sehr verallgemeinert ausgedrückt weitgehend nichtlandwirtschaftliche Funktionen. Charakter sowie Formen der ländlichen Siedlungen sind mit dem Dorf, der gewerblichen Land-Gemeinde oder der Agrostadt verbunden.

Ein enger Zusammenhang besteht zwischen dem Begriff der **Gemeinde**[2] und dem der **Kommune**[3], die als Körperschaft des öffentlichen Rechts auf gebietlicher Grundlage (Gebietskörperschaft) einzuordnen ist und damit auch im doppelten Sinn der Bedeutung nach als Gemeinde zu betrachten ist.

Dabei besitzt Gemeinde einen ambivalenten Charakter[4]:

- als eine institutionelle Ebene im Sinne einer politisch verfassten Gemeinde sowie
- als eine Ebene der sozialen Integration im Sinne einer Form gemeinschaftlichen Lebens.

1 nhd., zu ahd. sidalen, „sich niederlassen", Brockhaus Enzyklopädie, 19. Auflage, Bd. 20, S. 249
2 (ahd.) gimeini, „mehreren abwechselnd zukommend", Brockhaus Enzyklopädie, 19. Auflage, Bd. 8, S. 258
3 frz., zu lat. communis, „mehreren oder allen gemeinsam, allgemein", Brockhaus Enzyklopädie, 19. Auflage, Bd. 12, S. 210
4 vgl. Häußermann, Hartmut; Siebel, Walter (2004), S. 103

Im soziologischen Sinn wird eine Gemeinde zunächst als lokal definierte Einheit mit spezifischen sozialen Bindungen der Bewohner zu diesem Raum betrachtet, die ein nach außen abgrenzbares Interaktionssystem besitzen, sich als zugehörig empfinden und sich mit der Gemeinde identifizieren[5].

Der **Stadt**[6] als spezifischem Siedlungsgebilde kann man sich auf unterschiedliche Weise nähern: über die bestimmenden Charakteristika, über Stadtentwicklungsmodelle, die die Phasen ihrer Herausbildung beschreiben, sowie über eine Vielzahl weiterer Einzelaspekte. In den folgenden Ausführungen soll die soziologische Betrachtungsweise dominieren.

Nach Max Weber (1922) lässt sich die Stadt als eine relativ große, dicht bewohnte und permanente Siedlung von Menschen definieren, die sozial verschieden sind und nicht unmittelbar ihre eigenen Lebensmittel produzieren[7]. Louis Wirth (1938) beschreibt die Stadt über insgesamt vier Merkmale: die Größe, die Dichte, die Heterogenität und die Dauerhaftigkeit des Siedelns.[8] In Anlehnung an Max Weber bestimmen Häußermann und Siebel die europäische Stadt[9] in Abgrenzung zu amerikanischen und asiatischen Städten durch Merkmale wie die Selbstverwaltung, die kleinteiligen Eigentumsverhältnisse, die lokalen Handlungsspielräume, den Markt als Standort sowie die Präsenz von Geschichte im Stadtbild.

Häufig findet für die Abgrenzung von Städten in Deutschland eine statistische, administrative Definition Verwendung, die von der Einwohnerzahl ausgeht. Nach einer Begriffsbestimmung der Internationalen Statistikkonferenz von 1987 werden alle Städte mit weniger als 5.000 Einwohnern als Landstädte bezeichnet. Meistens handelt es sich dabei um alte Titularstädte, denen bereits im Mittelalter der Titel „Stadt" verliehen wurde. Kleinstädte haben eine Einwohnerzahl zwischen 5.000 und 20.000[10]. Größere Städte sind die Mittelstädte mit 20.000 bis 100.000 Einwohnern und die Großstädte ab 100.000 Einwohnern.

Land- und Kleinstädte unterscheiden sich von Mittel- und Großstädten nicht nur durch ihre Einwohnerzahl. Ebenso wichtig für ihre Charakterisierung sind die Bevölkerungsdichte oder die geografische Lage (periphere oder suburbane Areale) etc. Aus diesen Faktoren ergibt sich auch eine ganz spezifische Organi-

5 vgl. Reinhold, Gerd; Lamnek, Siegfried; Recker, Helga, S. 200f.
6 vgl. Schäfers, Bernhard S. 14
7 vgl. Joas, Hans, S. 512
8 vgl. Wirth, Louis, S. 1f.
9 vgl. Weber, Max sowie Häußermann, Hartmut; Siebel, Walter (2004), S. 228
10 vgl. Friedrichs, Jürgen, S. 17

sation des gesellschaftlichen Zusammenlebens. Die Mehrzahl der Kleinstädte ist eher dem ländlichen, im weitesten Sinne dörflichen Leben zuordenbar.

Dementsprechend soll sich die Diskussion städtischer Wohnformen auf die Städte größer als 20.000 Einwohner beschränken. Ländliche respektive dörfliche Wohnformen finden sich dagegen in Dörfern und Kleinstädten.

Gegenüber anderen Siedlungsgebilden wie dem Dorf oder der Kleinstadt weisen Städte vor allem folgende Besonderheiten auf:

- eine größere Einwohnerzahl,
- eine höhere Einwohnerdichte,
- eine Geschlossenheit der Ortsform,
- eine differenzierte sozialräumliche Gliederung,
- eine deutliche funktionale innere Gliederung,
- eine besondere Bevölkerungs- und Sozialstruktur,
- eine hohe Wohn- und Arbeitstättendichte,
- eine differenzierte Form der Arbeitsteilung und des Güteraustausches.[11]

Stadtentstehung und -entwicklung stehen in wechselseitiger Abhängigkeit zueinander und sind als Ergebnisse komplexer Einzelsachverhalte zu betrachten. Die Erklärung und Beschreibung der Entstehung und der Entwicklung von Städten einschließlich ihrer Strukturierung werden in der Theorie gegenwärtig[12] nach vier unterschiedlichen Ansätzen vorgenommen: nach der ökonomischen Theorie, der politischen Theorie, der politisch-ökonomischen Theorie der New Urban Sociology und der sozialökologischen Theorie.

1. Die ökonomische Stadttheorie geht von dem relativ einfachen Ansatz aus und definiert Standorte nach ihren Nutzungen und Nutzern, verbunden mit einer Kosten-Nutzen-Kalkulation: Der höchste Nutzen der Erreichbarkeit (City- bzw. Zentrumsbereiche) spiegelt sich dabei im Bodenpreis wider.

2. Mit der politischen Theorie werden die Selbstgestaltungskräfte von Agglomerationen[13] einer Stadt verbunden.

3. Die politisch-ökonomische Theorie orientiert sich an der Marx'schen Kapitalismustheorie, die von der Bestimmung der Interessen privater Eigentümer über politische Entscheidungen getragen wird.

11 vgl. Schäfers, Bernhard, S. 14

12 vgl. Häußermann, Hartmut; Siebel, Walter (2004), S. 118–134

13 Agglomeration, auch Verdichtung, bezeichnet eine räumliche Konzentration von Bevölkerung und Produktionsstätten; die Raumordnung spricht bei zusammenhängenden Flächen von A.; nach UNO-Definition (1988) bezeichnet A. eine Kernstadt, die einen suburbanen Rand oder zumindest ein dicht besiedeltes Gebiet besitzt, das außerhalb der Stadtgrenzen liegt, aber direkt an sie angrenzt.

Bei der New Urban Sociology handelt es sich um Bemühungen aus den 1970er bzw. 1980er Jahren in Westeuropa sowie den USA, eine neomarxistische Stadtsoziologie zu begründen, die, als Gegenpol zum sozialökologischen Ansatz der Chicago School von Manuel Castells[14] entwickelt, die Stadt als Ort der Reproduktion der Arbeitskraft betrachtet.

4. Der sozialökologische Ansatz fußt auf den Grundsätzen der Chicago School aus den frühen Jahren des 20. Jahrhunderts, wonach die ökonomischen, demographischen und technologischen Entwicklungen[15] die Fundamente der Stadtentwicklung und Stadtstruktur bilden. Unter dem ökonomischen Aspekt werden die Arbeitsteilung sowie die Verschiedenheit von Tätigkeiten und Einkommen in den Vordergrund der Betrachtung gestellt. Die demographische Entwicklung ist dagegen durch soziale Differenzierungen, Altersaufbau und Wanderungsbewegungen bestimmt. Mit der technologischen Entwicklung werden schwerpunktmäßig die zur Verfügung stehenden Transportsysteme wie auch die Produktionstechnologien verbunden.[16]
Der ökonomische, demographische sowie technologische Aspekt sind darüber hinaus eng miteinander verknüpft. Ernest Burgess[17], neben Castells einer der bedeutendsten Vertreter der Chicago School, hat anhand von empirischen Studien vor allem in der Stadt Chicago ein sozialökologisches Stadtentwicklungsmodell entwickelt (vgl. Abb. 1).

Auf weitere **Phasenmodelle** sei an dieser Stelle nur kurz verwiesen: auf das eher traditionelle Wachstumsmodell von Wilbur Thompson[18], das eine vereinfachte Sichtweise auf die Stadtentwicklung im 19. und 20. Jahrhunderts gestattet, oder das Modell von Leo van den Berg[19], welches von einem nichträumlichen Betrachtungsschwerpunkt (Bevölkerungsveränderung) sowie einem raumbezogenen Schwerpunkt (Kernstadt, Umland und Stadtregion) operiert, und schließlich auf das Modell von Edgar Rust[20], das die Wachstums- bzw. Niedergangsprozesse in der Stadtentwicklung verfolgt.

Durch die zunehmende Verflechtung von Stadt und Land sind in der Gegenwart nicht mehr allein Städte Gegenstand der Betrachtungen, sondern **Stadtregionen**. Der von der Raumforschung definierte Begriff[21] dient durch die

14 Castells, Manuel, S. 147–173
15 Saunders, Peter, S. 252–254
16 Friedrichs, Jürgen, S. 30
17 Burgess, Ernest, S. 47–62
18 Thompson, Wilbur, S. 437f.
19 van den Berg, Leo; Drewett, Roy, Klassen, Leo H.; Rossi, Angelo; Vijverberg, Cornelis H. T., S. 36–38f.
20 Rust, Edgar, S. 14–33
21 vgl. Friedrichs, Jürgen, S. 17

Abbildung 1: Modell der Stadtentwicklung nach Burgess[22]

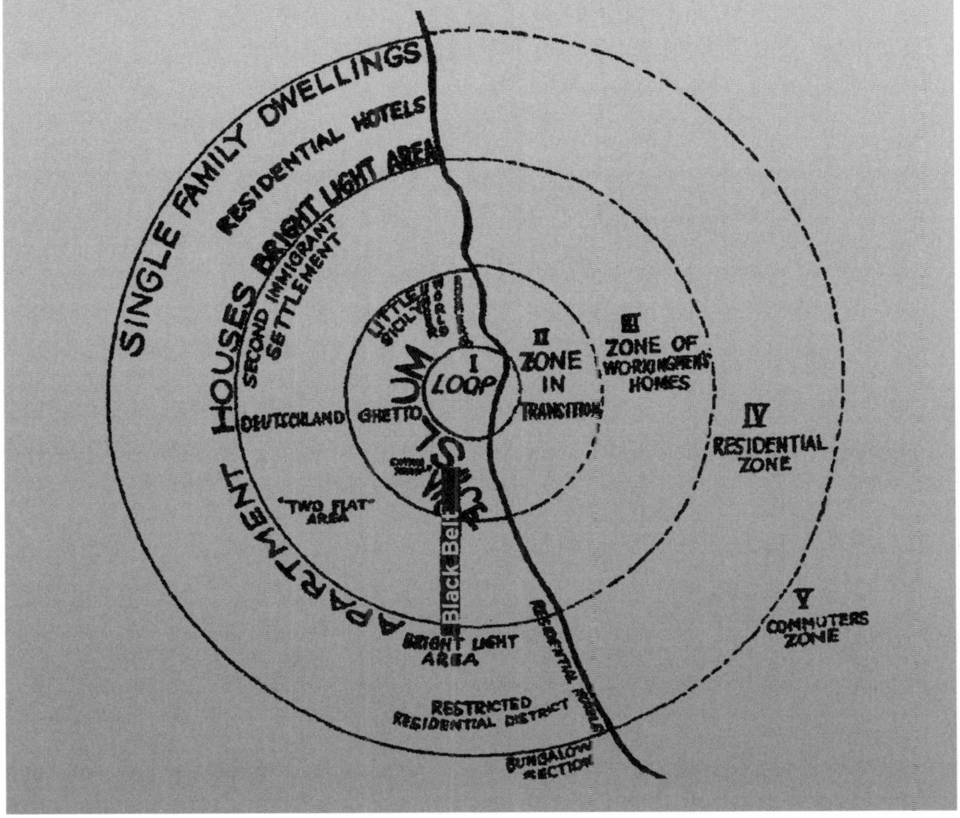

Einbeziehung verschiedener Merkmale, beispielsweise der Bevölkerungsdichte, der Erwerbsstruktur, der Einwohner- und Arbeitsplatzdichte und des Pendleranteils aus der Umlandzone in das Kerngebiet, der Stadt einer sinnvollen Abgrenzung sowie inneren Gliederung städtischer Räume.

Daneben existiert die klassische raumordnungspolitische Zuordnung von Städten, die auf dem Raumordnungskonzept der Zentralen Orte basiert. Dieses Konzept beschreibt heute eine dreifache Stufung von Siedlungstypen in Ober-, Mittel- und Grundzentren (früher vierstufig: anstelle der Grundzentren standen Unter- und Kleinzentren). In dieser Hierarchie finden wir die **Kleinstädte** in einer relativ niedrigen Ebene wieder. Sie sind infrastrukturell von den nächst größeren Siedlungen abhängig, besitzen aber auch selbst

22 Burgess, Ernest, S. 47–62

Abbildung 2: Modell der Stadtregion nach Boskoff[23]

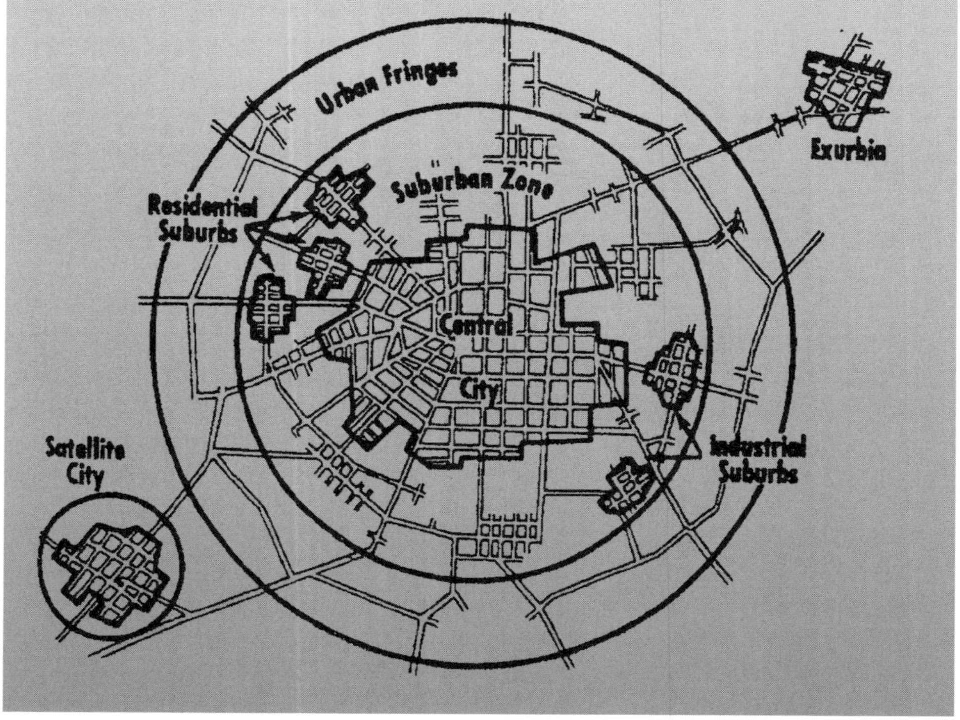

einen Bedeutungsüberschuss gegenüber kleineren ländlichen Siedlungen (Versorgungsfunktion). Der Trend geht dahin, dass Kleinstädte lediglich die Grundversorgung der Bevölkerung gewährleisten können. Die Mittel- und Großstädte bilden die Mittel- bzw. Oberzentren.

Kleinstädte sind in der Regel wirtschaftlich spezialisiert, z.B. als Agro-, Industrie-, Tourismus- oder Gewerbekleinstadt. Das ist zum einen im Zusammenhang mit der Größe der Kleinstadt und zum anderen mit ihrer wirtschaftshistorischen Tradition zu sehen. Von der Sozialstruktur her ist die Kleinstadt durch eine Form partieller, auch gruppenspezifischer, sozialer Kontakte geprägt. Dies ermöglicht im Gegensatz zu den Kernstädten innerhalb großer Agglomerationen einen überschaubaren Wahrnehmungsraum. Gleichzeitig dient die soziale Kontrolle auch als Instrument der Eingliederung des Einzelnen in eine territoriale Gruppe.

23 vgl. Friedrichs, Jürgen, S. 17 (Boskoff, 1970, S. 140)

Bezüglich der Arbeitsmarktfunktion von Kleinstädten sind folgende Charakteristika erkennbar. In der räumlichen Struktur ist die Kleinstadt als eine zentrierte Arbeitsmarktregion erkennbar, die Arbeitsplätze insbesondere für die Bevölkerung aus dem ländlichen Raum bereithält. In ihrer Verflechtung dominieren regionale Hierarchien. Das Arbeitsplatzspektrum ist relativ groß und liegt damit über dem des ländlichen Raums respektive der Dörfer. Bezüglich der Karrieremöglichkeiten ist in diesen Orten lediglich ein bescheidener Aufstieg möglich. Gleichzeitig kennzeichnet die Kleinstadt häufig eine geringe Erwerbsquote weiblicher Bevölkerungsteile.

Neben den Kleinstädten wird das Wohnen im ländlichen Raum durch das **Dorf**, durch mehr oder weniger geschlossene Gruppensiedlungen, dominiert. In der Gegenwart besitzen Dörfer unter sozialem Aspekt überwiegend den Charakter agrarisch-gewerblicher Mischgemeinden mit angelagerten Randgruppen. Dörfer unterliegen momentan einem starken strukturellen Wandel. Das Beziehungsgefüge im Dorf wurde traditionell durch die vorhandenen Funktionen im Dorf geprägt. Mit der Industrialisierung ging ein erster Verlust an Handwerkervielfalt einher. Später führte verändertes Einkaufsverhalten häufig zum Verlust des Dorfladens. Ähnliche Entwicklungen waren bei den Gaststätten zu beobachten. In Ostdeutschland hat sich dieser Funktionsverlust seit 1990 im Zeitraffertempo vollzogen und ist vor allem auch durch ein Wegbrechen von Arbeitsplätzen in der Landwirtschaft geprägt. Die Mehrheit der Dorfbewohner erwirtschaftet ihr Einkommen inzwischen als Pendler in den mehr oder weniger nahen Ballungsgebieten.

Auf die vielfältige, sehr differenzierte Diskussion des Verhältnisses von städtischen und ländlichen Gebieten unter dem besonderen Blickwinkel des Wohnens sowie dem daraus resultierenden sozialen Verhalten der Bewohner zueinander wird in der Folge eingegangen.

1.2 Urbanisierung – Suburbanisierung – Reurbanisierung

Urbanisierung[24] ist ein Kernbegriff der Stadtentstehungs- und Stadtentwicklungsgeschichte. Er beschreibt sowohl einen Wandel der Lebensweise als auch Phänomene der Land-Stadt-Wanderung. Als maßgebliche Merkmale von Städten hat Georg Simmel[25] ihre Größe, Dichte und Heterogenität erkannt und daraus abgeleitet, dass je größer, dichter und heterogener eine

24 zu lat. urbanus („städtisch") in: Brockhaus Enzyklopädie, 19. Auflage, Bd. 22, S. 695
25 Simmel, Georg, S. 185–206

Stadt sich darstellt, desto urbaner sich das Zusammenleben der Bewohner gestaltet. Das Anwachsen und das Verdichten der städtischen, besonders der großstädtischen Bevölkerung innerhalb der Gesamtbevölkerung bringt die quantitative Seite der Urbanisierung zum Ausdruck, während die qualitative Seite durch die Bildung neuer sozialer und kultureller Strukturen geprägt ist.[26]

Im Allgemeinen werden drei Arten der Urbanisierung unterschieden:

1. Physiognomische Urbanisierung: Ausbreitung städtischer Wohnformen und der Flächennutzung;
2. Funktionale Verstädterung: Verflechtung von Stadt und Land sowie Ausbreitung der städtischen Produktion und Entwicklung neuer Kommunikationsnetze;
3. Soziologische Verstädterung: durch die Übernahme von Normen und Wertvorstellungen der städtischen Bevölkerung durch das Umland sowie durch Angleichung von Konsumniveau und Haushaltsführung.

Zeitlich wird Urbanisierung mit dem Einsetzen der Industrialisierung bestimmt. Sie beginnt in der ersten Hälfte des 19. Jahrhunderts in England und vollzieht sich dann in der Mitte dieses Jahrhunderts auch in Deutschland. Urbanisierung gilt in diesem Zusammenhang als eine direkte Folge der Land-Stadt-Wanderung zu den Arbeitsstätten, aber auch zu Wohnplätzen[27]. Insgesamt sind Urbanisierungsprozesse nicht als natürliche Vorgänge, sondern als Folge sozialen Handelns und der Durchsetzung von Machtprozessen zu verstehen. Sie sind von stetigen Veränderungen gekennzeichnet und sind damit als Folge von Stadtentwicklungsprozessen zu charakterisieren.

Suburbanisierung[28] ist nicht erst eine Erscheinung der Gegenwart. Die flächenhafte Ausdehnung der städtischen Siedlungsweise bzw. der Bevölkerung in das Umland ist in Europa sowie in Deutschland bereits seit dem 18. und 19. Jahrhundert zu beobachten. Ein unübersehbares Suburbanisierungsgeschehen hat sich etwa in den 90er Jahren in Ostdeutschland nach einer vor dieser Zeit staatlich gelenkten und gesteuerten Raumentwicklung explosionsartig vollzogen.

Vorrangig wird dabei von der Suburbanisierung der Bevölkerung gesprochen, doch auch der Produktions-, Dienstleistungs- Handels- und sogar der Verwaltungssektor sind betroffen. Zusammenfassend ausgedrückt hat der Prozess

26 Rüegg, Erwin, S. 201
27 Vgl. Kapitel 2, Abschnitt 2.1.2 Wohnen als Ausdruck gesellschaftliche Veränderungen
28 von suburb (englisch): Vorort, Vorstadt

der Suburbanisierung siedlungsstrukturelle, demographische, ökonomische und soziale Auswirkungen für die Stadt und das Umland. Daraus leiten sich u.a. auch Formen der Suburbanisierung ab, die als so genannte Wohn-, Einzelhandels-, Gewerbe- und Freizeitsuburbanisierung unterschieden werden.

Als Gründe für die Suburbanisierung können u.a. gelten:

1. Siedlungs- und Flächendruck in den Kernstädten, insbesondere in den Citybereichen verbunden mit dem Anstieg der Miet- und Baulandpreise sowie zusätzlich steigenden individuellen Flächenansprüchen. Das Ergebnis dieses in der Regel längerfristig ablaufenden Prozesses hat eine Suburbanisierung in das Umland der Kernstädte zur Folge.

2. Suburbanisierungsprozesse und -entwicklungen sind auch als Folge des deutlichen Anstiegs der Mobilität der Bevölkerung durch den Ausbau von überregionalen und regionalen Verkehrswegenetzen und des öffentlichen Personennahverkehrs sowie die stark zugenommene Motorisierung der Haushalte zu betrachten.

3. Eine Zunahme sowie Ausprägung der stark individualisierten Wohnvorstellungen in unserer Gesellschaft bilden einen möglichen weiteren Ansatzpunkt in der Betrachtung.

Suburbanisierung bezeichnet darüber hinaus auch die wechselseitige Durchdringung von Stadt und Land. Beide Sphären treten in neue Formen der Symbiose zueinander. Mit der Suburbanisierung entstehen Stadtregionen an Stelle abgrenzbarer Städte.

Die Betrachtung soll sich auch auf die Unterscheidungs- bzw. Gegenüberstellungskriterien von Kernstadt und suburbanem Raum beziehen. Insbesondere bei Herbert Gans[29] finden sich diese Differenzierungen überzeugend dargestellt. Gans knüpft mit seinen Forschungsergebnissen an Louis Wirths Aufsatz über die „Urbanität als Lebensraum“[30] an und stellt für den suburbanen Raum im Vergleich zur Kernstadt u.a. folgende Hauptgesichtspunkte heraus:

- die relative Entfernung zwischen den Wohnstätten und Arbeitstätten sowie den Freizeiteinrichtungen,
- das ausgeprägte Vorhandensein von Einfamilieneinheiten sowie die insgesamt kleinteiligere, weniger dichte Bebauung der Wohnsiedlungen, Einzelhandelszentren und Gewerbegebiete,
- die Homogenität der Sozialstruktur der Bevölkerung.

29 vgl. Gans, Herbert, J., S. 76ff.
30 vgl. Wirth, Louis, S. 1–24

In Stadtentwicklungsprozessen der Gegenwart kristallisiert sich zunehmend statistisch nachweisbar eine **Reurbanisierung**[31] heraus, die mit einer relativen Zunahme der Bevölkerungs- und Beschäftigtenzahlen einhergeht. Aus der Sicht der Kernstädte betrachtet handelt es sich dabei um eine Rückgewinnung von Bevölkerung und Beschäftigten. Reurbanisierungsprozesse erfordern in den überwiegenden Fällen ein aktives, progressives Vorgehen im Rahmen der Politik der Städte, um entsprechende Anreize und Verbesserungen bezüglich des Stadtimages, der Wohnbedingungen in den Kernstädten sowie der Verkehrsbedingungen und der sozialen Infrastruktur herzustellen.

Reurbanisierung kann grundsätzlich verschiedene Ausrichtungen[32] aufweisen:

- Die Kernstadt verzeichnet ein reltives Wachstum, weil Bevölkerungs- und Beschäftigtenzahl sich langsamer rückentwickeln als im Umland.
- Die Kernstadt erfährt bei konstanten Bevölkerungs- und Beschäftigtenzahlen wegen des Rückgangs der Bevölkerungs- und Beschäftigtenzahlen im Umland ein relatives Wachstum.
- Bevölkerungs- und Beschäftigtenzahlen der Kernstadt nehmen durch Zuwanderung aus dem Umland zu.

Weitere Begriffe, die im unmittelbaren Zusammenhang zu Urbanisierungsprozessen genannt werden, sind **Exurbanisierung** sowie **Desurbanisierung**[33].

Mit Exurbanisierung werden Verlagerungsprozesse des Bevölkerung- und damit auch des Siedlungswachstums von Stadtregionen, in der Regel Großstadtregionen, in benachbarte, meist ländlich strukturierte oder auch zwischenstädtische Räume bezeichnet. Die Besonderheit dieses Verlagerungsprozesses besteht jedoch darin, dass eine Verbindung dieser Räume über den Berufspendlerverkehr besteht. Dagegen beschreibt der Begriff der Desurbanisierung eine Abnahme der Bevölkerungs- und Beschäftigtenzahlen im gesamten Agglomerationsraum[34], also in der Kernstadt und im Umland.

Einen Überblick zur Klassifizierung des Bevölkerungsveränderungsprozesses in den drei Gebieten Kernstadt, Umland und Stadtregion gibt die nachfolgende Tabelle:

31 verschiedentlich in der Literatur auch als Resuburbanisierung bezeichnet
32 Friedrichs, Jürgen, S. 35–36
33 vgl. u.a. Brockhaus Enzyklopädie, 19. Auflage, Bd. 22, S. 696
34 auch Verdichtungsraum; bezeichnet eine räumliche Konzentration von Bevölkerung und Produktionsstätten

Abbildung 3: Entwicklungsphasen einer Stadtregion nach van den Berg[35]

Phase	Typ (Teilphase)	Kernstadt	Umland	Stadtregion
Urbanisierung	Absolute Zentralisierung	++	-	+
	Relative Zentralisierung	++	+	+++
Suburbanisierung	Relative Dezentralisierung	+	++	+++
	Absolute Dezentralisierung	-	++	+
Desurbanisierung	Absolute Dezentralisierung	---	+	-
	Relative Dezentralisierung	--	-	---
Reurbanisierung	Relative Zentralisierung	-	--	---
	Absolute Zentralisierung	+	--	-

Legende: + anwachsend / - abnehmend

1.3 Segregation – Gentrifikation

Die Entwicklungsprozesse der Urbanisierung, Suburbanisierung und Reurbanisierung werden entscheidend von der Doppelfunktion der Städte als Funktions- und Sozialraum beeinflusst.

Zunächst ist die so genannte **Segregation** zu betrachten, die sowohl den Prozess als auch das Ergebnis einer besonderen Form der räumlichen Mobilität bezeichnet. Sie kommt darin zum Ausdruck, dass bestimmte Bevölkerungsgruppen in bestimmten Stadtvierteln, Siedlungsgebieten oder Landschaften häufiger auftreten als andere[36]. Segregation ist dabei als ein Ergebnis sozialer Ungleichheit bzw. kultureller Differenzierung, d.h. ungleicher Chancen und Präferenzen einzelner Bevölkerungsgruppen, zu sehen[37].

Diese ungleiche Verteilung bzw. Konzentration bestimmter Bevölkerungsgruppen im Sozialraum kann entsprechend der sozialen Schichtzugehörigkeit, der Stellung im Familienlebenszyklus sowie nach kultureller oder ethnischer Herkunft variieren. Voraussetzung für Segregationsprozesse sind grundsätzlich räumliche und soziale Differenzierungen einer Stadt, wobei den Haushalten unterschiedlicher sozialer Schichten qualitativ differenzierte Wohnungsangebote zur Verfügung stehen.

Die sozialräumliche Differenzierung kommt über bestimmte Merkmale wie Haushaltseinkommen, Lebensstil, Altersstruktur oder auch ethnisch-kulturelle Zugehörigkeit zum Ausdruck. Segregationsprozesse sind damit sozioöko no-

35 vgl. Berg, Leo van den, Drewett, Roy, Klassen, Leo, H.; Rossi, Angelo; Vijverberg, Cornelis, H. T., S. 36
36 vgl. u.a. Brockhaus Enzyklopädie, 19. Auflage, Bd. 20, S. 60f.
37 vgl. Friedrichs, Jürgen, S. 79

misch, demographisch oder ethnisch ausgerichtet, wobei unter den sozioökonomischen Merkmalen vorrangig Einkommen, Bildungsstand und berufliche Qualifikationen betrachtet werden und die demographischen Merkmale sich insbesondere auf die Altersstruktur und Haushaltsgrößen beziehen.

Die Auseinandersetzung mit Segregationsprozessen konzentriert sich in der Forschung schwerpunktmäßig auf die soziale und kulturell-ethnische Segregation. Die Ursachen sozialer Segregation, geprägt von ökonomischen Kriterien sowie Klassen- oder Schichtzugehörigkeit, liegen vorrangig in der sozialen Ungleichheit in der Gesellschaft bzw. der Bevölkerung, die eine Forderung sozialer Gerechtigkeit für alle Mitglieder der Gesellschaft nach sich zieht[38].

Für die kulturell-ethnische Segregation sind sowohl die Probleme von Einwanderern, die bereits langzeitig ansässig sind, aber auch die neu zugewanderter Ausländer verantwortlich. Ursachen der sozialräumlichen Ungleichheit ergeben sich insbesondere aus dem Wohnungsmarktgeschehen mit seinen qualitativ differenzierten Angeboten bzw. durch die differenzierte Nachfrage der Wohnungsmarktteilnehmer. Auf diese Grundfragen wird späterhin bei den sozialen Aspekten des Wohnens in Stadt und Dorf weiter eingegangen.

Das Ausmaß der Segregation, d.h. die Konzentration bestimmter sozialer Gruppen auf bestimmte Teilräume einer Stadt oder Stadtregion, kann statistisch mit der relativen Abweichung von der Gleichverteilung festgestellt werden. Diese Aussagen besitzen eine komplexe Bedeutung u.a. für die Stadtforschung, die Stadtplanung bis hin zur gesellschaftspolitischen Steuerung der Stadt. Die Initiative von Bund, Ländern und Gemeinden zielt seit 1999 mit dem Programm „Soziale Stadt" auf die Verlangsamung bzw. Verhinderung der negativen Auswirkungen von Segregationsprozessen ab.

Gemessen wird mit dem Segregationsindex oder dem Dissimilaritätsindex[39]. Mit Segregationsindizes wird das zahlenmäßige Verhältnis einer Bevölkerungsgruppe zur restlichen Bevölkerung ermittelt, während Dissimilaritätsindizes die Segregation zweier Gruppen untersuchen, die disproportional über die Stadt bzw. Gebiete der Stadt verteilt wohnen.

Aus Ergebnissen der Segregationsforschung ist weiterhin nachvollziehbar, dass sich Segregationsprozesse nicht allein in Städten, sondern auch zwischen Kernstadt und Umland ablaufen[40].

38 vgl. u.a. Häußermann, Hartmut; Siebel, Walter (2004), S. 151ff.
39 vgl. Häußermann, Hartmut; Siebel, Walter (2004), S. 140–143
40 vgl. Friedrichs, Jürgen, S. 79

In engem Zusammenhang mit den Segregationsprozessen steht die **Gentrifikation**[41], die Wiederaufwertung von innenstadtnahen Wohngebieten, die eine Verdrängung der bisher ansässigen Bevölkerung nach sich zieht. In der Regel erfolgt der Verdrängungseffekt der sozial niedrigeren Schichten durch sozial höhere durch bauliche Aufwertungsmaßnahmen der Modernisierung, Neu- und Umbau in der meist innerstädtischen Altbausubstanz[42].

Zur Beschreibung des Bevölkerungsaustauschs werden zwei Phasenmodelle unterschieden, das Modell des Invasions-Sukzessions-Zyklus und die Theorien des Nachbarschaftswandels. Beide Modelle unterstellen eine regelhafte und irreversible Abfolge der Phasen, wobei die Dauer der einzelnen Phasen offen bleibt.

Nach Dangschat/Friedrichs[43] trägt eine Klassifizierung der Wohn- bzw. Bevölkerungsgruppenur Qualifizierung der Aussagen des Gentrifikationsgeschehens durch die Ermittlung von Merkmalen und Kombinationen von Merkmalsausprägungen sowie durch die Differenzierung der Ebenen, beispielsweise Haushalt oder Person, bei.

Die Beweggründe für diesen baulichen und sozialen Wandel in Stadtgebieten können ambivalenter Natur sein:

- Verwertungsinteressen führen zu Veränderungen von Wohnqualitäten und damit der Bewohnerzusammensetzung. Bevölkerungsschichten mit geringem Einkommen wandern zwangsläufig aus angestammten Wohngebieten ab.
- Die gentrifizierten Gebiete sind von Aufwertungstendenzen durch den Zuzug höherer sozialer Bevölkerungsschichten gekennzeichnet und damit durch eine gesamtheitliche Aufwertung charakterisiert[44].

Gentrifikationsmaßnahmen bieten allerdings auch eine Chance, die Reurbanisierung in Kernstädten zu fördern und bestimmte soziale Bevölkerungsgruppen für einen Rückzug zu motivieren. Diese Art von Maßnahmen entwickelt sich aus dem Bestreben nach einer immer weiter ansteigenden Verwertung von Bodenflächen und der Erneuerung sowie Modernisierung der Bausubstanz. Auch auf diesen Sachverhalt soll im Blick auf die sozialen Aspekte des Wohnens nochmals eingegangen werden.

41 abgeleitet aus dem Englischen gentry (vornehme Bürgerschaft)
42 vgl. u.a. Joas, Hans, S. 531
43 vgl. Dangschat, Jens; Friedrich, Jürgen, S. 33–35
44 vgl. u.a. auch Häußermann, Hartmut/Siebel, Walter (2004), S. 229

2 Soziales Verhalten und Handeln

2.1 Nachbarschaften – Soziale Netzwerke

Bei der begrifflichen Einordnung von Nachbarschaften und sozialen Netzwerken ist am Begriff der Gemeinde aus sozialer Sicht anzuknüpfen, der damit inhaltlich auf eine Art des gemeinschaftlichen Lebens bzw. Zusammenlebens in einer Gemeinschaft reflektiert.

Unter **Gemeinschaft** ist gemeinhin etwas mehr zu verstehen als nur die Existenz an einem bestimmten Ort. Gemeinschaft unterstellt eine qualitative Ausprägung, d.h. das Vorhandensein gemeinsamer Ziele, Werte und Interessen. Gemeinschaften müssen aber nicht zwangsläufig den Charakter von Nachbarschaften tragen. Ferdinand Tönnies[45] analysierte Gemeinschaft in Abgrenzung zu Gesellschaft und kam zu dem Ergebnis, dass die gemeinschaftlichen Bande, die besondere soziale Kraft verkörpern, die Menschen als ein Ganzes zusammenhalten. Tönnies versteht dabei die Gemeinschaft als den „Wesenswillen". Die menschlichen Beziehungen in der Gemeinschaft können mit Attributen wie intim, dauerhaft und auf klaren Vorstellungen aufbauend beschrieben werden.

Gemeinschaftliches Zusammenleben ist typisch für das Wohnhaus und das Dorf. Tönnies und Gans[46] sehen aber auch in der Stadt die Möglichkeit gemeinschaftlichen Lebens. Aus vielfältigen empirischen Forschungen ist jedoch mit der Entwicklung zur Großstadt eine Veränderung des Charakters des Zusammenlebens ablesbar. Trotz Verstädterung und Urbanisierung bleiben gemeinschaftliche Strukturen erhalten. Es ist festzustellen, dass sich als eine ganz typische Form der Gemeinschaft in den Städten die **Nachbarschaft**[47] herausbildet. Der amerikanische Soziologe Charles Horton Cooley[48] hat sich mit den Fragen der Gemeinschaft und Nachbarschaft dergestalt auseinandergesetzt, dass er diese den so genannten Primärgruppen, zu denen u.a. auch die Familie gehört, zuordnet.

Nachbarschaften sind ursächlich mit der Dorfentwicklung verbunden, wo das Zusammenleben auf gegenseitige Hilfeleistung gegründet war. In der Gegenwart sind Nachbarschaften als soziale Gruppen, deren Mitglieder in Gemeinschaft miteinander interagieren, zu definieren. Dabei ist der räumliche, relativ enge Zusammenhang von besonderer Wichtigkeit für die Aus-

45 vgl. Tönnies, Ferdinand, S. 17ff.
46 Gans, Herbert J., S. 67–90
47 Nachbar ist etymologisch ableitbar von „naher Bauer", besitzt einen ländlichen-agrarischen Ursprung
48 vgl. Schäfers, Bernhard, S. 171f.

wahl der Interaktionspartner[49]. Doch räumliche Nähe von Menschen schafft nicht gleich menschliche Gemeinsamkeit. Es ist vielmehr zu beobachten, dass vielfach vorhandene Kontaktmöglichkeiten ungenutzt bleiben und im Gegenteil Menschen nur eine sehr eingeschränkte Bereitschaft zum Aufbau und zur Beibehaltung von Kontakten haben. Kontakte sind jedoch insgesamt nach ihrer Einordnung als aktive oder passive Kontakte zu differenzieren. Von Interesse in diesem thematischen Zusammenhang sind die aktiven Kontakte, die erst über Interaktionen wirksam werden und auf einer relativ betonten Homogenität basieren.

Über viele Jahrzehnte hat sich die Forschung in der Stadtsoziologie schwerpunktartig mit der Thematik der Nachbarschaften in Großstädten beschäftigt. Im Mittelpunkt dieser Auseinandersetzungen stand die Planung von Nachbarschaftseinheiten[50], die als denkbare Wege der Integration in Stadtgesellschaften betrachtet wurden. Integration verkörpert in diesem Zusammenhang ein breites Spektrum. Sie basiert vor allem auf der Kommunikation im privaten und öffentlichen Sinne und kommt beispielsweise über Arbeitsverhältnisse, Familien, Verwandtschaft, Freunde, Vereine u.a. zustande. In modernen Großstädten, die in der Regel durch kulturelle und soziale Vielfalt geprägt sind, entstehen soziale Gemeinschaften durchaus auch auf der Grundlage von Gemeinsamkeiten in den Lebensstilen.

Die Stadtforschung der Gegenwart untersucht überforderte Nachbarschaften, was allein schon eine gewisse Infragestellung von deren Bedeutung und Tragfähigkeit impliziert. Die sehr beachtete sozialwissenschaftliche Studie „Überforderte Nachbarschaften“[51], die im Auftrag des GdW Bundesverband deutscher Wohnungsunternehmen erstellt wurde, enthält aufschlussreiche Aussagen über Wohnquartiere in den alten und neuen Bundesländern. Die beiden eigenständigen Untersuchungen widmeten sich in Westdeutschland der „sozialen und ökonomischen Erosion in Großsiedlungen“ (Krings-Heckemeier/Pfeiffer) und in Ostdeutschland der „Konsolidierung auf halbem Wege – Ostdeutsche Großsiedlungen zwischen sozialem Umbruch und städtebaulicher Erneuerung“ (Hunger/Wallraf).

In der Folge konzentrierte sich die Betrachtung stärker auf die soziale Vernetzung im Sinne von Netzwerkforschung. Die räumliche Komponente erhält in diesem Zusammenhang in eine etwas nachrangige Bedeutung, allerdings ohne dass die Nachbarschaften generell aus der Betrachtung fallen.

49 vgl. Häußermann, Hartmut; Siebel, Walter (2004), S. 230
50 im Englischen neighbourhood unit
51 Krings-Heckemeier, Marie-Therese; Pfeiffer, Ulrich; Hunger, Bernd; Wallraf, Wolfram, S. 25–27ff., 172–180ff.

Darüber hinaus werden Nachbarschaften auch zur Bildung von sozialen Netzen genutzt, die einen sehr individuellen Charakter besitzen, beispielsweise auf Basis gemeinsamer Lebensstile in einem räumlichen begrenzten Zusammenhang wie bei Hausgemeinschaften oder beim Mehrgenerationenwohnen. Diese Möglichkeiten sind geeignet, die Folgen der gegenwärtigen demographischen Entwicklung mit einer zunehmenden Zahl an Single-Haushalten, kinderlosen Paaren u.a. zu kompensieren. Diese Vorgehensweise geht jedoch mit der geschärften Auswahl der Beteiligten einher, was einer Form der sozialen Segregation gleichkommt.

Für das **soziale Netzwerk** bietet sich nicht ohne weiteres eine eindeutige Begriffsbestimmung an, da dafür die jeweiligen Betrachtungszusammenhänge von entscheidender Bedeutung sind. Soziale Netzwerke sind daher nur verallgemeinert mit Dauerhaftigkeit der sozialen Beziehungen sowie den ausgeprägten Interaktionszusammenhängen der beteiligten Partner zu beschreiben.

Weiterhin sind die so genannten **entlokalisierten Netze**[52] zu betrachten, die bei Nichtvorhandensein aktiver Nachbarschaften zur Bildung sozialer Netzwerke führen. Die Besonderheit gegenüber den sozialen Netzwerken besteht darin, dass sich entlokalisierte Netzwerke über große räumliche Entfernungen voneinander bilden. Für entlokalisierte Netze, aber auch für soziale Netze spielt die Internetkommunikation eine nicht unbedeutende Rolle für gemeinschaftliche Aktivitäten.

2.2 Bürgerbeteiligung – Soziales Management

Mit der **Bürgerbeteiligung** wird der lokalpolitische Bereich in Stadt und Dorf angesprochen, in dem Betroffene in organisierter Form ein Mitspracherecht einfordern. Bürgerbeteiligungen, auch als Bürgerinitiativen und Bürgerengagements bezeichnet, treten in höchster Differenziertheit als eine Form der direkten Demokratie im Alltag der Städte und Dörfer in Erscheinung.

Bürgerinitiativen bilden sich in erster Linie in Großstädten und Ballungsräumen. Sie verfolgen etwa im Bereich des Wohnens, des Verkehrs und Umweltschutzes[53] in der Regel konkrete, abgegrenzte Ziele, wodurch sich auch ihre Erfolgsaussichten erhöhen. Sie treten als direkte Reaktionen auf politische Maßnahmen, auf öffentliches Planungsgeschehen oder Unterlassungen,

52 vgl. Häußermann, Hartmut; Siebel, Walter (2004), S. 115
53 vgl. Guggenberger, Bernd; Kempf, Udo, S. 37–48f.

Missstände und absehbare Fehlentwicklungen in der sozio-ökonomischen, sozial-kulturellen und natürlichen Umwelt auf. Konkret wird auf derartige Vorgänge durch die direkte Selbsthilfe oder auch durch politischen Druck reagiert. Direkte Selbsthilfe agiert entweder für sich selbst oder für andere mit meist sozial-kulturellem Hintergrund.

In dem Maße, wie der Staat sich in den nächsten Jahren möglicherweise noch stärker auf seine Kernaufgaben zurückziehen wird, wächst die Bedeutung von Bürgerinitiativen, bürgerschaftlicher Eigenverantwortung und auch des Ehrenamtes. Initiativen und Akteure, die sich mit ihrer Region identifizieren und sich im Sinne einer nachhaltigen Entwicklung um die strukturelle Gestaltung und um den sozialen Zusammenhalt ihrer Region, ihrer Kommune bzw. ihres Stadtteils bemühen, sind wichtige entwicklungstragende und -fördernde Kräfte. Generell ist das Engagement in den neuen Bundesländern geringer als in den alten Bundesländern[54]. Beispielsweise sind nach dem Freiwilligensurvey des Bundes (1999) 30% der Bevölkerung Sachsens bürgerschaftlich engagiert[55]. Dieses geringe Engagement ist in bestimmtem Umfang auf das Wegbrechen der bisherigen traditionellen Infrastruktur für freiwilliges Engagement, das an Betriebe und Institutionen angebunden war, zurückzuführen. Dabei gleicht das Engagement der sehr viel jüngeren Generation das weggebrochene Engagement der Älteren (über 50-Jährige) nicht mehr aus[56].

In der Gegenwart ist darüber hinaus **soziales Management**[57] oder **Sozialmanagement** im Alltag der Städte und Dörfer unverzichtbar. In Zeiten zunehmender Ökonomisierung allen gesellschaftlichen Denkens und Handelns und des damit einhergehenden Rückzugs des Staates auf seine Kernaufgaben ist im sozialen Bereich eine Zuwendung zu den Formen des modernen Managements nötig. Dient Management in der Erwerbswirtschaft in erster Linie dem unternehmerischen Selbstzweck und somit der Gewinnmaximierung, beschäftigen sich soziale Organisationen mit den weniger angenehmen Bereichen des Lebens, den sozialen Problemen der Menschen[58].

Die Notwendigkeit von Sozialmanagement resultiert einerseits aus den Veränderungen der gesellschaftlichen Rahmenbedingungen wie dem demographischen Wandel der Bevölkerung mit zurückgehenden Bevölkerungszahlen, der Verlängerung der Lebenserwartung und der Tendenz zur Veränderung der

54 Bergfeld, Annedore; Groß, Ina-Beate; Hausmann, Ulrike: Ökonomische Bewertung ausgewählter, S. 11ff.
55 Sachsen 2004: 38% Nicht-Aktive, Aktive 32% (1999 – 25%) und ehrenamtlich Tätige 30%
56 Bürgerschaftliches Engagement in Sachsen 2004, S. 18
57 Sozialmanagement und soziales Management wird begrifflich häufig synonym verwendet.
58 vgl. Schubert, Herbert, S. 10

Haushaltsstrukturen durch Verkleinerung der Haushalte und andererseits aus dem Wandel der Sozialstruktur: aus der steigenden Zahl einkommensschwachen Haushalte infolge der hohen Arbeitslosigkeit, aus sozialen und ethnischen Segregationsproblemen sowie parallel dazu ablaufenden Gentrifikationsprozessen.

Sozialmanagement soll dabei den Weg zu Ansätzen eines klientelorientierten und zielbezogenen Handelns aufzeigen. Es beruht auf Partizipation, Transparenz, Nachvollziehbarkeit und Korrigierbarkeit[59]. Das Sozialmanagement ist in Deutschland gegenwärtig in Unternehmen der Sozialwirtschaft angesiedelt[60], die mit oder ohne Erwerbscharakter tätig sind. Organisationen ohne Erwerbscharakter, sog. Nonprofit-Organisationen, agieren gemeinnützig und steuerbefreit. Die gemeinwohlorientierten Träger öffentlicher Aufgaben sind meist klein- und mittelständische Unternehmen. Sozialmanagement leisten auch Unternehmen der freien Wohlfahrtspflege in Deutschland wie Arbeiterwohlfahrt, Deutsches Rotes Kreuz, Deutscher Caritasverband, Paritätischer Wohlfahrtverband, Diakonisches Werk der EKD sowie die Zentralwohlfahrtsstelle der Juden.

Eine andere Stellung nimmt die unternehmerische Wohnungswirtschaft ein, die zunehmend das soziale Management in die Unternehmenstätigkeit als ein festes, unverzichtbares Aufgabenfeld einbeziehen muss. Sie nutzt Elemente sozialen Managements auch zu Marketingzwecken.

Sozialmanagement bzw. soziales Management besitzt nicht nur in städtischen Bereichen sein Einsatzfeld, sondern ist ebenso in ländlichen Gegenden erforderlich und auch anzutreffen.

3 Soziale Aspekte des Wohnens in Stadt und Dorf

3.1 Wohnen in städtischen Gebieten

Wohnen in städtischen Gebieten findet einerseits in „alten" und andererseits in „neuen" Wohngebieten statt. Für beide Teilbereiche lässt sich ein unterschiedliches Wohnverhalten feststellen.

Alte Wohngebiete finden sich im **Innenstadtbereich**, in **innenstadtnahen Bereichen** sowie in **traditionellen Arbeiterwohngebieten** und sind über-

59 vgl. Müller-Scholl, Albrecht, Priepke, Manfred, S. 8–12
60 vgl. Wöhrle, Armin, S. 110

wiegend durch ihre vorrangig vertretene Altbausubstanz[61] gekennzeichnet. Sie unterscheiden sich sowohl in ihren Wohnfunktionen als auch in ihren Wohnqualitäten, nach ihrem Lagefaktor (Innenstadtbereich, innenstadtnaher Bereich oder Arbeiterviertel in der Stadt), dem Stand der Erhaltung (mit unsanierten und sanierten Beständen an Gebäuden und Wohnungen) sowie den Wohnumfeldern.

In den **Innenstadtbereichen** mittlerer und größerer Städte wurde das Wohnen durch rentablere Nutzungen insbesondere des tertiären Sektors meist verdrängt. In Ostdeutschland ist die Anzahl der Innenstadtbewohner verhältnismäßig noch größer als in Westdeutschland. Ebenso ist hier eine vielschichtigere soziale Bevölkerungsstruktur vorhanden, während die alten Bundesländer eine relativ homogene Struktur aufweisen.

Generell wird die Innenstadt als Wohnstandort gegenwärtig noch für kürzere Lebensphasen genutzt, etwa in der Zeit der Ausbildung, der Berufsfindung sowie der kinderlosen Ehephase. Der Nachteil der Innenstadt als Wohnstandort erwächst insbesondere aus den hohen Miet- und Eigentumspreisen für das Wohnen, was insbesondere durch die hohen Bodenpreise für Innenstadtbereiche bedingt ist.

Die Qualitäten des innerstädtischen Wohnens sind die kurzen Wegebeziehungen zwischen der Wohnung, den Versorgungs- und Dienstleistungseinrichtungen, den Freizeit- und Kultureinrichtungen, teilweise auch zu den Arbeitsstätten, ferner die städtische Funktionsvielfalt und -dichte für die unterschiedlichen Nutzer, das breite kulturelle und gastronomische Angebot sowie das Handelsangebot, schließlich die vielfältig gebaute städtische Umwelt und die Atmosphäre, die Aufenthaltsqualität, das Image. Dagegen bestehen Schwächen des innerstädtischen Wohnens vor allem in der teilweise unzureichenden Wohnqualität, in teilweise unsanierten Beständen, der Verkehrs- und Lärmbelästigung infolge der Zunahme des Individual-, Freizeit- und Parksuchverkehrs, der hohen Wohndichte, die insbesondere für Familien mit Kindern sowie für ältere Innenstadtbewohner nicht akzeptabel ist, den nicht ausreichend vorhandenen Kinderspielplätzen, Grünanlagen, Freiräumen und Parkmöglichkeiten sowie in der Grundstückspreisen, die zu rentierlichen Nutzungen gegenüber schwächeren, sensiblen Nutzungen führt.

Schwächen bezogen auf das Wohnumfeld sind vor allem das Fehlen von Frei- und Grünflächen zur Erholung und als Begegnungsmöglichkeiten sowie zur

61 Unter Altbau werden alle Gebäude bzw. Wohnungen verstanden, die bis zum 20.06. 1948 bezugsfertig geworden sind, vgl. Mändle, Galonska: Wohnungs- und Immobilienlexikon, Hamburg: Hammonia-Verlag, 1997, S. 14

Kommunikation für unterschiedliche soziale und ethnische Gruppen sowie Belastungen durch parkende Fahrzeuge und mangelnde Sicherheit, Ordnung und Sauberkeit. Die innenstadtnahen Wohngebiete und die traditionellen Arbeiterviertel weisen teilweise dieselben Schwächen auf wie die Innenstädte.

Durch das Städtebauförderungsgesetz, welches ausdrücklich die so genannte Funktionssanierung zur Stärkung der „zentralörtlichen Funktion" von Gemeinden vorsieht und auch die nötigen Instrumente sowie Fördermittel bereitstellt, wird meist die schon ökonomisch und sozial benachteiligte Wohnbevölkerung der Sanierungsgebiete in Neubaugebiete am Rande der Stadt, beispielsweise in Großwohnsiedlungen oder auch in andere Altbaugebiete, verdrängt.

Innenstadtnahe Wohngebiete mittlerer und größerer Städte bleiben ebenfalls nicht von Veränderungen verschont, insbesondere durch das Eindringen tertiärer Nutzungen verbunden mit der Erhöhung des Personennahverkehrs (Individualverkehr). Finanziell besser gestellte Bevölkerungsteile verlassen diese relativ zentral gelegenen Wohngebiete und beziehen Neubauwohnungen bzw. sanierte Altbauten oder ziehen in das Umland der Städte. In Auswirkung des Sickereffektes ziehen benachteiligte Bevölkerungsgruppen und Haushalte nach.

Traditionelle Arbeiterwohngebiete, die in Deutschland seit der zweiten Hälfte des 19. Jahrhunderts bis in die 30er Jahre des 20. Jahrhunderts errichtet wurden, weisen bei der Wohnungsgröße und Ausstattung entscheidende Nachteile auf. Aufwendungen für Erhaltung und Modernisierung wurden in den Folgejahrzehnten in nur sehr begrenztem Umfang eingesetzt. Stadtumbaumaßnahmen größeren Umfangs führen ebenfalls zu einer Umsiedlung der Bevölkerung, teilweise in Neubaugebiete an den Stadträndern.

Eine Sonderstellung nehmen dabei die neuen Bundesländer mit ihrem Sanierungs- und Modernisierungsstau ein, der nach der Wende in breitem Umfang und mit großzügiger Unterstützung durch staatliche Förderprogramme und -gelder abgebaut wurde. Die Folge davon war ein groß angelegtes Umzugsgeschehen in sanierte Altbau- und in neu errichtete Neubauwohnungen sowie in Wohneigentum im Umland der Städte[62].

Eine besondere Rolle aus stadtsoziologischer Sicht spielen das **soziale Verhalten in alten Wohngebieten sowie die Einflüsse räumlicher Bedingungen** darauf, die ansatzweise wie folgt charakterisiert werden können:

62 Vgl. Kapitel 2, Abschnitt 2.1.2 Wohnen als Ausdruck gesellschaftlicher Veränderungen

- Die Bewohner alter Wohngebiete zeigen oft nicht die in Befragungen erwartete Unzufriedenheit.
- Die Gründe dafür liegen in den vorhandenen bzw. gewachsenen zwischenmenschlichen Beziehungen.
- Für den Grad der Zufriedenheit spielen die Ansässigkeitsdauer, die räumliche Nähe von Verwandten und Freunden und die weitgehende Übereinstimmung des sozio-ökonomischen Status wichtige Rollen.
- Unter den Bewohnern alter Wohngebiete haben sich so genannte Beziehungsnetze gebildet, auch als Primärgruppen bezeichnet. Beziehungsnetze gestatten ein personenorientiertes Verhalten, das im Gegensatz zum objektorientierten Verhalten[63] steht und vereinfacht aussagt: „Es zählt nicht, was jemand hat, sondern was jemand ist." Mit diesem personenorientierten Verhalten wird dem Bedürfnis nach Anerkennung der Menschen entsprochen.
- Neben der gegenseitigen Unterstützung bei der ökonomischen und technischen Bewältigung des Alltags hat die Primärgruppe die Aufgabe, eine Selbstdarstellung der sozial Benachteiligten über die Primärgruppe hinaus zu ermöglichen.
- Der Verlust angestammter alter Wohngebiete sowie des sozialen Zusammenhalts wird als existenziell bedrohend empfunden, so dass Chancen zur räumlichen und/oder sozialen Mobilität oft nicht wahrgenommen werden.
- Es besteht eine hohe Durchlässigkeit zwischen Wohnung und unmittelbarer Wohnumgebung. Deshalb besitzt das Wohnumfeld für das soziale Leben in alten Wohngebieten einen bedeutenden Stellenwert. Mit der Vielfalt der Wohnungsumgebung wächst die Zahl der Möglichkeiten für zwanglose Begegnungen und Kontakte[64].

Nachteilig für das Wohnen in alten Wohngebieten wirkt sich insbesondere in den neuen Bundesländern der zunehmende Wohnungsleerstand aus. Die genannten Aspekte bieten Ansatzpunkte für die Durch- und Umsetzung von Maßnahmen im Kontext der vielseitig vorhandenen Stadtentwicklungsmaßnahmen.

Neue Wohngebiete sind in Deutschland häufig in Form von **Großwohn-** oder **Großraumsiedlungen**, in Westdeutschland in den 60er und 70er Jahren vorwiegend als Mietwohnungen des sozialen Wohnungsbaus entstanden. In der Regel sind die Großwohnsiedlungen auf der Grundlage von Bebau-

63 vgl. Gans, Herbert J., S. 93
64 vgl. nach Freisitzer, Kurt, S. 120–127 f. und eigene Untersuchungen Skript Hochschule Anhalt (FH)

ungsplänen in Mehrfamilienhaus- und Hochhausbebauung mit entsprechender Infrastruktur, Verkehrs- und Grünflächen und mit relativ homogenem Charakter in der Bebauung sowie eindeutiger Abgrenzung gegenüber dem Umfeld errichtet worden. Weitere Bestimmungskriterien für diese Großwohnsiedlungen sind die hohe Dichte der Bebauung, ihre Lage auf Freiflächen vor der Stadt sowie als innenstadtnahe Wohnprojekte in einer Mischnutzung von Wohnen und Arbeiten in vielfältigen Erscheinungsformen.

In Ostdeutschland, zu DDR-Zeiten, sind die gebauten Großwohnsiedlungen, auch als „Große Neubaugebiete" bezeichnet, mit folgenden Kriterien[65] zu bestimmen: Sie wurden seit den 50er Jahren vorwiegend nach dem Konzept des sozialistischen Wohnbaus und ab den 70er Jahren nach dem komplexen Wohnungsbauprogramm bis Ende der 80er Jahre als Volks- oder genossenschaftliches Eigentum errichtet. Charakteristisch sind die mehr-, viel- und hochgeschossigen Typenbauten mit einer deutlich einheitlichen Bebauungsform, überwiegend als randstädtische Stadterweiterung, aber auch als großflächige innerstädtische Wohnquartiere in Groß-, Mittel- und Kleinstädten. Diese Gebiete waren primär als reine Wohngebiete konzipiert, die mit den siedlungsnotwendigsten Infrastruktureinrichtungen versehen wurden.

Die Großwohnsiedlungen sind bereits seit ihrer Entstehung mit Problemen belastet. Ihre Hauptprobleme mit Auswirkungen auf das **soziale und räumliche Leben in Großwohnsiedlungen** sind:

- Defizite des Wohngebietes bestehen in der teilweise unzureichenden Herstellung sozialer Kontakte unter den Bewohnern.
- Verschiedentlich sind Neubausiedlungen von Monotonie, Reizarmut und Unwirtlichkeit gekennzeichnet.
- Die Wohnungen besitzen weitgehend schematisierte Grundrisse mit eindeutigen Funktionsfestlegungen und gleichen Raumgrößen für einzelne Wohnbereiche.
- Das nach Normen entworfene und gebaute Neubauangebot ist auf einen einheitlichen Familientyp ausgerichtet und zwingt die Bewohner zu Anpassungsleistungen an die vorgegebene Wohnsituation: Die Nutzungsmöglichkeiten der Einzelräume sind durch geringe Flächengrößen eingeschränkt, natürliche Lebensäußerungen beispielsweise durch ungenügende Trittschalldämmung erschwert; Naturerlebnisse im Wohnbereich sind kaum möglich.

65 vgl. Hannemann, Christine, S. 153

Während in Westdeutschland Großwohnsiedlungen häufig bereits mit ihrer Entstehung ein stark ausgeprägtes Negativimage anhaftete, sind solche Siedlungen in Ostdeutschlands erst mit der Wende in Verruf geraten. Bis zu diesem Zeitpunkt waren die Wohnungen in den Großwohnsiedlungen für ihre Bewohner ein erstrebenswertes Ziel und stellten in der Regel auch eine deutliche Verbesserung der Wohnqualität gegenüber den anderen Wohnverhältnissen dar.

Die Ursachen der Stigmatisierung von Plattenbausiedlungen sind vor allem in den einsetzenden Segregationsprozessen zu sehen; aber sicher hat auch die Medienberichterstattung dabei eine gewisse Rolle gespielt. In der Gegenwart kommen insbesondere in Ostdeutschland trotz teilweise aufwendiger Sanierungen, Modernisierungen und Umgestaltungen zusätzliche Probleme wie Wohnungsleerstand, aber auch zunehmende Kriminalität und Gewalt hinzu, die zu Urteilsverfestigungen führen.

Die Gegebenheiten des Wohnens in alten und neuen städtischen Wohngebieten lassen einen umfangreichen, vielschichtigen Handlungsbedarf erkennen. Ausgangspunkt der Betrachtung sind dabei die sich gegenwärtig in Gang setzenden ökonomischen und auch soziokulturellen Veränderungen des Wohnens und damit auch des Wohnungsmarktes. Hervorgerufen werden diese Veränderungen durch den demographischen Wandel in Deutschland, der sich vergleichbar in zeitlicher Analogie mit anderen westeuropäischen Ländern vollzieht und stagnierende sowie in zukünftigen Zeiträumen rückläufige Bevölkerungszahlen zur Folge hat[66]. Aus dieser Situation heraus stellen sich hinsichtlich des Wohnens und des Wohnungsmarktes in den Regionen und Städten neue Herausforderungen an die Gesellschaft.

Demographischer Wandel

Nach übereinstimmenden Annahmen von Statistik und Forschung ist in den nächsten Jahrzehnten ein erheblicher Rückgang der Bevölkerungszahlen in Deutschland zu erwarten[67]. Zudem werden sich diese Prozesse regional äußerst differenziert vollziehen, so dass je nach Region unterschiedliche Anforderungen an das Wohnen entstehen.

66 vgl. 2.1.3.2 Systematisierung gesellschaftlicher Trends mit Schlussfolgerungen auf das Wohnen
67 Vgl. Kapitel 2, Abschnitt 2.1.3.2. Systematisierung gesellschaftlicher Trends mit Schlussfolgerungen auf das Wohnen, Unterpunkt F) Demographische Veränderungen

Transformation der Bestandssituation des Wohnens

Die Bevölkerungsentwicklung der Regionen wird stark von deren wirtschaftlichen und vorhandenen weichen Standortfaktoren und deren Entwicklung beeinflusst. Für die Anbieter auf den Wohnungsmärkten, insbesondere die unternehmerische Wohnungswirtschaft, ist die Entwicklung der Haushaltsgrößen entscheidend. Im unmittelbaren Zusammenhang mit dem demographischen Wandel steht die älter werdende Bevölkerung, die entsprechende Wohnangebote in quantitativer und qualitativer Hinsicht erfordert.

Eine entscheidende Bedeutung erlangt in diesem Zusammenhang die qualifizierte konzeptionelle Planung und die Vorgehensweise beim Rückbau und der Erneuerung der Wohnbausubstanz. Das zukünftige Leben in den Städten wird nicht zuletzt von der Erneuerung der Wohnbausubstanz bestimmt.

Transformation der Lebensvorstellungen auf das Wohnen in städtischen Bereichen

Die zunehmende Differenzierung der Lebensvorstellungen, aber auch die Veränderungen der Arbeitswelt erfordern innovative, flexible, durchdachte Wohnkonzepte und -angebote, um eine Nachhaltigkeit des Wohnens in den Städten zu erreichen.

Transformation der technischen und sozialen Infrastruktur in den städtischen Bereichen

Tiefgreifende Entscheidungen und Veränderungen zeichnen sich in Hinblick auf die Infrastrukturen der Städte ab. Dabei zielt das Vorgehen nicht auf die Reduzierung von Infrastrukturangeboten, sondern auf eine Anpassung ab, die den zukünftigen Anforderungen der Städte entsprechen kann. Diese Anforderungen bedürfen der stärkeren Einbindung in die konzeptionellen Entwicklungen der Städte, als dies bisher zu verzeichnen und in seinen inhaltlichen Problemen überhaupt erkannt worden ist. Sowohl die technische als auch die soziale Infrastruktur müssen der demographischen Entwicklung in ihrer regionalen Differenzierung Rechnung tragen. Unter Tragfähigkeitsgesichtspunkten von technischen Netzstrukturen gewinnen flächenhafte Anpassungsprozesse an Bedeutung.

Transformation sozialräumlicher Polarisierungsprozesse

Für die Stadtentwicklung wird es von entscheidender Bedeutung sein, die teilweise bereits vorhandenen Stadtentwicklungskonzeptionen konsequent durchzusetzen oder insbesondere in den alten Bundesländern neue Konzepte zu entwickeln, um sozialräumlichen Mechanismen wie sozialen oder ethnischen Segregationsprozessen entgegenzuwirken bzw. Gentrifikationsprozesse zu fördern.

Migrationsprozesse[68] müssen gezielten in die soziale und räumliche Entwicklung der Städte und Stadtregionen eingebunden werden. Dabei kommt es auf die Integrationsbereitschaft und -willigkeit der ansässigen Bevölkerungsgruppen sowie der ausländischen Zuwanderer ebenso an wie auf die am Standort konkret vorhandenen Integrationsvoraussetzungen. Das Potenzial an gegenseitiger Akzeptanz gilt es zu aktivieren, Bildungs- und Ausbildungsmöglichkeiten bereitzustellen, die Voraussetzungen für die Integration im Wohn- und Arbeitsmarkt zu verbessern und generell kulturelle Offenheit zu fördern.

Ökologische Probleme der Städte

Wohnen und Arbeiten findet nicht ohne ressourcen- und umweltbelastende Auswirkungen statt. Die Belastungen beginnen mit der Zersiedlung des Landes, speziell des Umlandes durch suburbanes Wohnen und erstrecken sich über die Bodenversiegelungsprozesse in den Städten und im Umland zu den Belastungen durch das öffentliche und private Verkehrsaufkommen, die steigenden Verbräuche von Energie und Wasser sowie das Aufkommen an Abwasser und Müll, um nur einige Beispiele anzuführen. Ganz ohne Frage rufen diese Ressourcen- und Umweltbelastungen finanzielle, kostenseitige Belastungen für die Stadthaushalte und die Bewohner hervor – mit nachhaltigen Folgen für das Wohnen.[69]

Daher ist es wichtig, geeignete Instrumente zu entwickeln und Maßnahmen zu ergreifen, die Wohnen „nachhaltig" machen. Doch hier stellt sich immer die Frage nach der Finanzierbarkeit – für die Gesellschaft wie für den Einzelnen. Angesichts der Finanzschwäche der öffentlichen Hand insgesamt und insbesondere der Städte sind innovative Lösungen und Modelle gefragt, die sich durchaus nicht in den positiven Ansätzen der Private Public Partnerships erschöpfen dürfen. Zudem müssen über das ressourcen- und umweltgerechtes Wohnen hinaus auch die sozialräumlichen Aspekte betrachtet werden.

Diese Problematik stellt sich zunächst unter den Aspekten der **Städtebauförderung**, der Stadtentwicklung sowie des Stadtumbaus. Diese Aufgaben werden vom demographischen Wandel in Richtung rückläufiger Bevölkerungszahlen sowie dem Wanderungsverhalten zu den Arbeitsmärkten beeinflusst. Daraus resultieren Überlegungen bezogen auf die gebaute Umwelt, die mit

68 lat. (Aus-) Wanderung; zu migrare, wandern, wegziehen/Brockhaus. Bd. 14, S. 580
69 vgl. Habermann-Nieße, Klaus; S. 11–15

den aktuellen Diskussionen der Schrumpfung der Städte sowie des Stadtumbaus ein Thema der Gesellschaft geworden sind und durch Prognosen von Einrichtungen und Instituten unterlegt werden. Veränderungen der städtischen wie auch der ländlichen Siedlungsstruktur werden die Folge der genannten Ursachen sein, die es mit Weitsicht und konzeptioneller Vorbereitung gesellschaftlich verträglich aufzufangen gilt.

Hinsichtlich der Überlegungen zur Städtebauförderung durch das Bundesministerium für Verkehr, Bau und Stadtentwicklung soll an dieser Stelle nur auf Schwerpunkte verwiesen werden, wie

- den Ausbau der Kooperationen zwischen den Städten unter Einbeziehung der Regionen,
- die Schaffung sozial stabiler Stadtquartiere bei gleichzeitiger Wahrung der Chancengleichheit auch dort, wo Migrationsprozesse sich besonders srakt niederschlagen,
- die Nutzung aufgegebener Gewerbeflächen in den Städten für neue Wohnquartiere, besonders für Familien mit Kindern, auch um damit Reurbanisierungsprozesse zu stabilisieren,
- den Umbau der Infrastruktur für altengerechte Nutzungen,
- die Gestaltung der Städte als Wirtschafts- und Innovationsstandorte sowie die Förderung des Zusammenwirkens von kommunaler Planung und privaten Investoren[70].

Auf diesen Ansätzen baut auch das bundesweite Programm „Stadtteile mit besonderem Entwicklungsbedarf – Soziale Stadt“ auf.

Stadtentwicklungskonzeptionen der Gegenwart beinhalten Maßnahmen zur Bewältigung des demographischen und ökonomischen Strukturwandels, der zu Stadtschrumpfungsprozessen, aber auch zu Städtewachstum führt. Vom Bund wurden dazu die **Städtebauförderungsprogramme „Stadtumbau Ost“** und **„Stadtumbau West“** beschlossen. Das Programm Stadtumbau Ost[71] wurde wesentlich von den Ergebnissen der Untersuchungen geprägt, die die Expertenkommission „Wohnungswirtschaftlicher Strukturwandel in den neuen Ländern“ insbesondere zum Wohnungsleerstand herausgearbeitet hat.

Die Europäische Gemeinschaft hat den Anforderungen des Stadtumbaus mit dem Europarechtsanpassungsgesetz Bau (EAG Bau)[72] aus dem Jahr 2004 entsprochen, das im Baugesetzbuch festgeschrieben wurde.

70 vgl. auch Schäfers, Bernhard, S. 209f.
71 vgl. Stadtumbau Ost – Ausgewählte Fragen der praktischen Umsetzung, Arbeitshilfe 39, S. 13–15f.
72 vgl. Europarechtsanpassungsgesetz Bau (EAG Bau) vom 20. Juli 2004

Stadtentwicklungskonzeptionen[73] unterliegen einem fortwährenden Bearbeitungsprozess und dienen in erster Linie der Koordinierung räumlicher, wirtschaftlicher und sozialer Entwicklungen und sind deshalb auch als Regulatoren der künftigen Stadtentwicklung zu betrachten. Die Ziele der Stadtentwicklungskonzeptionen sind wie folgt zu charakterisieren:

- Aufdeckung und Beseitigung von Missständen,
- (Re-) Vitalisierung von Ortkernen und Stadtteilen,
- Anpassung des Wohnungsbestandes an die Nachfrage im Sinne einer Marktanpassung,
- Vermeidung der Verödung ganzer Stadtbereiche,
- Stärkung der Stadt als Wohn- und Wirtschaftsstandort,
- Verbesserung der infrastrukturellen Bedingungen,
- Aufwertung des Stadtbildes, Erstellung von Leitbildern sowie Imageverbesserung.

Die Rahmenbedingungen für diese konzeptionelle Arbeit sind durch die bereits genannten Phänomene vorgegeben: aktive Schrumpfung der Städte bei Vermeidung strukturellen Wohnungsleerstands einerseits und Stadtwachstum andererseits, veränderte Anforderungen an das Wohnen sowie steigender Wettbewerb infolge von Globalisierungsvorgängen.

Für konkrete Maßnahmen bietet sich folgende Abfolge an:

- Analysierung der wirtschaftlichen und sozialen Entwicklungen,
- Erstellung von Prognosen mit Hilfe der Szenariotechnik,
- Aufdeckung von Missständen,
- Herausarbeitung von Entwicklungszielen mit Prioritätenfestlegung,
- Sicherstellung der Finanzierung,
- Öffentlichkeitsarbeit,
- Begleitung durch Monitoring[74].

Stadtentwicklungskonzeptionen basieren auf einer Vernetzung der Akteure aus der Stadt, der Wohneigentümer (Gesellschaften, Genossenschaften und Privateigentümern) mit den Kreditgebern und Bewohnern. Die wohnungswirtschaftlichen Handlungsfelder liegen dabei in Maßnahmen zur Konsolidierung und Aufwertung sowie in Umstrukturierungen als Um- oder Rückbau. Im Kontext der wohnungswirtschaftlichen Handlungsfelder muss ein

73 vgl. Stadtentwicklungskonzepte als Voraussetzung für Aufwertung und Rückbau, Arbeitshilfe 32, S. 1–3f.

74 engl.: kontrollieren, beobachten; hier: systematische Beobachtung über einen bestimmten Zeitraum mit dem Ziel der Einhaltung bestimmter Vorgabewerte bzw. positive oder negative Veränderungen zu erkennen; auch als Früh- und Kontrollsystem

Zugriff auf die städtebaulichen Förderungsmaßnahmen und Programme einsetzen. Die Schwierigkeit liegt in der notwendigen Zusammenarbeit mehrerer Akteure sowie der Einbeziehung von Privateigentümern und Wohnungsgenossenschaften, die einen Sonderstatus im Hinblick auf die Wohnungsbestände in der Teileigentumsfrage besitzen. Weiterhin erschweren die Notwendigkeit der (Vor-) Finanzierung sowie Interessenunterschiede zwischen der Institution Stadt und der Wohnungswirtschaft und die komplexen Monitoringprozesse das Vorgehen.

Hilfe bieten die aktuellen europäischen Städtebaufördermaßnahmen, die im Rahmen der Stadtentwicklungskonzeptionen einen Finanzierungsbaustein durch EU-Strukturfonds beinhalten. Aus dem **Europäischen Fonds für regionale Entwicklung (EF-RE)**[75] wurden in den Jahren 1989 bis 1999 59 städtische Pilotprojekte zur Lösung wirtschaftlicher und sozialer Strukturprobleme in städtischen Regionen und Stadtrandgebieten erfolgreich gefördert. Der Erfolg der **europäischen Gemeinschaftsinitiative URBAN** für problembehaftete Städte, Stadtteile und Wohnquartiere gab die Veranlassung zur Weiterführung in der Initiative **URBAN II**. Erstmals in der Existenz der Städte wurden Förderungen in einem solchen Umfang in Europa vorgenommen.

Vor dem Hintergrund der Anforderung einer stärkeren Integration der Städte in den regionalen Kontext sind vor allem als Instrumente REK und ILEK zu nennen. Die durch Förderprogramme unterstützte Erarbeitung **Regionaler Entwicklungskonzepte** (REK) sowie **Integrierter ländlicher Entwicklungskonzepte** (ILEK), die in der Vorplanung im Kontext mit dem GAK-Gesetz[76] durchgeführt werden, sind wichtige Planungs- und Steuerungsinstrumente in diesem Aufgabenbereich. Die Entwicklungsprozesse der Städte können bei Sicherstellung der notwendigen und möglichen Programme und Instrumente nur unter aktiver Einbeziehung der Bevölkerung geleistet werden, um ein nachhaltiges, sozial-räumlich gesichertes Wohnen zu garantieren.

Dieser Prozess muss mit einer **Stabilisierung und Aktivierung der überforderten Nachbarschaftsbeziehungen** der Städte und Dörfer beginnen. Die Ursachen für das Auftreten überforderter Nachbarschaften sind ein Spiegelbild der gesellschaftlichen und ökonomischen Situation in Deutschland:

- Arbeitslosigkeit, insbesondere das Anwachsen der Zahl der Langzeitarbeitslosen und darunter der relativ hohe Anteil Jugendlicher;

75 Europäischer Fonds für regionale Entwicklung, Verordnung (EG) Nr. 1783/1999 vom 21.07.1999

76 Gesetz über die Gemeinschaftsaufgabe; Gesetz über die Agrarstruktur und den Küstenschutz vom 03.09.1969, zuletzt geändert 02.05.2002

- sinkende Realeinkommen der Bevölkerung sowie eine Ungleichheit der Einkommensverteilung in West- und Ostdeutschland;
- Abnahme der Leistungen im sozialen Wohnungsbau mit der wohnungspolitischen Argumentation wachsender Wohnungsleerstandszahlen und der Kompensation aus diesen Beständen durch Ankauf von Belegungsrechten;
- Zunahme der Haushalte, die in Abhängigkeit von staatlichem Sozialtransfer geraten;
- unzureichende Bildungs- und Ausbildungsmöglichkeiten für alle einheimischen sozialen Schichten einschließlich der Ausländer- und Aussiedlerhaushalte;
- unzureichende Angebote aus dem Bereich der Sozialarbeit für einheimische Bevölkerungsgruppen, Ausländer und Aussiedler.

Diese Ursachen auch nur ansatzweise zu beseiten, überfordert Städte und Dörfer. Nur über die Entwicklung eines Strategiengeflechts durch Einsatz unterschiedlicher Instrumente und Vorgehensweisen unter Einbindung öffentlicher und privater Kräfte kann dem begegnet werden. Die Schwierigkeit besteht überwiegend darin, die Nachbarschaften zu einer aktiven Zusammenarbeit zu gewinnen, Interesse zu wecken und Anreize zur Mitarbeit zu geben.

Bezogen auf das Wohnen haben Aktivitäten im Rahmen von **Bürgerbeteiligungen** bzw. **-initiativen** einen besonderen sozialen Stellenwert, weil eine unmittelbare Beteiligung der Bewohnerhaushalte nicht nur einem konkreten Anliegen dient, das das engere oder weitere Wohnumfeld betrifft, sondern darüber hinaus zur Steigerung des Selbstwertgefühls sowie der gesellschaftlichen Integration der Beteiligten beiträgt. Bewohner einer Stadt verfügen oft über sehr viel Detailwissen über Missstände in ihrem Stadtteil oder im unmittelbaren Wohnquartier. Deshalb kommt es darauf an, gerade diese Initiativen als Beitrag zur Stadtentwicklung anzuregen, zu unterstützen und zu fördern.

Erfolgreiche Bürgerbeteiligungsarbeit beinhaltet:

- Herstellung von Bürgernähe und Möglichkeiten des Wissenserwerbs für die Bürger,
- Nahebringung der Grundzüge der Stadtplanung,
- Klarstellung der Einflussmöglichkeiten der Bürger und Offenlegung der Planungsspielräume,
- Ausgleich von Eigeninteressen und Gemeinwohl[77].

77 vgl. Junker, Rolf, S. 61

Bürgerbeteilungen können in einem stufenweisen Prozess durchgeführt werden, beginnend mit der Erkundung von Interessen und Meinungen über die Herausbildung von Meinungen im politischen Diskurs bis hin zur direkten Teilhabe an Entscheidungen[78]. Sie werden vielfach auch über bereits bestehende **soziale Netzwerke** initiiert. Diese können die Initiativen inhaltlich und praktisch unterstützen, die Zusammenarbeit mit weiteren Netzwerken erleichtern und so ingesamt der Initiative Kontinuität geben.

Entsprechend den eingangs dargestellten Entwicklungstrends (demographischer Wandel, Segregation usw.) kommt dem **sozialen Management** in den städtischen Räumen besondere Bedeutung zu. Es tritt je nach Standortbedingungen und konkreten Situationen in starker Vielfalt auf. In der Regel übersteigt das Bedürfnis danach bei weitem die Möglichkeiten.

Soziales Management wird als organisierte Initiative durch die Verwaltungsorgane der Städte und Dörfer oder über soziale Netzwerke geleistet. In den letzten Jahren hat es sich auch als Aufgabenfeld der unternehmerischen Wohnungswirtschaft, der Wohnungsgesellschaften und -genossenschaften herauskristallisiert. Die Ziele, die die Wohnungswirtschaft damit verbinden, richten sich auf eine stärkere Mieterbindung und Mieterzufriedenheit vor dem Hintergrund des demographischen Wandels in Deutschland und der damit verbundenen rückläufigen Nachfrage auf dem Wohnungsmarkt. Diese Ziele sind jedoch in der Gegenwart nicht mehr allein durch Bereitstellung von Wohnungen und Wohnumfeldern, die den Wohnbedürfnissen der Haushalte sowie auch dem Mietpreis-Leistungs-Verhältnis entsprechen, zu erreichen. Um Mieterbindung und darüber hinausgehend Mieterzuwachs zu realisieren, bedarf es zusätzlicher Aktivitäten und Initiativen, um im Konkurrenzgeschehen auf dem Wohnungsmarkt zu bestehen. Die Anforderungen an das soziale Management sind kaum noch ohne professionelle Hilfe wie durch bei den Wohnungsunternehmen fest angestellte Sozialarbeiter zu leisten. Mieter erwarten darüber hinaus einen Zusatznutzen, der in Gestalt von unentgeltlichen Wohndienstleistungen oder wohnnahen Dienstleistungen oder auch kostengünstigen entgeltlichen Leistungen bis hin zum Service-Wohnen angeboten werden kann.

Soziale Managementangebote der Wohnungswirtschaft nehmen beständig an Professionalität und Umfang zu. Das Engagement bezieht sich auf unterschiedlichste Aufgabenbereiche, wie beispielsweise Mieterberatung bei Mietrückständen, Mieterbetreuung und Umzugsmanagement infolge von Moder-

78 vgl. Hohn, Stefanie, S. 89

nisierungsmaßnahmen oder Rückbauaktivitäten, Einzelfallbetreuung in besonderen Lebenslagen, Planung und Organisation von Stadtteil- und Wohngebietsfesten (Mieterfeste) u.v.a.m. Eine Ausweitung der Leistungen erfolgt auch in Kooperation mit anderen Einrichtungen und Trägern und kann zur Gründung gemeinnütziger Vereine führen.

Das mögliche Angebotsspektrum ist groß: Nachbarschaftstreffs in den Wohnanlagen oder Dienstleistungsangeboten bezogen auf betreutes bzw. altengerechtes Wohnen, Kinder- und Jugendarbeit, die Etablierung eines Sozialkaufhauses oder Stadtteilhauses mit Kommunikations-, Einkaufs-, Service- und Schulungsangeboten unterschiedlichster Ausrichtungen, die Kooperation mit bedarfsabhängig einzubeziehenden sozialen Trägern, die Mitarbeit in Stadtteilgremien und vieles mehr.

3.2 Wohnen in ländlichen Gebieten

Von soziologischer Seite wird in der Literatur vielfach auf die Aufhebung der Unterschiede des Wohnens in Stadt und Land hingewiesen, was auf den ersten Blick einleuchten mag. Bei genauerer Betrachtung ist jedoch festzustellen, dass im ländlichen Wohnen der so genannte kleinteilige Gebäudetypus mit traditionellen Ein- und Zweifamilienhäusern, klassischen sowie zum Wohnen umgenutzten Bauernhofanlagen dominiert und das Mehrfamilienhaus, der überwiegend städtische Wohngebäudetyp, deutlich seltener anzutreffen ist. Wohnen im Wohneigentum oder auch zur Miete in städtischen wie in ländlichen Regionen weist aber auch im sozialen Verhalten der Bewohner Unterschiede auf. Diese betreffen die Verantwortung für Wohnung und Wohnumfeld und die Individualität des Wohnens. Da es sich um eine anteilige Umkehrung des Auftretens der Gebäudetypen in Stadt und Dorf handelt, treten die Befindlichkeiten des Wohnens ebenfalls in Umkehrung auf.

Einen besonderen Stellenwert besitzt das soziale Verhalten in der Gesamtheit einer Stadt sowie eines Dorfes. Während sich in den Stadtstrukturen „Gemeinschaften" vorwiegend als Folge der sozialen Segregation herausgebildet haben, besitzt die „Gemeinschaft" in den Dörfern einen anderen Charakter. Dafür kann es verschiedene Gründe geben. Mit Sicherheit spielt die Tradition, die ein Zusammengehörigkeitsgefühl hervorbringt, ebenso eine Rolle wie das Aufeinanderangewiesensein in einer in sich abgeschlossenen Siedlungsstruktur. In Dorfstrukturen leben ihre Bewohner in einem weitaus höheren Grad der Identifikation zu ihren Nachbarn, anderen Dorfbewohnern sowie ihrem Dorf als Gesamtheit. Während es in Städten zum Aufbau von Nachbarschaften und sozialen Netzwerken Initiativen bedarf, sind sie in Dorfgemeinschaften noch als natürliche Vorgänge der Nachbarschaftsbildung und des dörflichen Gemeinschaftslebens zu erleben.

Aber auch in Dörfern sind die Entwicklungen des sozialen Verhaltens in der Gegenwart zu hinterfragen, um beispielsweise den Ansätzen von Segregationserscheinungen in der Bevölkerungsentwicklung entgegenzuwirken. Eine offene Frage ist der Umgang mit ausländischen Zuwanderern. Untersuchungen zu diesem Thema lassen die vorsichtige Schlussfolgerung zu, dass eine Integration dort erfolgversprechender ist, wo diese dörfliche Gemeinschaft relativ intakte soziale und wirtschaftliche Strukturen besitzt. Erfahrungen besagen darüber hinaus, dass diese Situation sehr deutlich von der Motivationskraft und dem Durchsetzungsvermögen der prägenden Dorfvertreter (Bürgermeister, Unternehmer u.a.) beeinflusst wird. Es bedarf auch in dörflichen Gemeinschaften eines Motors, um das Gemeinschaftsleben, welches in der Regel in sehr differenzierter Form (Vereinsarbeit, Sozialarbeit) in Erscheinung tritt, lebendig zu halten[79]. Untersuchungsergebnisse lassen weiterhin deutlich werden, dass ländliche Gebiete nicht als einheitliches Ganzes zu betrachten sind, sondern hinsichtlich der räumlich-sozialen Situation den Städten vergleichbare Gegebenheiten aufweisen. Grundsätzlich „ist das Land nicht mehr als das gesellschaftlich relevante Gegenüber der Stadt" zu sehen, was die „Ungleichheit, gesellschaftlichen Konflikte und Widersprüche anbelangt"[80]. Die peripher sowie suburban angesiedelten ländlichen Orte unterscheiden sich in der Wertigkeit der Lebensbedingungen. Periphere oder auch agglomerationsferne Ansiedlungen haben gegenüber den suburbanen in der Nähe von Städten oder unmittelbar an Städte angrenzenden eine deutlich geringere Attraktivität. Darüber hinaus ist die wirtschaftliche und kulturelle Anziehungskraft der Region insgesamt von Bedeutung. Allerdings haben Untersuchungen auch eine zunehmende innerregionale Differenzierung nachgewiesen, d.h. dass sich einzelne Dörfer in peripheren Regionen auch gegen den Trend entwickeln. Hier kann als eine Ursache auf die eingangs beschriebene Funktion von Nachbarschaften verwiesen werden.

Zu den Kriterien, die den demograpischen Wandel in den peripheren Ansiedlungen häufig verstärken, gehören

- der bereits längerfristig anhaltende Abwanderungsprozess der Bevölkerung, insbesondere der Jugendlichen und der Bevölkerung im arbeits-

79 vgl. Bergfeld, Annedore; Groß, Ina-Beate; Hausmann, Ulrike: Ökonomische Bewertung, S. 7
80 vgl. Häußermann, Hartmut; Siebel, Walter (2004), S. 100

fähigen Alter, hier wiederum der jungen Frauen sowie
- die Verschlechterung der sozialen Infrastruktur (Versorgungssituation, ärztliche Betreuung, kulturelle Angebote sowie Freizeitangebote).

Insbesondere in peripheren ländlichen Gebieten sind zwei Trends mit Einfluss auf das Wohnen zu beobachten:

- zunehmende Verschiebung in der Alters-, Sexual- und Sozialstruktur und
- Trendumkehr von der Suburbanisierung zur Reurbanisierung[81].

Die Thematik des sozialen Verhaltens in der gebauten Umwelt Deutschlands beinhaltet eine Vielzahl von theoretischen und praktischen Ansatz- und Betrachtungsmöglichkeiten sowie inhaltlichen Diskussionsschwerpunkten; im Rahmen dieses Exkurses konnte jedoch nur auf einige Zusammenhänge sowie Einzelaspekte verwiesen werden.

81 vgl. Bergfeld, Annedore; Groß, Ina-Beate; Hausmann, Ulrike, S. 3ff.

Literaturverzeichnis

Asisi, Yagedar: Rom CCCXIII. Mit Beiträgen von Rhoda Riccius, Wolfgang Schäche, Juliane Voigt und Karl – Wilhelm Weber, Panometer Leipzig, Asisi Factory 2006

Bayrisches Staatsministerium des Inneren (Hrsg.): Alternative Wohnformen – Wohnmodelle Bayern, Band 1, Stuttgart, Zürich 1997

Berekoven, Ludwig; Eckert, Werner; Ellenrieder, Peter: Marktforschung, Wiesbaden 2006

Brauer, Kerry-U. (Hrsg.): Grundlagen der Immobilienwirtschaft, Wiesbaden 2006

Brockhaus Psychologie, Mannheim; Leipzig 2001

Brost, Marc; von Heusinger Robert: Deutsch bleibt nur der Name, in „Die Zeit", 16.5.2002

Brühl, Hasso; Echter, Claus-Peter; Fröhlich von Bodelschwingh, Franziska; Jekel, Gregor: Wohnen in der Innenstadt – eine Renaissance?, Difu-Beiträge zur Stadtforschung, Berlin 2005

Bruhn, Manfred; Homburg, Christian (Hrsg.): Gabler Marketing Lexikon, Wiesbaden 2001

Droste, Magdalena; Hoffmann, Adolf (Hrsg.): Wohnformen und Lebenswelten im interkulturellen Vergleich, Frankfurt am Main 2003

Dirlmeier; Ulf (Hrsg.): Geschichte des Wohnens 500 – 1800. Hausen, Wohnen, Residieren, Band 2, Stuttgart 1998

Eichener, Volker; Schauerte, Martin; Klein, Kerstin: Zukunft des Wohnens, Bochum 2002

Endruweit, Günter; Trommsdorff Gisela (Hrsg.): Wörterbuch der Soziologie, Stuttgart 2002

Flade, Antje: Wohnen psychologisch betrachtet, Bern 2006

Flagge, Ingeborg: Geschichte des Wohnens. Von 1945 bis heute. Aufbau – Neubau – Umbau, Band 5, Stuttgart 1999

Fröhlich, Werner D.: Wörterbuch Psychologie, München 2000

Gabler Wirtschaftslexikon, Wiesbaden 1997

Gericke, Gerda: Wohnen mit Aussicht, in: Immobilien Zeitung 11/2003 vom 22.05.2003

Gestring, Norbert; Glasauer, Herbert; Hannemann, Christine (Hrsg.): Jahrbuch StadtRegionen 2004/ 05, Wiesbaden 2005

Goldstein, Bruce E.: Wahrnehmungspsychologie, Heidelberg, Berlin, Oxford 1996

Häußermann, Hartmut; Siebel, Walter: Soziologie des Wohnens, Weinheim, München 2000

Hellbrück, Jürgen; Fischer, Manfred: Umweltpsychologie, Göttingen 1999

iSt. Institut für immobilienwirtschaftliche Studien GmbH: Qualitative Wohnraumanforderungen – Analyse zielgruppenspezifischer Wohnraumanforderungen, Leipzig 2004

Kähler, Gert (Hrsg.): Geschichte des Wohnens 1918–1945. Reform, Reaktion, Zerstörung, Band 4, Stuttgart 1996

Kothe, Wendy: Analyse der Nachhaltigkeit ausgewählter Wohnformen auf dem deutschen Wohnungsmarkt unter ökonomischen und ökologischen Gesichtspunkten, Diplomarbeit an der Berufsakademie Sachsen, Staatliche Studienakademie Leipzig 2006

Marusczyk, Ivo: Die Quadratur des Wohnens, in: „Die Zeit", 19.9.2002

Meißner, Juliane: Möglichkeiten und Grenzen der Nutzung olfaktorischer Faktoren in Bezug auf die Vermarktung von Immobilien, Diplomarbeit an der Berufsakademie Sachsen, Staatliche Studienakademie Leipzig 2007

Meffert, Heribert: Marketing – Grundlagen der marktorientierten Unternehmensführung, Wiesbaden 2000

Müller, Hans-Peter: Sozialstruktur und Lebensstile, Frankfurt am Main 1992

Murfeld, Egon (Hrsg.): Spezielle Betriebswirtschaftslehre der Immobilienwirtschaft, Hamburg 2002

Opaschowski, Horst W.: Deutschland 2010. Wie wir morgen arbeiten und leben – Voraussagen der Wissenschaft zur Zukunft unserer Gesellschaft, Hamburg 2001

Opaschowski, Horst W.: Wir werden es erleben – Zehn Zukunftstrends für unser Leben von morgen, Darmstadt 2002

Opaschowski, Horst W.: Besser leben, schöner wohnen? Leben in der Stadt der Zukunft, Darmstadt 2005

Prechtl, Peter; Burkard, Franz-Peter: Metzler Philosophie Lexikon, Stuttgart, Weimar 1999

Reulecke, Jürgen (Hrsg.): Geschichte des Wohnens 1800–1918: Das bürgerliche Zeitalter, Band 3, Stuttgart 1997

Richter, Peter G. (Hrsg.): Architekturpsychologie, Lengerich 2004

Pressemitteilung des Wissenschaftsrates vom 12.12.2006

Schneider, Nicole; Spellerberg, Annette: Lebensstile, Wohnbedürfnisse und räumliche Mobilität, Opladen 1999

Schönpflug, Wolfgang: Einführung in die Psychologie, Weinheim, Basel 2006

Slesin, Suzanne; Stafford, Cliff; Rozensztroch, Daniel: Wohnen in Lofts, Wiesbaden, Berlin 1988

Statistisches Bundesamt: Statistische Jahrbücher für die BRD

Statistisches Bundesamt: Bevölkerung Deutschlands bis 2050, 11. Koordinierte Bevölkerungsvorausberechnung, Presseexemplar, Wiesbaden 2006

Statistisches Bundesamt: Leben in Deutschland, Haushalte, Familien und Gesundheit – Ergebnisse des Mikrozensus 2005, Wiesbaden 2006

Vetter, Martina: Neonröhren im Schlafgemach in: Immobilien Zeitung 16/2005 vom 28.7.2005

Walden, Rotraut: Lebendiges Wohnen: Entwicklung psychologischer Leitlinien zur Wohnqualität, Frankfurt am Main 1993

Weis, Hans-Christian: Marketing, Ludwigshafen 2004

Wippermann, Carsten: Die soziokulturelle Karriere der Ökologie, in „Markt und Medien" IV/2005

Wiswede, Günter: Einführung in die Wirtschaftspsychologie, München 2000

Internetquellen

- Archäologisches Landemuseum Mecklenburg-Vorpommern, www.archaelogie-mv.de/raden
- BSI-Jahresbericht 2003, www.bsi.bund.de
- GdW Bundesverband deutscher Immobilien- und Wohnungsunternehmen e.V., www.gdw.de: „Der GdW im Laufe der Zeit"
- G + J Media Sales 2007, www.gujmedia.de
- Bundesministerium für Bildung und Forschung, www.bmbf.de
- Schloss Abtnaundorf, www.schloss-abtnaundorf.de

Vorträge und Skriptmaterialien

- Hallenberg, Bernd: Das Projekt „WohnWissen", Vortrag am 10.5.2006 im gif-Arbeitskreis Wohnimmobilien
- Peichl, Thomas: Die lebensstilbasierte Immobilientypologie der GfK, Vortrag am 16.3.2006 im gif-Arbeitskreis Wohnimmobilien und Vortrag am 24.1.2007 an der Berufsakademie Sachsen, Staatliche Studienakademie Leipzig

Literaturverzeichnis zum Exkurs: Gebaute Umwelt und soziales Verhalten

Bahrdt, Hans Paul: Die moderne Großstadt, Opladen 1998

Bergfeld, Anndore; Groß, Ina-Beate; Hausmann; Ulrike: Ökonomische Bewertung ausgewählter dörflicher Begegnungsstätten ..., Leipzig 2006

Bergfeld, Annedore; Groß, Ina-Beate; Herfert, Günter: Konkretisierung der Leitbilder für den erweiterten deutsch-polnischen Grenzraum, Studie im Auftrag des Bundesministeriums für Verkehr, Bau und Stadtentwicklung, 2006

Brockhaus Enzyklopädie, 19., völlig neu bearbeitete Auflage, Mannheim 1993

Bundesamt für Bauwesen und Raumordnung, Raumordnungsbericht 2000, Bericht, Bd. 7

Burgess, Ernest: The Growth of the City, in: Park/Burgess: The City. Chicago u.a. 1974

Bürgerschaftliches Engagement in Sachsen 2004. Ergebnisse und Trends. TNS Infratest Sozialforschung München im Auftrag des SMS

Castells, Manuel: Is there an Urban Sociology?, in: Pickvance, Christopher: Urban Sociology: Critical Essays, London 1977

Dangschat, Jens; Friedrichs, Jürgen: Gentrifikation in der inneren Stadt von Hamburg, Hamburg 1988

Freisitzer, Kurt: Wohnbau-Forschung in Österreich, Linz 1991, 1993, 1995

Friedrichs, Jürgen: Stadtsoziologie, Opladen 1995

Gans, Herbert, J.: The Urban Villagers, Group and Class Life of Italo-Americans, New York, London 1962

Gans, Herbert, J.: Urbanität und Suburbanität als Lebensform. Eine Neubewertung von Definitionen, in: Herlyn/Ulfert: Stadt- und Sozialstruktur, München 1974

Guggenberger, Bernd; Kempf, Udo: Bürgerinitiativen und repräsentatives System, Opladen 1998

Habermann-Nieße, Klaus: Wohnen in der Stadt, Aachen 2004

Hannemann, Christine: Die Platte – Industrialisierter Wohnungsbau in der DDR, Berlin 2000

Häußermann, Hartmut; Siebel, Walter: Stadtsoziologie, Frankfurt am Main, New York 2004

Hohn, Stefanie: Stadtmarketing – Stand und Perspektiven eines kooperativen Stadtmanagements, bcsd-schriftenreihe, Bd. 1, 2002

Joas, Hans: Lehrbuch der Soziologie, Frankfurt am Main 2001

Junker, Rolf: Stadtmarketing und Stadtplanung, bcsd-schriftenreihe, Bd. 1, 2002

Krings-Heckemeier, Marie-Therese; Pfeiffer, Ulrich; Hunger, Bernd; Wallraf, Wolfram: Überforderte Nachbarschaften, Köln 1998

Mändle, Eduard; Galonska, Jürgen: Wohnungs- und Immobilienlexikon, Hamburg 1997

Müller-Scholl, Albrecht; Priepke, Manfred: Sozialmanagement, Berlin 1992

Reinhold, Gerd; Lamnek, Siegfried; Recker, Helga: Soziologie-Lexikon, 4. Auflage, München, Wien 2000

Rüegg, Erwin: Urbanität und Stadtentwicklung, Amsterdam 1996

Rust, Edgar: No Growth, Lexington 1975

Saunders, Peter: Soziologie der Stadt, Frankfurt am Main, New York 1987

Schäfers, Bernhard: Stadtsoziologie, Wiesbaden 2006

Schubert, Herbert: Sozialmanagement – Zwischen Wirtschaftlichkeit und fachlichen Ziele, 2. Auflage, Wiesbaden 2005

Simmel, Georg: Gesamtausgabe, Bd. 11: Soziologie, Frankfurt am Main 1992

Stadtumbau Ost – Ausgewählte Fragen der praktischen Umsetzung, GdW-Arbeitshilfe 39, Berlin 2002

Stadtentwicklungskonzepte als Voraussetzung für Aufwertung und Rückbau, GdW-Arbeitshilfe 32, Berlin 2001

Thompson, Wilbur: Urban Economic Growth and Development in a National System of Cities, in: Hauser/Schnore: The Study of Urbanization, New York 1965

Tönnies, Ferdinand: Gemeinschaft und Gesellschaft, Darmstadt 1991

van den Berg, Leo; Drewett, Roy; Klassen, Leo H.; Rossi, Angelo; Vijverberg, Cornelis H T.: Urban Europe. A Study of Growth and Decline, Bd.1, Oxford, 1982

Weber, Max: Studienausgabe der Max-Weber-Gesamtausgabe, Abt. I Schriften und Reden, Bd. 22, Tübingen 2000

Wirth, Louis: Urbanism as a Way of Life, American Journal of Sociology 44

Wöhrle, Armin: Grundlagen des Managements in der Sozialwirtschaft, Baden-Baden, 2003

Sachregister

Die Autorinnen

Frau Prof. Dr. habil. Kerry-U. Brauer leitet den Studiengang „Interdisziplinäres Vermögensmanagement Bank, Immobilien, Steuern“ und die Studienrichtung „Immobilienwirtschaft“ an der Berufsakademie Sachsen, Staatliche Studienakademie Leipzig. Nach dem Studium der Wirtschaftswissenschaften, Promotion und Habilitation an der Universität Leipzig sammelte sie mehrjährige immobilienpraktische Erfahrungen in den Bereichen Immobilienfinanzierung und Immobilienprojektentwicklung.

Frau Prof. Dr. Ulrike Hausmann ist Studienfachberaterin in den Studiengängen „Immobilienwirtschaft“ und „Facility-/ Immobilienmanagement“ an der Hochschule Anhalt (FH), studierte Betriebswirtschaftslehre an der Handelshochschule und promovierte an der Technischen Hochschule in Leipzig.

Die Autorinnen vertreten die Lehrgebiete Wohnsoziologie und Wohnpsychologie in ihren Studiengängen.